民國歷史與文化研究

十八編

第 **15** 冊

胡先驌年譜
（第五冊）

胡啟鵬 著

花木蘭文化事業有限公司

國家圖書館出版品預行編目資料

胡先驌年譜（第五冊）／胡啟鵬 著 -- 初版 -- 新北市：花木
蘭文化事業有限公司，2024〔民 113〕
目 4+282 面；19×26 公分
（民國歷史與文化研究 十八編；第 15 冊）
ISBN 978-626-344-644-1（精裝）
1.CST：胡先驌 2.CST：年譜
628.08   112022508

ISBN-978-626-344-644-1

9 786263 446441

民國歷史與文化研究
十八編 第十五冊   ISBN：978-626-344-644-1

胡先驌年譜
（第五冊）

作　　者　胡啟鵬
總 編 輯　杜潔祥
副總編輯　楊嘉樂
編輯主任　許郁翎
編　　輯　潘玟靜、蔡正宣　美術編輯　陳逸婷
出　　版　花木蘭文化事業有限公司
發 行 人　高小娟
聯絡地址　235　新北市中和區中安街七二號十三樓
　　　　　電話：02-2923-1455／傳真：02-2923-1452
網　　址　http://www.huamulan.tw 信箱 service@huamulans.com
印　　刷　普羅文化出版廣告事業
初　　版　2024 年 3 月
定　　價　十八編 22 冊（精裝）新台幣 55,000 元

胡先驌年譜

（第五冊）

胡啟鵬　著

目

次

民國三十年辛巳（1941）　四十八歲

1月8日，江西省農業院致胡先驌函。

　　函文：逕啟者，前接貴校來函對敝院聘任黃野蘿何琦馮言安三先生為名譽技師深表贊同，茲擬續聘童教授潤之先生為本院特約名譽技師，相應檢同聘書暨簡則函請查照，倘荷同意即煩代將聘函轉致。

　　　　（鄭瑤先生提供）〔註1048〕

1月8日，胡先驌致袁同禮信函。

　　胡先驌致函袁同禮先生。胡先驌得知北平圖書館館長袁同禮先生得到英美各界圖書館界的援助之後，便第一時間致函與他，「函文：守和吾兄臺鑒，前承惠寄英國贈送本校各種書籍均經收到，至為感謝，茲聞英國存港贈書尚多，可否在其中充分挑選有關農工數理生物等書報若干類，交由九龍碼頭送往國立中山大學農林植物研究所陳煥鏞先生代收，轉為運寄，至為感謝」。〔註1049〕

1月9日，胡先驌致楊綽庵信函。

　　綽庵吾兄廳長惠鑒：

　　　　敝校近因部款未到，各項急需用費，無法應付。頃據敝校出納組主任王君梅笙言，荷承慨允代籌三萬元，以資應付，至深感謝。茲由敝校出納員金澄清親來洽領，即希賜予撥此項代籌款項，本月二十日以前可如數奉還，並祈察照是荷。

　　　　專此並頌

　　勳祺

　　　　　　　　　　　　　　　　　　　　胡先驌　敬啟

　　　　　　　　　　　　　　　　　一月九日（1941年）〔註1050〕

　　1月11日，胡先驌致江西省農業院。

〔註1048〕江西檔案館，檔號：J037-1-00982-0034。
〔註1049〕江西檔案館，檔：J037-1-00756-0001。鄭瑤著《繼往開來責在斯——國立中正大學農學院研究（1940～1949）》，2019年江西師範大學碩士研究生學位論文，第21頁。
〔註1050〕《胡先驌全集》（初稿）第十七卷下中文書信卷，第444～445頁。

函文：准函贊同聘請童潤之為特約名譽技師。

（鄭瑤先生提供）〔註1051〕

1月24日，以校長名義發布布告。

內容如下：「國立中正大學布告，校字第五號，中華民國三十年一月廿四日，本校奉令組織節約儲建國蓄分團，業將全體教職員學生分配組成十支團，除函知教職員外，合將《本分團組織大綱》《節約建國儲蓄券說明書》《甲種儲蓄券到期本息表》《乙種儲蓄券購額表》及《本分團團員名冊》，公布於後。仰本校全體學生一體遵照，各在所屬支團踴躍認購儲券或向外勸儲為要。此布。附件略，校長胡先驌。」〔註1052〕

1月30日，郝景盛致劉慎諤信函。

士林夫子大人尊鑒：

久未接手示，因盼吾師來滇，故亦未作書，但昨聞經（係經利彬，引者注）先生云，吾師或不來此，生將近況略為吾師陳之。

生在滇工作已廿月，自己雖欲作成績，但經濟與人力，均不易作成。主要原因，政治太黑暗，有錢不肯為國家做事，只想向自己腰包中拿。生忍之又忍，總思能為國家多種一株樹，即多點生產，然瞻望前途，若常留此，當無希望；同時昆明生活程度無理由飛漲，每月入不敷出，自去年迄今，虧兩千餘元，是以生決意擺脫他去。現在中央大學及農林部兩處活動，如一變不成，生即赴重慶，若不成，再在他處活動。

關於研究院方面，因去歲吾師與李院長不願生與院方脫離關係，故生在院方為兼職研究員，當時有人主張付生月薪四五十元，理由謂生妻節儉，移用即可。生覺好笑，亦未言語，後吾師來函謂與建設廳方面薪金湊過二百元。當今春大家增薪時，生以生活困難，亦略法增加。又有人謂宜按薪金比例數增加，即為生加十餘元。昆明工人每月工資尚在百元以上，為生加十餘元，亦屬可笑。但生迄今

〔註1051〕江西檔案館，檔號：J037-1-00982-0036。

〔註1052〕高傳峰，《胡先驌正大年譜（1940～1941）》，《後學衡》第五輯，2022年4月版，第120頁。

未作何語。至領薪時，增廿元即月領百元，生以兼職除裸子植物稿，及採些標本外，對院方工作頗少，亦覺慚愧，若以後在學校時間較多，工作或可多作也。以上所述皆較瑣碎事，從未對他人言過，因欲為吾師面陳，今吾師不來，故略言之。

院方已接教部命令遷川，雲章兄事，最好早決定，閻玖玉先亦來信關心斯事。越南方面吃緊，我方決定兵來將擋。去歲因管荒山事，請吾師寄下之五百元，迄今未作報告。生曾託法籍劉秉政君在宜良辦理荒山，結果劉某攜款而逃；又與昆明紳士沈某合股經營農場，望能有所獲。主要作物除蟲菊與洋芋，本可發展，但滇人不可靠，且治安不好，物品成好時，即由附近村人夜間搶去，幾乎出人命。是以不繼續再作下去，不過生決定再作他種事業，吾師之款仍加入作資本，想吾師亦同意也。

草此，敬祝

道安

生景盛 拜 一月卅日〔註1053〕

1月，《建設新中國的基本要素》文章在《國立中正大學校刊》（第1卷第9期，第3～4頁）發表。摘錄如下：

我們國家的建設，可以分精神物質和政治三方面來說，精神建設如精神總動員，實行新生活等是；物質建設如發展農業，振興工商業，促進交通，開發富源等是，政治建設如改良政治、經濟、教育制度等是。若從主管者的政治地位來分，又可分為中樞建設和地方建設兩種；前者屬中央，後者屬各省市。我國自戊戌政變到民國卅年，都是努力中樞建設，對於地方建設事業做得很少。

封建制度在現在看來，當然是不適合時代潮流而應該被遺棄的，可是這種制度也有他的好處：（一）地域小——商諸侯三千，周七八百，那時天子所管轄的王畿，不過千里，還不及江西一省大，諸侯的領地只有百里，頂多不過幾百里，子男只有五十里。因為每個單位的地域很小，易於管理，於是官制完備，政治制度自然良好。（二）

〔註1053〕郝景盛致劉慎諤函，1941年1月30日，案卷號447。胡宗剛著《雲南植物研究史略》，上海交通大學出版社2018年7月版，第164～165頁。

各愛其地——無論天子諸侯卿大夫的領地，都是世襲的；既係私有，對於他所管轄的地方，就非常愛護，一代一代的傳下來，政治制度經過不斷的改進，得臻完善。

秦始皇廢封建設郡縣，雖是一件很好的事，但封建制度的優點也隨之消滅。中央集權的結果，地方政治權力遂很有限，一方面因為中央的官吏多不明了地方情形，形成中樞與地方隔離的局面；另一方面因為經幾百年而有一次內亂，人民流離失散，文物制度摧毀殆盡，地方政治遂益發不可收拾。

自宋以來，這種人在社會上有著很大的傳統的勢力，經明清以至民國，幾百年來都是如此的。問題太大的，便不去解決，以致土地測量和人口調查這一類的重要工作，都沒有進行，還談什麼地方政治。

民國初年袁世凱曾經想重新測量土地，設立過經界局。因為中國的土地，可說從來未有系統的測量過，土地的面積，是從糧局中統計而來的⋯⋯加以在民國十六年以前，政治不穩定，做官的都存五日京兆之想，更談不到積極的地方建設。直到國民政府成立之後，我國的政治才漸漸走上軌道，才著手研究地方政治改革的方案⋯⋯推行新縣制，自然是改善地方政治的良策，然而欲求地方政治健全，必須普及國民教育，而辦理國民教育，教師和經費又是不可少的要素。我們要在地方政治方面有所成功，就要做基本的工作，先要從精神建設做起，然後再談物質建設。

總之，建設新中國的基本要點，橫的方面是精神建設和物質建設，縱的方面是中樞建設和地方建設，物質建設中樞建設易，精神建設地方建設難。而地方建設中最難的是人口調查和土地測量，就是因為我們的人口眾多，土地廣大的緣故。我國人口究竟有多少，至今無定論。再說土地測量，也因從未有系統的測量過，至今二十幾省的田賦各不相同，而這不同，並未依土質的優劣分訂。田賦以江浙兩省最重，因為江浙反對滿清最力，以四川最輕，所以四川的軍閥可以一收幾年，有的地方早收到民國六十年，而地方尚不至於十分疲敝，就因為田賦特別定得輕。在這種情形下，新縣制之推行，真是困難萬分。但我們既然知道了這些困難，就應該針對這些困難，

力求解決，地方政治之改善，方有成功之望。〔註1054〕

1月，《幼稚教育的重要性》文章在《活教育》（第1卷第1～2合期，第6～7頁）發表。摘錄如下：

在今天民族復興節來參與貴校開學典禮，是個人很榮幸的事，更是個人最愉快的事。二十年前，個人初到南京高等師範教書，陳校長也在那裏教書，我們兩人不期而遇。今年我們江西舉辦兩個很有意義的學術機關，一為中正大學，一為幼稚師範，現在個人與陳校長分別主持兩校的事，想不到又不期而合，這尤其是感到十二分興奮的。這兩個學校的開學典禮，都是在重要紀念日舉行的，敝校是在總裁壽辰那一天，貴校是在民族復興節這一天。我們兩人所學的不同，所教的也不同，但是都是為教育事業而努力。二十年後我們又能同在一地工作，這真使個人感到無限的欣慰！

我們要曉得幼稚教育是很重要的。中國有句俗語「三歲看大，七歲看老」，這是說幼年時期所受教育的好壞，對於一個人終身事業的成敗，有莫大關係，所以我國自來都是推崇母教的。個人在四歲時就受業於鄉賢熊子乾先生，他是一個慈祥的老先生，誨人不倦，對一人影響最為深切。第二年開始念四書，讀到有子曰「其為人也孝悌」一章，發生很多的感想，於此在感情上智慧上開闢了一個新天地。可說個人品性學問之行成，得助於他老先生的地方至大且深，所以我很早就覺到幼稚教育的重要。法國的耶穌會常說「三歲給我，六歲還你」，這也是講人生在幼稚時期應該好好的教養，六歲以前所受的教育影響是異常重要的。

我們又知道德國之復興，毛奇將軍曾說過非俾斯麥的力量而是小學校教師的力量。中國雖在極力提倡國民教育，但是最基層幼稚教育，還沒有注意到。過去一般人認為小學以下再設幼稚園，是一種浪費，是一件奢侈品，其實這種觀念是非常錯誤的。我們要知道幼稚時代所受的教育，著重在感情，而不在知識，可說是在這時期情的教育比知的教育重要的多，影響下意識也最大。我們常常看到

〔註1054〕張大為、胡德熙、胡德焜合編《胡先驌文存》（上卷），江西高校出版社，1995年8月版，第361～364頁。

社會上某些人有一種古怪的脾氣，一般人多不瞭解這是什麼緣故，後來經過奧國心理學家佛洛合特的研究，才知道這是受下意識的影響，在幼時遭到某種特殊的刺激。中國舊時所謂薰陶習染，循循善誘，正是情的教育的極好方法。因此我們要使國民個個都有善良的品德，一定要注意到他們幼稚時期的教育。陳校長一生從事於別人所不注意的幼稚教育，這是難能可貴的，也是值得我們十分欽佩的。而熊主席、程廳長能注意到基層教育，促進幼師的創立，更是值得稱述的。幼稚師範設在這風景美妙的鄉村，經過兩三個月多的慘淡經營，到現在好似一座樂園。諸位能夠生活學習於這種環境中，真是幸福的很。中國過去教育是一種士大夫的教育，讀書人不肯勞動，只會讀死書，諸位女同志能不避艱苦，躬與勞作，實屬難得。抗戰以前，一般人對於勞動總是不肯努力，而現在全國男女老幼都能刻苦耐勞，親自操作。這是國民生活上的一個大革新，也就是我國教育上一個新轉變。諸位的精神如此，將來這個學校對於社會有極大的影響是可以斷言的。〔註1055〕

1月，中正大學校歌正式確定，要求較嚴格，各方都非常謹慎，校長把該校創造思路，歌詞內容進行注釋，歌詞及譜曲完整內容上報中國國民黨中央委員會秘書審查，再與教育部相關專家認可後，正式同意。「1941年1月，國立中正大學所呈校歌（王易作詞、程懋筠作曲），因強調是在總裁於本校舉行典禮時所示訓詞要旨擬就。所以請中國國民黨中央委員會秘書審查，中央執行委員會秘書處與教育部往來通訊，經由盧前審查後通過，並致函教育部。」（2019年3月1日，南京大學沈衛威微信轉給筆者。）

國立中正大學校歌（歌詞）

王易作詞〔註1056〕，程懋筠作曲〔註1057〕

澄江〔註1058〕一碧天四垂，鬱蔥佳氣迎朝曦；

巍巍吾校啟宏規，絃歌既昌風俗移。

〔註1055〕《胡先驌全集》（初稿）第十五卷人文科學文章，第276～277頁。

〔註1056〕王易（1889～1956），南昌人，中正大學文學教授、著名詩人。

〔註1057〕程懋筠（1900～1957），新建縣人，民國國歌、國民黨黨歌作曲人，著名音樂家。

〔註1058〕澄江為江西省泰和縣杏嶺旁贛江支流地名。

揚六藝〔註1059〕，張四維〔註1060〕，勵志節，戒荒嬉；

求知力行期有為，修己安人奠國基。

繼往開來兮，責在斯，

為往聖繼絕學，為萬世開太平。

2月1日，國立中正大學《地方建設》（月刊）創刊，由國立中正大學文法學院編輯，主編高柳橋。1942年4月1日停刊，刊載哲學社會科學論文。

2月1日，《〈地方建設〉發刊辭》文章在《地方建設》雜誌（第1卷第1期，第3頁）（創刊號）發表。摘錄如下：

《地方建設》雜誌

吾國古代之政制，其流傳至今者，莫詳於周官。其設官也不獨限於朝廷，鄉遂閭里，皆各有官焉；又設官不僅限於通常之政刑，勤溝洫、勸農桑，亦皆各有其官焉。處千古之上，而政制佳而且備若此，無怪乎王荊公稱「其法可施於後世也」。問嘗細考其故，周制

〔註1059〕六藝指禮、樂、射、御、書、數。
〔註1060〕四維指禮、義、廉、恥。

之所以能如此其美且備者，雖周人優於為政，然邦畿之小實為主因。
蓋周室雖為天下之共主，而王畿不過千里，諸侯封地最大者不過百
里，子男五十里。卿大夫且各有其食邑，視諸侯之封地而私其家臣。
疆域小，百官具，斯易為治。而封建之制，諸侯各私其國，卿大夫
亦世其家。能私其國家，故皆知勤求治理以固其圉。此所以王室而
外，即諸侯附庸，亦莫不具有美備之政制，如古希臘之都市邦家與
今日歐洲之小邦焉。自秦一天下，夷封建為郡縣，秉強幹弱枝之術，
大權操自中樞。故雖能盡去封建之弊，而封建之利隨之而盡。皇帝
深居高拱，執政者非親民之官；郡國之利病未必盡知，庶眾之痌疾
未必在抱。而地方官吏怵於不測之威，「兢兢惟恐有罪」，「相率為苟
安之計，賢者既無所施其才，而愚者亦有所容其不肖。舉天下之事，
聽其自然而已」。又自唐代以降，選舉之制度，朝廷以詞章取士，為
官者類不習於吏事，所賴以為政者厥為幕僚與胥吏。幕僚挾其刑名
錢穀之術以劫持長官，胥吏仗其舞文弄法之奸以魚肉庶眾。故執地
方之政者，求其能不甚擾民，即名勝任；若進而能鋤強暴，安閭閻，
則交口稱頌為賢良。無怪乎其真能積極為編氓謀福利之邑令，稀如
鳳毛麟角也。夫積車之勢非一手一足之所能反也。歷觀易代之後，
地方糜爛；上則政制蕩然，圖籍盡失；下則閭閻殘破，民戶逃亡。
於斯時也善為政者，但求安楫勞來，置之衽席，即為滿意。丁算戶
籍，寧暇詳稽。寢而名實不符，終竟莫由考？知租庸徭役之詳者，
惟有胥吏而已。若朝廷抱苟安之心，疆吏標寧人之策，即有十百賢
明之地方長吏，衷心知所應改革，亦將束手無策也。往古勿論矣，
即以近代而論，遜清代明，政制一仍其舊；民國以來，亦無根本之
改革；幕僚胥吏之政三百年來如一日也。在海通以前，閉關而治，
政務苟簡，敷衍彌縫，尚可粗安。進而至於今日，驟與歐美各強國
接，彼之文物政制遠勝於我，我非徹底革新其政制將無以圖存於今
之世。有知之士有見於此，始紛然言改革。然事體艱巨，非政府賢
明而又有較長之治權，較詳之研討與較充裕之預備，不能貿然從事
於此。民國建元以來，內亂頻仍，政府之更易如弈棋；當局者未遑
食息，執政之日，汲汲然但知謀其個人之私利，固不足以語此根本
之大計也。

　　總理以三民主義領導革命，深知欲實行民權，改善民生，改革必自基層始。故念茲在茲，誨諭反覆，厥為地方自治之推進。總裁秉承遺教，手戡巨難，久柄國鈞，創履所及，無遠勿屆，周知民隱，物無遁形。十年以來，以睿哲之姿，謀建國之策，益知基層政治為訓政之根本；遂以全力督促地方政治之革新，最後乃確定以新縣制為地方政治之機構，以管教養衛四政為地方政治之標的。以云國家之美備，可謂周秦以還所未有矣。然吾國幅員廣袤，世所僅見。交通如此其困也；各省區之山川形勢土宜物產如此其異也；各地域城鄉及民族間之文野程度如此其差也。普查尚未舉行，經界亦方作始，國民教育，徒具雛形，各級政權，迄無定議。故可謂一切地方政制，皆方在研幾探討之中。苟非集思廣益，覃精竭思，以實地之調查，為設計之張本，則終不免閉門造車未能合轍；甚至一切良規，盡成弊藪也。中正大學奉總裁之名以為名，秉承總裁「政教合作」之宗旨；故除教授諸生以基本學術外，各教授之研究，皆力求將「實際問題與其平時所學相證驗」。江西省政府力欲促成斯校之成立者，亦因其希望在「技術上大學要能成為一般政治工作之技術供應部，接受一般政治工作者之諮詢，解答其技術上之困難也」。本校同人既勉允負荷此重大之責任，乃各以其研幾之所得，纂為《地方建設》月刊，以就教於邦人君子。舉凡有關於地方政治、經濟、建設、教育及如何闡揚三民主義之理論，推廣三民主義之方法，莫不在其探討範圍之中。而江西省政府之盡力協助，使同人之能檢閱政府之檔案如數家珍，尤為千古難逢之盛事。邦人士幸勿棄其稀陋，多所匡益；庶幾共竭其所知，襄茲偉業，則民族復興可期，革命建國之使命可成矣。〔註1061〕

2月4日，接教育部訓令。

　　內容如下：「教育部訓令規肆4字第零四三九九號中華民國三十年二月四日發令國立中正大學校長胡先驌案據國立中央大學二十九年十二月二十一日呈，為奉令頒發《大學及獨立學院教員聘任待遇暫行規程》，自應遵辦，茲縷舉有關改訂教員待遇各點，敬乞核示等

〔註1061〕　《胡先驌全集》（初稿）第十五卷人文科學文章，第281～282頁。

情到部。查《大學及獨立學院教員資格審查暫行規程》，僅有教員分等之規定，各等教員如教授、副教授、講師、或助教，在同一等別之中，地位一律平等，並無級別之軒輊。至《教員聘任待遇暫行規程》第八條所列專任教員薪俸表，旨在使各院校核給教員薪俸有一標準，並非須如公務員之按級敘薪，互相銜貫。各院校對於教員薪給之支配，應就學科需要，當地生活程度，及學校經濟情況，並視各教員服務年資及教學成績，參照酌定，不應以此分教員地位之高下，聘書中亦無庸載明級別。其任教著有成績之教員，自可於學年終了時，分別由校增加薪給，而助教、講師、副教授，如於《教員資格審查暫行規程》第四、五、六各條所定服務年期任滿之後，得按照規定，請為升等之審查，亦無需逐級遞晉。又第八條所列薪俸表，將教授最高薪給定為六百元，係根據十六年頒行之《大學教員資格條例》所附《大學教員薪俸表暫行規程》所列，並未超過前表之規定，不得謂為特予提高。惟指示將來教育經費增加時，教員薪金待遇，較之現在所得之數，尚有改進可能而已。至為適應目前環境，本部已呈准自本年一月起，教員薪俸一律十成支給，並經通令在案，所請核發專款為教員晉級加薪之用，應毋庸議。除指令並分令外，合行令仰知照。此令。」〔註1062〕

2月9日，重慶《中央日報》（節錄）載：中正大學在泰和。

江西最高學府中正大學，設立在泰和。離泰和城市約十里，地名杏嶺村，在小村落的中間建築起新式的校舍，校舍後面是一互小山一即名杏嶺。前面是一望不斷的田隴，校舍左右樹木甚多，杏嶺山脈的回頭處有一浮圖（龍頭山塔）高聳，遠望校舍四面，小村落如星羅棋佈，鄉村風景，然是宜人，氣象遼闊，正是講學的佳地。

中正大學校長為胡先驌氏，訓導長為朱希亮，農學院教授兼森林系主任為白蔭元，農學院教授兼農藝系主任為張明善，文法學院教授兼政法系主任為高柳橋。馬博庵為文法學院院長，蔡方蔭為工學院院長，羅廷光為教務長，何棟先為總務長，吳實華為經濟系主

〔註1062〕高傳峰，《胡先驌正大年譜（1940～1941）》，《後學衡》第五輯，2022年4月版，第121頁。

任兼教授，童潤之為社會教育系主任兼教授，張聞駿為電機系主任兼教授，此外更延聘對於三民主義理論研究有素的葉青先生講授三民主義，設立研究部，聘定研究員，與省政府機關合作，探討解決江西一切實際問題之方法，設立專修科及訓練班，配合大學本科，以簡要切實的方法，分別培養各種幹部人才。各教授每極為踊躍。

在星期六上午，輪值來江西省黨部作黨義的，學術的，政治講演，每次到會聽講者，中正大學全校計有學生三百九十一名，（包括先修班五十四人。）他們在嚴格懇切的訓練與指導之下，均能各自勤奮的求知，他們知道，將來新生的祖國，有待於他們來發揚，因此都很努力。

這一群新生的健兒，徹夜終朝的在祖國艱危中奮鬥努力，正象徵著未來中國新生的姿勢！我們願為他們祝福！〔註1063〕

（一月十三日寄自泰和）（重慶《中央日報》1941年2月9日）

2月11日下午2時，召開本校出版委員會會議。

在會議室主持本校出版委員會第一次會議。首先報告下列數事：（一）本學期出版經費之支付情形。（二）本學期刊物之編印情形。（三）本學期講義之繕印情形。（四）本學期向各大書局接洽出版本大學叢書之經過情形。報告畢，開始討論，當即議決下列四案：（一）通過本校教授羅炳之先生所著《教育行政》一書，得以本大學叢書名義出版。（二）通過本校文法學院吳顧毓先生所著《戶籍行政實務》一書，得以本大學地方建設叢書名義出版。（三）推定朱希亮、王曉湘、葉青、高柳橋、童潤之、黃野蘿、吳詩銘七位先生負責審查學生所編之刊物，並指定由朱希亮先生召集。（四）推定羅廷光、馬博庵、蔡方蔭、張明善、胡蓮舫五位先生負責規定《本校概況》內容，並指定由羅廷光先生主持。〔註1064〕

〔註1063〕 劉奇翔主編《抗日戰爭時期江西省會泰和——紀念中國人民抗日戰爭暨世界反法西斯戰爭勝利70週年》,《泰和文史資料》，第十三輯，政協江西省泰和縣委員會，2015年1月，第14～15頁。

〔註1064〕 高傳峰，《胡先驌正大年譜（1940～1941）》,《後學衡》第五輯，2022年4月版，第122頁。

2月15日，熊式輝對中正大學全體教職員期望。

　　與中正大學全體教職員講話。大意為：三個月以來同人的努力，在人事上業務上事實的表現憂未能達到我們所期望的階段，願趁假期中，做一工作檢討，染絲慎始，必求及時改進，此三個月中所發生之許多意外事件，根本原因不外於：一、認識不一致。二、工作不協調。三、要求不明確。

　　本校之創立，有其獨特的意義，一個民族復興的精神堡壘，它的歷史任務，時代使命，是如何重大，尋常大學所慣有之毛病，我們是不應該有的，若在此一範圍內講派別，講私人關係，便是民族罪人，不足以登大雅之堂，我們當共唾棄之云云。繼復務各人談話，總期能意志集中，化除書生狹隘氣味。〔註1065〕

2月18日，中正大學電請教育部發動肅奸運動，請全國各大學普遍屬行。

　　【本報訊】中正大學全體教職員及學生，為鞏固政府威信，肅清民族敗類，以全校師生名義，電請教育部發動全國各大學普遍屬行肅奸運動，以維正氣，業經18日電文於泰和拍發，茲志電文於後。

　　重慶教育部鈞鑒，太平洋戰爭爆發後，我國已與各友邦並肩作戰，五年堅苦抗戰，已收重大效果，值茲爭取最後勝利之際，乃有民族敗類，居心叵測，散佈流言，企圖減損政府威信，實堪痛恨！用特建議鈞部發動全國大學屬行肅奸運動，以維國家正氣，而杜亂謀。謹此電陳，尚企垂察！國立中正大學校長胡先驌暨全體教職員學生同叩寒。〔註1066〕

2月19日，三民主義文化運動委員會增設第七專門委員會。

　　三民主義文化運動委員會成立，余為主委，梁棟、楊亮功、葉青、胡家鳳、徐晴嵐、李壽雍、匡正宇、熊在渭、蔣經國、張一清、胡軌、鄧文儀等二十八人為委員，下設六個專門委員會，分掌研究、講演、繪畫、電影、播音、文學、戲劇、樂歌、圖書、出版、新聞、期刊、

〔註1065〕熊式輝著《海桑集——熊式輝回憶錄》，星克爾出版（香港）有限公司，2009年8月版，第209頁。

〔註1066〕梁洪生主編《杏嶺春秋——〈江西民國日報〉有關國立中正大學的報導全匯（1938～1949）》，2010年12月內部印刷。中華民國三十年二月十八日週三第三版。

印刷、供應等事。上午八時舉行三民主義文化運動委員會第一次大會，增設第七專門委員會，掌管工業農業及自然科學事項。〔註1067〕

2月20日，江西省三民主義文化運動委員會在省會泰和成立。1943年2月改稱江西省文化運動委員會。

2月24日，胡先驌致農林部、財政部貿易委員會函。

函文：查我國輸出品中，桐油居首要地位，目前產量雖豐，對有關植桐之各項基本問題，尚缺乏有系統之科學研究，難期發展，且各國均以利之所在，正在試驗種植中，若非我國桐油在質量雙方力求改進，必難久遠保持國際市場。本校農學院各教授有見及此，爰擬定油桐試驗計劃，預定五年完成，惟經費頗大，實非本校所能籌措，相應抄錄上項計劃書，連同開辦費經常費預算表一份，函請貴部、會察核，照予補助，俾克完成此計劃。

油桐試驗計劃書

桐油為我國特產，自西人發現其能代替亞麻籽油之用，成為油漆工業中重要之原料後，其出口數量，遂與年俱增，至今出口價值，將近一萬萬元，取代昔日絲茶出口之盛況，實為農產品中最有希望者。同時各國因利之所在，設法移植桐樹，如美國蘇俄澳洲非洲印度安南巴西等地，莫不設有專場試驗，美國且因其試驗成功，已有十餘萬英畝之種植焉。近年來我中央及西南各省政府，極力提倡增加桐油生產，然主要工作，多屬於出口檢驗，調查與推廣種植，而對於油桐栽培有關之各基本問題，尚未見作有系統之科學試驗。回顧今日桐油輸出之旺盛，因其由在工業上之用途開拓，亦因各國現有之幼桐，尚未達結實年齡，我國遂得有以靠天吃飯之生產方式，暫時居於壟斷地位，將來各國試植成功，因其試驗改良，不惟生產量增加，爭我市場，油之品質，亦有超過我國產者之可能，（美國已有此種報告），吾國苟欲維持桐油現在出口之優越地位，使其不蹈昔日絲茶之覆轍，則非設立專場，作有系統之試驗研究不可。現將關於試驗研究各問題分述如下：一、關於繁殖育種者：油桐屬大戟科

〔註1067〕熊式輝著《海桑集──熊式輝回憶錄》，星克爾出版（香港）有限公司，2009年8月版，第210頁。

之油桐屬，此屬已發現者有五種：三年桐，原產長江上游；千年桐，原產華南；㟛子桐，原產日本……我國現栽培者除少數之千年桐外，餘均為三年桐，油桐之分類雖簡單，然同一種中，其在栽培上之變異甚大……

開辦費及經常費預算表

				備 註
開辦費 92500	一、建築費 40000	（一）溫室	30000	溫室共三棟，一作繁殖育苗用，一作病害試驗用，一作蟲害試驗用
		（二）作業室	10000	
	二、購地費 2500			購地五十畝為苗圃之用，每畝五十元，合計如上數
	三、設備費 50000	（一）圖書費	5000	關於油桐專門著作
		（二）儀器費	30000	關於油桐及土壤分析須用之化學儀器及殺蟲器械
		（三）油餅發酵試驗設備	10000	
		（四）農具費	2500	
		（五）家具費	2500	
經常費 61600 暫定五年	一、俸給 18200	（一）研究員	14600	研究員八人，每部二人，每人平均月支一百五十元，合計如上數
		（二）助理員	3600	助理員五人，每人每月平均月支六十元合支如上數。
	二、工資	（一）工人	8400	
	三、調查採集費 20000			工人廿人每人每月平均月支卅五元合支如上數。
	四、購置費 10000	（一）儀器費	5000	添置
		（二）化學藥品殺蟲藥劑	5000	
	五、試驗消耗 5000			

（鄭瑤先生提供）〔註1068〕

2月28日，中正大學正式上課。

　　中正大學第一學年第二學期，已於今日（二十六）正式上課，校長胡先驌氏因公今晨啟程赴渝，出席中央研究院評考會，並接洽有關校務事宜，由教務長羅廷光代理校長，學生三百五十餘人，聚集一堂，精神極為奮發，以言教職員生活方面，自經該校當局銳意改善，較過去尤有進步，記者至該校時，適教部湘贛皖視察專員范捷雲蒞校視察，由羅廷光陪同視察各院系，旋召開大會，敦請范氏演講青年理想問題，全體教職員均出席聽講，歷三小時始畢，范氏於掌聲雷動中離校，定二十八日赴贛州轉韶關赴桂林云。〔註1069〕

2月，《我國戰時經濟狀況及節約運動之重要》文章在《國立中正大學校刊》雜誌（第1卷第11期，第8～9頁）發表。摘錄如下：

　　決定兩國戰爭的勝敗，不外六種要素：（一）民氣與士氣，（二）兵力與兵之素質，（三）主帥之謀略與將領之能力，（四）武器，（五）資源，（六）政府之機構與效率。我國這次抗戰，除了武器不及敵人以外，其他幾種要素都勝過他，所以我們的勝利是毫無問題的。今天只就有關資源這一個要素，來和諸位談談，題目是「我國戰時經濟狀況及節約運動之重要」。

　　資源可以分為四類：（一）現金、（二）外幣、（三）國外投資、（四）物資。……我國民間的藏銀是有大量的，因此我們法幣的基金是極端充足的。我國所存外幣不多，但華僑從國外匯回來的外匯，每年達數萬萬之多，這是我們獲得外匯一種主要來源。關於我國貨幣方面大概的情形如此。

　　然而貨幣不過是換取物資的工具，一個在和敵人作戰的國家，更需要的還是物質的供給，所以物質與戰爭的關係至為密切。物資中最主要的是糧食、棉花、汽油、煤、鐵等類，根據「足食足兵」這

〔註1068〕 江西檔案館，檔號：J037-1-00702-0072。
〔註1069〕 梁洪生主編《杏嶺春秋——〈江西民國日報〉有關國立中正大學的報導全匯（1938～1949）》，2010年12月內部印刷。中華民國三十年二月二十八日週五第三版。

句成語，我們可以知道糧食更是一個國家在戰時不可缺少的，我國糧食的產量頗多。……我們這次抗戰能夠維持到今日，糧食豐收是一個很重要的原因。我國近十年來棉花原可以自足，不要外國供給，自華北產棉區淪陷後，政府便在大後方各地從事植棉，譬如近年來陝西一省，每年已經可出產一萬萬元的棉花，將來的發展，更是無可限量，在抗戰期內衣的問題，是有辦法的。

國家戰時經濟的一方面是資源，另一方面是政府的財政。通常政府財政之來源有三：（一）稅收、（二）公債、（三）通貨。我國對於人民的資產，從未切實調查，政府的機構未能近代化，所以一到戰時，要增加稅收，就有許多困難。發行公債，因為我國一般民眾還是保守舊日的習慣，成績也不很好。除此以外，只有增發通貨比較的便利。

抗戰以來，我國各地物價逐年高漲，究其原因，不外（一）物資缺乏，尤其是糧食。……（二）通貨相當的膨脹。……（三）交通困難，使貨物不能流轉。……（四）囤積。……（五）取締走私過嚴。……總之，我們對於不需要的敵貨走私，要嚴厲取締，如果是日用必需品的走私，則應該獎勵，現在我政府准許汽油自由進口，英美兩國也正在積極防止重要的物資由走私流入軸心國家，也就是這一個意思。

現在有許多人把物價高漲完全諉過於通貨膨脹，實在是錯誤的。上面已經說過。我國物價高漲的原因很多，增發通貨不過是其中一個原因，現在我們撇開物價問題不談，單論通貨膨脹，實在也有其好處，如（一）政府財政可以運用自如。……（二）減少外貨的輸入。……（三）減少通貨落入敵手。……

通貨如果無限制的膨脹，那是很危險的，但我國決不會這樣，因為第一、第一次世界大戰以後，德國因為要付協約國的賠款，德國政府便使通貨無限制的膨脹，這是一種策略，而我們並不需要用這種策略。第二、我們的鈔票多半是在美國印的，印一張一元的鈔票，要五六角的成本，假如我們印一百萬元一元一張的鈔票，成本就要去掉五六十萬，這是極不經濟的事。從上面兩點看來，我國的通貨是不會走上惡性膨脹那一條路的。

　　最後，我們要說到節約運動。節約可以防止浪費，減少經濟恐慌，對於戰時經濟異常重要。現在我們先說物資節約，可分三種：（一）日用必需品之節約：如吃糙米。……至於衣服，在戰時為了節約，不妨穿破舊點。（二）奢侈品之節約。……（三）外國製造品之節約。……

　　現在我們政府正在提倡節約儲蓄運動，我們應該踴躍響應，努力推行，以促成抗戰勝利建國成功早日的來臨。〔註1070〕

　　3月1日，國立中正大學《文史季刊》創刊，由文法學院編輯，主編王易。1942年3月1日停刊，刊載內容為文史學術論文。

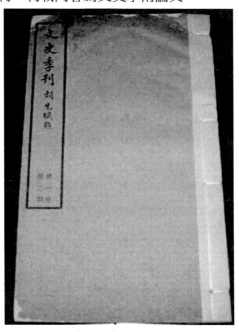

《文史季刊》雜誌

　　3月1日，《〈寒光詩集〉序》文章在《文史季刊》雜誌（第1卷第1期，第61～62頁）發表。摘錄如下：

　　　　嘗讀唐書歐陽詹傳云：「閩越地肥衍，有山泉禽魚。雖能通文書吏事。不肯北宦。及常袞罷宰相為觀察使，始擇縣鄉秀民能文辭者與為賓主鈞禮。觀遊饗集必與。里人矜耀，故其俗稍相觀仕，陸贄

〔註1070〕張大為、胡德熙、胡德焜合編《胡先驌文存》（上卷），江西高校出版社，1995年8月版，第365～368頁。

知貢舉，詹舉進士，與韓愈李觀李絳崔群王涯馮宿庾承宣聯第皆天下選，時稱龍虎榜。閩人第進士自詹始」詹集載詩二卷。有答韓十八駑驥吟二首，豪宕感激，筆力矯健，亦幾摩昌黎之壘。閩人以詩鳴者，殆亦自詹始也。有宋之世，中原文化南漸，閩士益多有聲。南渡以後，劉後村竟以詩為海內所宗仰。逮及清季，閩士工詩者風起雲湧，號為「閩派」，石遺翁以說詩為海內之北辰，影響尤為深切。閩詩清新巉刻。工於琢句。至光宣間，已與江右派抗手矣。陳子寒光為廈門望族。久居爪哇，酷嗜吟詠。其為詩也，元氣淋漓，不事雕飾。雖時從鄉先輩問業，顧所好乃在汪洋排奡天骨開張之什。故其所作亦波瀾壯闊，泥沙俱下。其取境乃與入境廬為近似焉。予嘗以謂作詩之法，行氣與琢句並重。盛唐諸賢氣盛言宜，不拘拘於格律之末。然杜工部尚有老去詩律漸細之句。時至中晚則不得不以琢句相尚矣。宋人懲於五代浮艷冗靡之敝，於盛唐又不取刻鵠類鶩如明七子者，乃鎔經鑄史，求以義理意境取勝，遂以詩功彪炳一代，雖唐人莫能相尚也。自此以還，詩家輩出，或尊唐黜宋，或宗宋祧唐。雖風會時有變遷，而矩矱莫能外此二者之間也。清成同詩家，鑒於嘉道朝詩格陳腐卑下，祁文端首以力追杜韓為號召，曾文正復標舉涪翁而詩格丕變，七十年來，捨湖湘派模擬漢魏別樹一幟外，莫不以宋賢為鵠的，蓋不僅風氣使然，窮則變，變則通，亦有其不得不然者也。其時入境廬以橫絕之筆力，灑灑千言，自成一家。然繩之詩律，或時有憾焉。寒光富於年而造詣已若是。苟能斂才就範，深味宋人鎔經鑄史之旨，更求張廣雅所謂以宋意入唐格者，則他日必能遠邁入境廬而上之，羌謂太白之精英，杜韓之骨力，黃陳之句法，不能鎔冶於一爐，以光大寒光之詩耶。〔註1071〕

3月1日，國立中正大學《政治知識》（旬刊）創刊，由文法學院編輯，主編馬博庵。1944年3月1日停刊，刊載文史哲學文章及時事。

3月3日，胡先驌致江西省政府信函。

胡先驌致函江西省政府。中正大學農學院因調查江西農林植物

〔註1071〕張大為、胡德熙、胡德焜合編《胡先驌文存》（上卷），江西高校出版社，1995年8月版，第350～351頁。

及土壤分布情況，需用江西土地測量局出版之各縣詳圖一份，而學校內部尚未購得。胡先驌得知後致函江西省政府希望「函文：逕啟者，本校農學院現因調查江西農林植物及土壤分布情況，需用江西土地測量局出版之各縣詳圖（五萬分之一）一份，相應函請貴府轉飭該局特許購置是項詳圖全份，並希見復為荷。」〔註1072〕

3月4日，《地方建設》雙月刊創刊號目錄。

發刊辭	胡先驌
中正大學設置之意義與其特有之使命	蔣總裁
中正大學之創立及今後之希望	熊式輝
大學教育與地方建設	馬博庵
地方建設與中等教育	童潤之
三民主義的經濟建設	葉青
現代教育行政的趨勢	羅廷光
當前物價問題	吳華寶
地方建設與地方人	何棣先
三十年來婦女運動的總檢討	雷潔瓊
田賦怎樣才能改徵實物	方銘竹
大學政治學系課程之演進於調整	高柳橋
曲阜之世職知縣	周蔭棠
從政九箴	吳希白
改進縣地方財務行政制度之建議	李建昌
評中央新訂的戶政法規草案	吳顯□
鄉村建設的根本問題	凌思源

定價零售每冊五角代售處：各大書局

國立中正大學文法學院地方建設月刊編輯委員會編行〔註1073〕

〔註1072〕 江西檔案館，檔號：J037-1-00680-0104。鄭瑤著《繼往開來責在斯——國立中正大學農學院研究（1940～1949)》，2019 年江西師範大學碩士研究生學位論文，第 21 頁。

〔註1073〕 梁洪生主編《杏嶺春秋——〈江西民國日報〉有關國立中正大學的報導全匯（1938～1949)》，2010 年 12 月內部印刷。中華民國三十年三月四日週二第一版五日六日。

3月9日，胡先驌致楊綽庵信函。

綽庵吾兄廳長惠鑒：

拜別以來，弟於廿八日安抵桂林，現定於今晚乘飛機赴渝，一路均粗吉，堪慰錦注。弟在桂購得汽車一輛，將運往衡陽，擬在此攜帶油數瓶，請仍借加油證四張（每張五加侖）快郵寄交桂林麗澤門外麗君路樂山別墅桂穗公路工程處李紹真工程師收。油價已囑敝校王修案總務長付清也。弟此行大約小住月餘，一切費神之處，容面謝可也。

專此敬頌

公安

弟 胡先驌 拜啟

一九四一年三月九日〔註1074〕

3月13日～15日，召開在重慶中央圖書館舉行的中央研究院第二屆評議會第一次年會。

會議由朱家驊主席。來賓到者吳稚輝、戴季陶、孔祥熙、于右任、孫科、顧毓琇等。出席會議的評議員有丁西林、任鴻雋、周仁、張鈺哲、竺可楨、傅斯年、陶孟和、王家楫、姜立夫、吳有訓、曾昭掄、茅以升、陳楨、胡先驌、朱家驊、謝家榮、張雲、呂炯、王世杰、何廉、陳寅恪、李濟、吳定良、李四光等26人。侯德榜、王寵佑、周鯁生、胡適、趙元任（以上5人在美國）、莊長恭、秉志、林可勝、戴芳瀾、陳煥鏞、唐鉞、汪敬熙、陳垣等共13人未到。會議選舉翁文灝為評議會秘書，各組負責人為工程組凌鴻勳、地質組李四光、天文氣象組竺可楨、植物組胡先驌、動物組陳楨、心理組汪敬熙、社會科學組何廉、歷史組陳寅恪、語言考古人類組李濟。14日上午，會議討論了翁文灝所提確定中央研究院評議會經常工作案。會議決定出版中文科學著作目錄《學術概要》，並推翁文灝、袁仲濟、李書華、曾昭掄、傅斯年5人負責，3個月出一次；刊行院刊（西文論文提要）每半年一冊，編輯主任吳有訓，編輯李四光、吳定良、曾昭掄、姜立夫、陳煥庸、林可勝、李濟、茅以升。會議於15日下

〔註1074〕《胡先驌全集》（初稿）第十七卷下中文書信卷，第445頁。

午結束。會議議決：一、教育部諮詢組織中華學術協進社，推翁文灝、王世杰、傅斯年、竺可楨與教育部接洽進行；二、發起全國學術會議一案，由院商請教育部共同辦理，推翁文灝、傅斯年、何廉、王家楫、竺可楨擬具辦法；三、設純粹學術講座，每年一次或數次，全年經費約 1 萬，詳細辦法由傅斯年、翁文灝、丁燮林擬訂。〔註 1075〕

3 月 13 日～15 日，參加在重慶舉行的中央研究院評議會第二屆第一次會議，翁文灝當選秘書，選舉各組評議員主席，胡先驌當選植物組主席。生物學方面植物組：胡先驌（主席）、陳煥鏞、戴芳瀾、王家楫；動物組：陳楨（主席）、林可勝、秉志、王家楫。會議討論科學發明獎金及組織各地調查等議案，請中央研究院籌撥臨時費，以備設置雲南木材研究室案，算學改為數學，本院增設數學研究所，姜立夫任所長。〔註 1076〕

3 月 15 日，召開中國科學社理事會會議，出席會議者有翁文灝、任鴻雋、孫洪芬、竺可楨、胡先驌、周仁、李四光、姜立夫等。〔註 1077〕

3 月 19 日，梁主任委員昨舉行宣誓就職典禮。觀禮者三百餘人，儀式極為隆重，劉文島代表中央監誓並致訓詞，胡校長致詞。

中正大學胡校長致詞，略謂：梁主任委員過去襄理熊前主任委員，本人參與其事，深知梁主任委員才幹非凡，目光遠大，計劃周密，過去對黨務工作，建樹頗多，今繼熊主任委員之後主持江西黨務，務可發揮其偉大才能，推展三民主義文化運動，中正大學以闡揚三民主義為唯一目標，以後當竭盡全力，與黨務工作機會，力求對主義思想，作良深之研究，中國三民主義為以和平之方式，立法之手段，獲得全民族之擁護，而進行之革命，其成效不下於暴力革命，而革新最大成功，今日國際戰爭之後，國際間經濟之合作，必良如吾人之理想，是以吾人今日之主要使命，即為實現三民主義，使三民主義之政策政訓，完全民主，其中最可注重者，則謂民權，

〔註 1075〕李學通著《翁文灝年譜》，山東教育出版社，2005 年 10 月版，第 246 頁。
〔註 1076〕陳勇開、吉雷、鄒偉選編《國立中央研究院評議會第二屆歷次年會記錄》，楊斌主編《民國檔案》總第 133 期，2018 年第 3 期，第 3～7 頁。
〔註 1077〕李學通著《翁文灝年譜》，山東教育出版社，2005 年 10 月版，第 246 頁。

蓋今日新縣制之實施，即所以建立□良好之基礎也，吾人□□□在梁主任委員領導之下，完成此一偉大使命，以建立三民主義之新江西云。〔註1078〕

3月22日，胡先驌致江西省政府函。

函文：遙啟者，本校現有書籍儀器標本八箱，已由貴陽運抵衡陽，亟待裝運來校，相應函請貴府發給證明書一紙，俾便通行為荷。

（鄭瑤先生提供）〔註1079〕

3月22日，董事會會議，決定增進《科學》在學術界之地位諸多事項。

理事會第 149 次會議記錄（1）（1941 年 3 月 22 日），重慶開理事會。出席者：翁永年、胡步曾、李仲揆、吳正之、竺藕舫、周子競、孫洪芬、任鴻雋。主席：任鴻雋。

討論事項經眾同意者如下：

（一）本社之《科學》雜誌應力求發展為各科學團體之公共機關，專門論文可少載，但對於各學術團體之工作消息及成績發表，則應廣為羅致，以增進《科學》在學術界之地位。

（二）科學圖書公司在桂林之分廠應收為自辦，以應內地學術界之需要。

（三）本社各地社友會仍應由各地社友發起進行，以期增進社員對本社之興趣，並便於紹介新社員及收費各事。

（四）為津貼滬渝兩處工作人員之生活費計，可募集特別捐，由翁永年、任鴻雋主持發起。（以上任叔永來函）

（五）茅唐臣、凌竹銘二君曾提議，本社與工程師學會本年雙十節前後在貴陽聯合舉行年會。眾意交通困難，本社本年年會停止舉行，以後決以全力辦理《科學》雜誌、《科學畫報》兩期刊，生物研究所及科學圖書館事業。（以上竺藕舫來函）〔註1080〕

〔註1078〕 梁洪生主編《杏嶺春秋——〈江西民國日報〉有關國立中正大學的報導全匯（1938～1949）》，2010 年 12 月內部印刷。中華民國三十年三月十九日週四第三版。

〔註1079〕 江西檔案館，檔號：J037-1-00964-0044。

〔註1080〕 何品、王良鐳編注中國科學社檔案資料整理與研究《中國科學社董理事會會議記錄》，上海科學技術出版社 2017 年版，第 251 頁。

3月29日，胡先驌致江西省政府函。

　　函文：逕啟者，本校借用中正醫學院顯微鏡五架，由貴陽裝箱運來時經湖南衡陽時被當地海關扣留，須納稅七百四十元，查該項顯微鏡原係舊物借用，並無新近購入切位公有財產，無納稅之理，函請貴府即電衡陽海關迅予放行，俾應急需。

　　（鄭瑤先生提供）〔註1081〕

3月，唐世鳳拜訪胡先驌。

　　唐世鳳、王敏夫婦從英國回到江西泰和，剛落腳就去拜訪胡先驌。此後，唐世鳳、王敏夫婦多次去看望胡先驌，與胡先驌促膝對談。談戰局、談民族憂患、談文化教育，談戰後恢復工作，他們深深為胡先生的愛國激情感染。兩人之間，經常魚雁傳書，書信往返。唐樂永珍藏著幾封胡先驌致唐世鳳的信札。「胡先生的幾封手札中談到對抗戰時局憂患關切，談到為中國遠征軍攻下緬北八莫，即將班師雲南、貴州禦敵而歡欣鼓舞；希望朱騮先出長教育部長能矯正陳立夫部長之短；述及蔣經國專斷，以致先生憤怒請辭；託付我父親設法接濟在淪陷區生活緊迫的秉志先生；談及對中國固有文化日趨退化的憂慮，談到所著《中華民族之改造》一書一二月後即將殺青，《教育之新目標教育之生活化》一文將在吉安《大眾日報》發表，並擬送重慶《大公日報》。報國之心的迫切意願，躍然紙上。」〔註1082〕

3月，胡先驌赴教育部彙報經費。

　　胡先驌赴重慶與教育部接洽三十年度預算，經教育部核定中正大學本年度經常費共七十六萬五千餘元，臨時費三十萬元，外撥美金二萬元，在國外購買儀器設備等資料。全部預算中由江西省政府補助三十三萬元，另有二百萬元基金之利息共二十萬元，其餘之數由國庫支出。後又商得教育部同意，以明年以後之基金利息為擔保，向裕民銀行借款五十萬元，以供各學院購買儀器設備之用。〔註1083〕

〔註1081〕江西檔案館，檔號：J037-1-00964-0048。

〔註1082〕劉宜慶著《海洋先驅唐世鳳》，中國海洋大學出版社，2022年10月版，第261～262頁。

〔註1083〕鄭瑤著《繼往開來責在斯——國立中正大學農學院研究（1940～1949）》，2019年江西師範大學碩士研究生學位論文，第23頁。

3月，中正大學為師生購買餘糧。

　　1941年3月，泰和市面糧價上漲，各機關、學校購米困難，恰逢此時江西省糧管局適有餘糧，因而從該年3月起，該校員工、學生食米由該局供購。〔註1084〕

胡先驌建議在《江西文物》雜誌刊登

　　3月，以讀者身份在《江西文物》雜誌刊登，陳寶箴及陳三立合併立傳不妥，宜立專傳。

　　敬啟者：

　　　　奉讀貴社惠賜《江西文物》創刊，集材豐富，議論高卓，為吾省文化經濟界樹一特幟，無任欽佩。又見下期要目預告，對於陳寶箴及陳三立合併立傳，竊覽未安，散原先生一生學問，綜貫百家，著述宏富，志行高潔，大節凜然，似宜別立專傳，以崇碩儒。昔班

〔註1084〕《呈送本年三月至六月本校向江西省糧管局購米價格表乙份乞鑒核由》（1941年7月15日）、《中正大學戰區貧苦學生膳食貸金清冊貸金學生成績冊領取貸金人數等表冊》（194204～194111），中國第二歷史檔案館藏，全宗號五，案卷號3777（1），第177頁。高志軍著《政治與教育的互動：國立中正大學研究》，2021年12月華中師範大學博士學位論文，第138頁。

書以劉子政附楚元王傳，《史通》譏焉。蓋以其固自卓立，非獨傳不足以示推崇也。蠡見如斯，仍希鑒裁，並請撰安。

胡先驌 敬啟〔註1085〕

春，中正大學以基金擔保向江西裕民銀行息借法幣50萬元。

　　1941年春，中正大學因購置農、工二院儀器設備，希望動用基金，得到教育部肯定答覆。嗣後，校長胡先驌又與時在江西視察的教育部次長顧毓琇、江西省政府主席熊式輝三方會商，同意以基金擔保向江西裕民銀行息借法幣50萬元。6月16日，校方將此電報教育部。〔註1086〕

4月1日，泰和三民主義研究會成立，由省黨部葉青等人組成。

4月1日，《三民主義研究通訊》（週刊）創刊，由研究部編輯，主編葉青。1941年6月1日停刊，主要撰稿人為葉青、吳曼君、王貽非、張絢中等。

4月21日，《江西文物》第二期要目。

發揚江西精神	彭程萬
江西文化建設奠基論	周維新
江西歷代人物之分布	周維新
江西農村經濟的觀感	子立
江西近代鄉賢列傳	周維新
散原居士事略	歐陽竟無
贛風錄（詩）王有蘭 程學恂 吳宗慈 楊賡笙	
通訊 胡先驌 蔡敬襄 熊育錫 聶遜叟	
總經售 泰和中正路 江西省立圖書館文化服務部〔註1087〕	

〔註1085〕廖太燕作《胡先驌及其曾祖信函二種》，中華讀書報2017年12月18日。原文見《江西文物》雜誌第一卷第二期。

〔註1086〕《以基金作抵向江西裕民銀行息借五十萬元作農工兩院設備費乞核備由》，《中正大學現金出納表領款收據經費累計表等各類會計表文書》（194205-194504），中國第二歷史檔案館藏，全宗號五，案卷號3763（1），第68頁。高志軍著《政治與教育的互動：國立中正大學研究》，2021年12月華中師範大學博士學位論文，第129頁。

〔註1087〕梁洪生主編《杏嶺春秋——〈江西民國日報〉有關國立中正大學的報導全匯（1938～1949）》，2010年12月內部印刷。中華民國三十年四月二十一日週一第一版。

4月9日，秦仁昌致劉慎諤信函。

　　秦仁昌與遠在陝西武功之西北植物調查所有所聯繫。其時，該所所長劉慎諤有昆明、雲南大理之行，獲悉秦仁昌在麗江設立工作站，即去函搜討種苗；秦仁昌亦借機向其索要西北蕨類標本。秦仁昌覆函略謂：「前奉自大理及保山發來各函，均經拜讀，備悉一切，諒兄已安返武功。此間一切安好，本園去年所採種子全批寄尊處，諒計日可達，球根因礙於時季已遲，且交通阻梗，未能奉上，只有稍待耳。按自陝寄滇之包裹郵費極高，尊處如有蕨類標本寄來，可少用紙，以節用費。」在麗江秦仁昌還與美國農部派遣採集員洛克有學術聯繫。〔註1088〕

4月14日，中正大學教職員親屬不在糧管局供糧範圍。

　　教職員親屬因被排除在糧管局供糧名單之外，故生活成本上升。校方一方面請教育部核發膳食補助費，另一方面擔心該局「嗣後能否繼續供給，未可逆料」，故而暗示教育部「倘一旦中斷，當再呈請鈞部核發膳食補助費」。〔註1089〕

4月22日，中正大學胡校長將返泰。

　　國立中正大學校校長胡先驌，月前赴渝公幹，茲已事畢，月初啟程返泰，日昨到達桂林，日內即可返校云。（中央）〔註1090〕

4月，中正大學向江西裕民銀行貸款。

　　1941年4月，中正大學因添建校舍亟待開工，而教育部匯款又

〔註1088〕秦仁昌致劉慎諤函，1941年4月9日，中國第二歷史檔案館藏北平研究院檔案，全宗卷394，案卷號447。胡宗剛著《雲南植物研究史略》，上海交通大學出版社2018年7月版，第150頁。

〔註1089〕《呈送本校教職員三月份膳食補助費請領名冊暨物價資報委員會規定及三月份調查糧食市價日計報告表乞鑒核發給膳食補助費》（1941年4月14日），《教育部辦理浙江大學中正大學交通大學等大學呈核膳食補助費人數異動清冊的來往文書》（194106～194111），中國第二歷史檔案館藏，全宗號五，案卷號3976（3），第15～16頁。高志軍著《政治與教育的互動：國立中正大學研究》，2021年12月華中師範大學博士學位論文，第138～139頁。

〔註1090〕梁洪生主編《杏嶺春秋——〈江西民國日報〉有關國立中正大學的報導全匯（1938～1949）》，2010年12月內部印刷。中華民國三十年四月二十二日週二第三版。

「甚需時日」之際，遂請江西省政府財政廳為保證人向江西裕民銀
行息借5萬元。〔註1091〕

4月，時任贛州專員蔣經國應胡先驌邀請前來中正大學講演，目睹杏嶺的辦學環境欠佳，蔣經國為擴大自己的政績，認為泰和校址不宜，建議遷往贛州龍嶺，表示願為辦學提供一切方便。而胡先驌則惟恐這一重大改變有違當初熊式輝主席承命在江西戰時省會泰和設校的初衷，抗戰結束後，準備遷到廬山作為永久校址計劃，向蔣經國解釋不便同意的原委，其後蔣氏雖對此一再進言，並允提供一切優遇，而胡校長堅持原則，致使雙方關係緊張起來，後經熊式輝、程時煃出面調解，最後決定在贛州龍嶺增設一分校，供大學一年級學生學習而解決。

5月4日，胡先驌致唐燿信函。

> 曙東仁弟惠鑒：
>
> 　　陪都之聚，至以為快。驌於五月一日返校，一路安適，堪以告慰。茲有啟者，舍甥山澤近以家用不足，經其姊丈介紹入中央銀行服務，其以前扯用之款，請准其在半年之內分數次歸還，並准其辭職為要。山澤本願追隨吾弟效勞，無如物價翔貴，薪給微薄，不足以供仰事俯畜之資，不得已而求去，尚希亮之為幸。
>
> 　　專此即頌
>
> 研祺
>
> 　　　　　　　　　　　　　　　　　　　　驌 拜啟
>
> 　　　　　　　　　　　卅年五月四日（1941年）〔註1092〕

5月4日，《國立中正大學學生》（半月刊）創刊，由學生自治會編輯，主編鄒嗣奇。停刊日期不明，刊載各學科論文及文學等。

5月5日，中正大學舉行國民政府成立紀念集會。

5月6日，中大胡校長自渝返贛，該校每年經常費中央確定七十萬。

〔註1091〕　《呈報本校商准江西裕民銀行息借五萬元為建築校舍費用仰祈鑒核備案由》（1941年4月）《中正大學歲出概算書由江西寧都遷至南昌修建經費概算等文書》（194008-194505），中國第二歷史檔案館藏，全宗號五，案卷號3763（3），第73頁。高志軍著《政治與教育的互動：國立中正大學研究》，2021年12月華中師範大學博士學位論文，第122頁。

〔註1092〕　胡宗剛撰《胡先驌先生年譜長編》，江西教育出版社，2008年2月版，第292頁。

【本報專訪】國立中正大學胡校長先驌，在渝公畢，已於本月二日返抵泰和，據談總裁對該校甚為關心，該校常年經費業經中央確定為七十萬元，並準備二萬元美金購置儀器，國內各名教授多願應聘來贛云。〔註1093〕

5月10日，中正大學致教育部信函。

該校此舉與教育部之間實際產生張力。1941年5月，中正大學就借款事去函教育部備案。教育部一方面認為此事「當屬可行，姑準備案」，另一方面要求該校「程序正確」，此後「不得再向外舉債，若事實確有必要，亦應領先呈准，仰即遵照」。〔註1094〕

5月10日，中正大學舉行學術座談。

中正大學為遵照省會各界紀念三十年「五四」實施辦法，於五日上午九時，在該校新建教室，舉行學術座談會，計到羅廷光，馬博庵，楊綽奄，（孫承謨代）王有蘭，匡正宇，王次甫（王維野代）胡先驌等三十九人，討論題目為《國防建設與科學》，首由胡先驌講述國防與科學之關係，次由蔡方蔭，燕方畋，周拾祿，馬博庵，王有蘭，高柳橋，吳華寶，熊潄冰，羅廷光，匡正定，王維野等，論國防建設與工程，農業政治，經濟，教育等問題，相繼發表意見，末由胡先驌作結論，至十二時余始散。（中央）〔註1095〕

5月23日，中正大學確定消費合作社成員。

消費合作社發軔於1941年5月23日正大召開的第16次校務

〔註1093〕 梁洪生主編《杏嶺春秋——〈江西民國日報〉有關國立中正大學的報導全匯（1938～1949）》，2010年12月內部印刷。中華民國三十年五月六日週二第三版。

〔註1094〕 《關於該校商准江西裕民銀行息借五萬元為建築校舍費用一案令飭遵照由》（1941年5月10日），《中正大學歲出概算書由江西寧都遷至南昌修建經費概算等文書》（194008～194505），中國第二歷史檔案館藏，全宗號五，案卷號3763（3），第72頁。高志軍著《政治與教育的互動：國立中正大學研究》，2021年12月華中師範大學博士學位論文，第122頁。

〔註1095〕 梁洪生主編《杏嶺春秋——〈江西民國日報〉有關國立中正大學的報導全匯（1938～1949）》，2010年12月內部印刷。中華民國三十年五月十日週六第三版。

常務會議。這次會議推定總務長王修案、工學院院長蔡方蔭、經濟系主任吳華寶、會計室主任任象杓、庶務組主任余永年負責籌設正大消費合作社，王修案負責召集。〔註1096〕

5月27日，中正大學致教育部信函。

然而該校向裕民銀行5萬元借款杯水車薪，不足以推動校舍建設事宜。時至1941年5月，該校不但需開工費30萬元，而且還負債12萬元，遂於5月27日請部匯撥經費。〔註1097〕

5月27日，全省運動會昨開幕。參加運動員共達二千餘名，由省府胡秘書長致開會詞，吉聯合運動會昨圓滿結束。

【本報泰和專電】江西省運動大會，於昨晨（二十六）七時，冒雨開幕，到楊監使亮功，王副議長有蘭，匡委員正宇，邱委員大年，楊廳長綽庵，胡校長先驌，黃總隊長光斗，劉秘書長已達，陳委員際唐等，參加單位有經建福利會，財政廳，教育廳，泰和電報局，一三七後方醫院，警察總隊，獸醫專校，地質調查所，中正大學，省黨部，省府秘書處，公路處，十三中學，南昌女中，高級護校，助產學校，幼師，陽明中學，鴻聲小學等三十餘單位，選手二千餘名，鳴爆後，特請符式嘉女士剪裁禮，旋升旗放軍鴿，開會如儀，程廳長時煃，因感冒未到，由主席胡秘書長家鳳致開幕詞，次大會張總幹事宣讀熊主席訓詞，繼由楊監察使，王副議長，胡校長先後致詞，詞畢，通過向蔣委員長致敬電，復次全體運動員宣誓呼口號，職員及運動員繞場一周合影，禮成，開始運動，茲將各情分志如下：

開始運動

開幕式畢，各機關主管人員作一百公尺表演，計分兩組，第一

〔註1096〕 高志軍著《政治與教育的互動：國立中正大學研究》，2021年12月華中師範大學博士學位論文，第211頁。

〔註1097〕 《無標題》（1941年5月27日），《中正大學歲出概算書由江西寧都遷至南昌修建經費概算等文書》（194008～194505），中國第二歷史檔案館藏，全宗號五，案卷號3763（3），第39頁。文中有「省府協款」之句，可推斷為1941年。高志軍著《政治與教育的互動：國立中正大學研究》，2021年12月華中師範大學博士學位論文，第122頁。

組，（一）王青委員華，（二）傅惠忠，（三）楊亮功，（四）楊綽庵，第二組，（一）李石襄，（二）彭存餘，（三）匡正宇，（四）張一清，同時幼稚師範，省警察總隊，助產學校，先後表演團體操，繼舉行田徑賽，午後舉行球類比賽，各方選手，參加運動，均能遵守運動規則，精神極佳，至比賽成績，一般預料，當較以前進步。

大會電文

大會電蔣委員長致敬云，重慶軍事委員會委員長蔣鈞鑒，抗戰軍興，於茲四載，全國上下，一致振奮，託賴德威，愈戰愈張，最後勝利，為期已定，本省健兒，遵循鈞座歷次提倡國民體育，注重民族健康之訓示，舉行全省運動會，謹於大會開幕之日，以嚴肅整齊之行列，秉團結忠勇之熱忱，攜誠致敬，遙祝健康，江西省體育運動全體運動員辰宥叩。〔註1098〕

5月，《「五五」與「五四」紀念的意義》文章在《國立中正大學校刊》雜誌（第1卷第20期，第4頁）發表，為作者在中正大學紀念會上之演講，由程永邃記錄。摘錄如下：

今天是革命政府成立紀念日，這個日子在本黨和中華民國的歷史上，都占著極光榮極寶貴的一頁，其價值和重要不亞於雙十節。

辛亥革命，達到了推翻滿清政府的目的，可是這一次革命，並不能算成功，反而可說是失敗了。因為當時滿清政府雖被推翻，但對三民主義認識的人太少，革命基礎太不穩固；而且那次的革命只是民族革命，大家還沒有社會革命的意識。當時除少數真正革命的同志能夠同心協力為主義奮鬥外，大多數的人，是同床異夢，別有所圖。甚至許多人看見那次革命成功很快，便以為天下的事都很容易。於是於清廷推翻之後，對於革命事業便漫不經心，不求徹底的改革，結果專制時代的遺毒未除，革命的實力不固，使軍閥勢力得以乘機伸展，阻礙了革命工作的進行。

袁世凱是北洋軍閥中的主腦，他表面上與革命軍合作，贊同國

〔註1098〕梁洪生主編《杏嶺春秋──〈江西民國日報〉有關國立中正大學的報導全匯（1938～1949）》，2010年12月內部印刷。中華民國三十年五月二十七日週二第三版。

民軍推翻滿清政府，但暗中卻懷陰謀，想擴充己之勢力，獨掌全國軍政大權。武昌起義後，清廷起用袁氏，袁氏實力增強。而當時革命軍基礎未固，力量不足，故袁氏得以達到了他的願望，繼總理而就任大總統。因此，辛亥革命可以說是袁氏之成功，並非革命成功。

袁氏就任了大總統以後，野心未已，還妄想做皇帝，發起洪憲帝制活動，公然驅逐國民黨黨員，承認日本帝國主義的二十一條款。後因蔡鍔在雲南起義，各省相繼響應，結果袁氏失敗，旋即病死。袁氏死後，黎元洪繼任大總統，因北洋軍閥的勢力仍很強盛，不久黎氏復被迫辭職。

民國六年，北方發生毀法的情事，總理為維護民權，便策動護法運動。於是年七月中旬親率海軍南下，組織護法政府。但當時盤踞西南方面的軍閥陸延榮、唐繼堯等，另有目的，並非真心護法，所以遇事從中作梗。而當時南北軍人，均存割據之心，陳炯明、吳佩孚等高唱聯省自治之議。在反動勢力重重包圍之下，革命勢力危殆萬分。總理覺得非從速建設強有力的正式政府，不足以號召中外。總理乃於民國十年五月五日就任非常大總統之職，國民政府遂告成立，從此樹立真正國民政權。繼之總裁創辦黃埔軍校，十五年國民革命，因之得以完成，而奠定全國統一的基礎。假如沒有「五五」革命政府成功這一回事，十五年的北伐，就沒有成功的可能，所以今天的紀念意義非常重大。

昨天是「五四」青年節，是青年學生運動的紀念日，現在我對於這個紀念日附帶地說幾句話。第一次歐戰是在民國七年冬季結束的，民國八年一月在巴黎召開和會，議決將德國在我國山東的一切權益，全部由日本繼承。這個消息傳到國內，首先便激起了北平各學校青年學生的憤怒。到了五月四日這天，更有青年學生和工商界聯合起來的罷課罷工罷市大遊行示威的運動，反對賣國賊的禍國和帝國主義的侵略，結果罷斥了曹汝霖、陸宗輿、章宗祥等。我國出席巴黎和會的代表對於凡爾賽的條約便沒有簽字。這一次的學生運動，不但是反抗帝國主義，尤其是反抗日本帝國主義的民族運動，並且是一個新文化運動的發端。

「五四運動」是青年人參與政治的起點，在中國現代史上，確

佔了重要的一頁。可是這個運動也和辛亥革命一樣，犯了膚淺的毛病。因為許多學生看見這次運動使得我國的代表沒有簽字，外交僥倖成功了，就以為天下的事都是很容易。而陳獨秀等激烈分子，更極端詆毀我國的固有文化，甚至有人主張把線裝書拋進廁所三千年，以為中國固有一切的東西都是不好的。北京大學就是當時分歧錯綜的思想中心。那時共產主義思想在我國已潛滋暗長，如陳獨秀、李大釗等都是共黨中的中堅分子。所以五四運動的成功固大，但它的流弊也就不少，甚至餘毒至今尚未廓清。

今天我們紀念「五五」，同時補行紀念「五四」，應該深刻認識革命不是盲目的，不是輕舉妄動，須要記著「革命尚未成功，同志仍須努力」這兩句話，堅毅沉潛地秉著三民主義的精神而刻苦奮鬥，才能完成建國的大業。這就是今日紀念「五五」和補行紀念「五四」的意義。〔註1099〕

5月，中正大學成立衛生委員會。

5月，正大成立了旨在增進學生身體健康、治理校內外環境的領導部門——衛生委員會。委員會由總務處主任、體育衛生組主任、診療室主任等人組成。該會後來成為正大進行常態化抗疫的領導機關。在成立的當年，衛生委員會就在體育衛生組主任曾仲魯教授的領導下，著手開展預防疥瘡傳染病的工作。在1942年下半年的抗擊傷寒病疫中，委員會又在總務長鄒邦鈺的組織下，決定在校內著手消滅瘧蚊、蒼蠅和臭蟲三害，修築生活用水蓄水池等一系列活動。〔註1100〕

6月1日，中正大學學生自治會致朱希亮信函。

據中正大學學生自治會常務幹事成善祥等3人上呈訓導長朱希亮來函稱，膳食管理股主任張天生等9人請求辭職。張等人自稱，「才能淺薄，接辦膳食毫無進展，至慚且愧，前曾呈請辭職在案，今又以端午中餐加菜事引起少數同學非議，多方為難，今後辦理更

〔註1099〕 胡宗剛撰《胡先驌先生年譜長編》，江西教育出版社，2008年2月版，第293～294頁。

〔註1100〕 張建中著《那年，這所大學爆發了大規模的傷寒疫情》，公眾號「江西檔案」，2020年05月25日。

多困難。與其貽誤於後，曷若引退於前？！」學生自治會因此召開
臨時會議，決定尊重張天生等 9 人意見，另選出 9 人擔任是職。自
治會除通告全體同學外，還將人事變動呈報訓導處備案。辭職者憤
懣不平，可能是迫辭，通報者意圖也並不簡單。〔註1101〕

6月1日，《江西民國日報》從吉安遷至泰和出版。

6月3日，周拾祿致白蔭元信函。

　　函文：重慶農林部白蔭元技正，胡校長囑詢何日來贛，請電覆
拾祿。

　　（鄭瑤先生提供）〔註1102〕

6月4日，胡先驌致江西省農業院信函。

　　胡先驌致函江西省農業院。1941 年 6 月，胡先驌致函江西農業
院，稱「函文：逕啟者，本校農學院，擬利用暑期派學生四十名，分
赴貴院所屬各場圃實習，並擬請指定鳳凰墟棉麥場二十名，贛縣稻場
十名，贛縣苗圃五名，吉安苗圃五名，均自七月一日起至八月三十一
日止，共計實習期間二個月。相應函洽，即希查照見復為荷」〔註1103〕

6月4日，周拾祿致教育部高等教育司信函。

　　周拾祿致函教育部高等教育司。胡先驌深知如要成為第一流的
農業專家，須有廣博的生物學知識。所以他對生物學極為看重，而
這不僅僅因為他是生物學家，更因為中正大學農學院的發展需要生
物學的支撐，為此，他暫辭靜生所所長就任正大校長之時，帶來了
一批靜生所內的生物研究人員，如昆蟲學家何琦和生物學助教彭鴻
綬，並且還廣泛致函各地生物學者，如嚴楚江、張肇騫、戴立生等人，
積極聘請他們來校講授生物課程，開展生物研究。胡先驌此舉兼得農

〔註1101〕　《呈為報膳食管理股主任及庶務股主任改由何本極激樊恭口兩幹事分別充
　　　　　任由》（1941 年 6 月 1 日），江西省檔案館藏，檔號：J037-1-00247-0129。
　　　　　高志軍著《政治與教育的互動：國立中正大學研究》，2021 年 12 月華中師
　　　　　範大學博士學位論文，第 139～140 頁。
〔註1102〕　江西檔案館，檔號：J037-1-01187-0024。
〔註1103〕　江西檔案館，檔號：J037-1-00726-0001。鄭瑤著《繼往開來責在斯——國立
　　　　　中正大學農學院研究（1940～1949）》，2019 年江西師範大學碩士研究生學
　　　　　位論文，第 95～96 頁。

學院院長周拾祿的大力支持，他於 1941 年 6 月 4 日呈請教育部高等教育司，為即將添設的生物系請求購置「顯微鏡六十架」。〔註1104〕

6 月 6 日，胡先驌在工程師學會江西分會講話。

為夏禹王誕辰，即中國工程師節日。工程師學會江西分會於泰和聚會慶祝。由中正大學工學院院長蔡方蔭主持，報告中國科學界進步發展。校長胡先驌發表演說。姚顯微報告認為，從「史理」與地理的觀點證明：夏禹確有其人，夏禹治水亦真有其事。〔註1105〕

6 月 6 日，教育部致中正大學信函。

教育部致函國立中正大學。中正大學農學院添設生物系的設想，胡先驌 1941 年初在重慶就與教育部報告過，當時教育部並未阻攔。於是在胡先驌及農學院同人的幫助下，中正大學農學院積極籌劃成立生物系並於 5 月 6 日收到教育部部長陳立夫的回覆指令：「該校生物學系一年級課程得暫照理農兩學院一年級共同必修科目，自行參酌擬訂呈核。將來如成立理學院，原有生物學系，即應改隸理學院，依照理學院科目表重行訂定該系課程，仰即遵照此令。」胡先驌得此指令後大為欣喜，並將擬訂的生物學系一年級課程呈候教育部審核。1941 年下半年生物系成立，新學期開學之時正式面向全國招收學子。〔註1106〕

6 月 7 日，工程師學會贛分會昨日慶祝禹誕，姚教授講大禹存在問題，楊廳長報告贛工業建設。

【本報訊】六月六日為大禹誕辰，亦即中國工程師節日，並為中國工程師學會三十週年紀念日，工程師學會江西分會，特於是日上午七時，在泰和匡村民眾大會堂，聚會慶祝，到來賓暨會員共二

〔註1104〕鄭瑤著《繼往開來責在斯——國立中正大學農學院研究（1940～1949）》，2019 年江西師範大學碩士研究生學位論文，第 29 頁。

〔註1105〕江西《民國日報》，1941 年 6 月 7 日。姚國源執行主編《浩氣壯山河——原國立中正大學抗日戰地服務團紀實》（上冊），江西高校出版社，2010 年 11 月版，第 49 頁。

〔註1106〕鄭瑤著《繼往開來責在斯——國立中正大學農學院研究（1940～1949）》，2019 年江西師範大學碩士研究生學位論文，第 29 頁。

百餘人，由中大工學院院長蔡方蔭先生主席，如儀開會後，主席報告開會意義及中國卅年來之科學界演變進步等情形及科學界同人今後應有之努力，報告畢，由來賓中正大學胡校長，歷史專家姚顯微教授，省黨部匡委員，教廳程廳長代表胡科長，水利局燕局長，建廳楊廳長等，相繼演說，姚教授就「史理」地理的觀點，說明大禹確有其人，中國古代，亦確有洪水為患，大禹治水，亦甚可能，以審慎公正的態度，作高深的學術上討論，一掃時下盲目崇拜與大膽懷疑之弊。胡校長列舉種種事實，證明中國人確有縝密的科學頭腦與偉大的科學成就，並勉學者加深其科學的根基，俾紹昔人偉業，匡委員則謂抗建需要科學甚切，但科學非政治安定不能發達應用科學的產生有須純粹科學為其前導，希望自然科學者於研究真理之外並注意政治的修養，為三民主義的各種建設而努力，胡科長宣讀程廳長致詞。燕局長談科學工作的實際經驗，希望科學工作者要以科學頭腦處理人事。楊廳長報告江西工業建設情形，語重心長，發人深省，並極易領悟，演說畢，即通過向蔣委員長，熊主席，暨前方將士致敬電文，呼口號，播影散會，下午舉行學術討論，並定今日參觀工廠云。〔註1107〕

6月19日，蕭純錦致國立中正大學信函。不久院長蕭純錦准予中正大學農學院學生暑期去往該處實習。〔註1108〕

6月18日，中正大學致教育部信函。

該校向教育部力陳，購置儀器是當務之急，「否則無法開課」，但是「外匯緩不濟急」，故而需要先行墊借，但該款最終「須部認還」。〔註1109〕教育部表示困難，認為1941年該校的臨時費方才通過，「擬不須再請」，而1942年各校建設費「又不易勻支鉅款」，因此「擬電准

〔註1107〕梁洪生主編《杏嶺春秋——〈江西民國日報〉有關國立中正大學的報導全匯（1938～1949）》，2010年12月內部印刷。中華民國三十年六月七日週六第三版。

〔註1108〕鄭瑤著《繼往開來責在斯——國立中正大學農學院研究（1940～1949）》，2019年江西師範大學碩士研究生學位論文，第96頁。

〔註1109〕《無標題》（6月18日），《中正大學歲出概算書由江西寧都遷至南昌修建經費概算等文書》（194008～194504），中國第二歷史檔案館藏，全宗號五，案卷號3763（3），第71頁。

該校在基金內如數支撥」。〔註1110〕這裡的「電准」當指徵求蔣介石意見。蔣介石對教育部提議表示反對。正大學遂於7月2日再次致函教育部提出折衷辦法，即：首先由江西省政府先行墊付50萬元，將來再由教育部確認。〔註1111〕中正大學在另一份致顧毓琇的函電中也明言，該校「無款購置機器、儀器，則校務不能進行，必指撥基金，亦徒增人事之困難」。為該校前途計，希望教育部「務懇核准借墊辦法，並電熊主席承認將來（不必指定時日）由部籌還，則此事可以順利進行矣」。〔註1112〕可能是迫於現實，時止1941年9月初，熊式輝似乎不再堅持此前不動用基金主張。就設備費一事，熊電教育部稱：「現擬以基金年息作代向銀行息借，將來由貴部撥，如贊同，立盼電覆」。〔註1113〕

6月19日，中正大學致教育部信函。

自1941年1月起，社教系學生即比照師範生待遇予以相應公費，只是受物價高漲影響，該校在經常費項下無法勻支，仍要請教部撥款。儘管教育部已給予社教系學生公費待遇，卻未落到實處。〔註1114〕

6月20日，劉慎諤致黃日光信函。

〔註1110〕 《無標題》（7月2日），《中正大學歲出概算書由江西寧都遷至南昌修建經費概算等文書》（194008～194504），中國第二歷史檔案館藏，全宗號五，案卷號3763（3），第70頁。

〔註1111〕 《無標題》（7月22日），《中正大學歲出概算書由江西寧都遷至南昌修建經費概算等文書》（194008～194505），中國第二歷史檔案館藏，全宗號五，案卷號3763（3），第65頁。

〔註1112〕 《無標題》（28日），《中正大學歲出概算書由江西寧都遷至南昌修建經費概算等文書》（194008～194505），中國第二歷史檔案館藏，全宗號五，案卷號3763（3），第67～68頁。

〔註1113〕 《無標題》（9月1日），《中正大學歲出概算書由江西寧都遷至南昌修建經費概算等文書》（194008～194505），中國第二歷史檔案館藏，全宗號五，案卷號3763（3），第53頁。高志軍著《政治與教育的互動：國立中正大學研究》，2021年12月華中師範大學博士學位論文，第129～130頁。

〔註1114〕 《為填呈本校社會教育系學生公費及制服津貼印收乞核收並乞將該生等每名每月膳費底數准予由部撥發由》（1941年6月19日），《中正大學戰區生自費生請領補助費膳食貸金名冊及相關文書》（194105～194211），中國第二歷史檔案館藏，全宗號五，案卷號3777（3），第166頁。高志軍著《政治與教育的互動：國立中正大學研究》，2021年12月華中師範大學博士學位論文，第143～144頁。

日光我兄臺鑒：

啟者近因趕寫一篇文章《雲南植物地理》，長有二三萬字，所以住在西山，不能出門，現在我想抽出點工夫，把我們從前談的舊話，再提出來討論討論。

一、迤西採集的工作，自本年二月間，已開始進行，據王漢臣最近來信表示，現在騰沖、芒市一帶工作，不久可回大理，搜集的材料已有數百種，前途至為順利。廳中所欲任之每月三百元，希望亦能從本年二月份起算，而王漢臣先生之委任狀及徽章，亦希望即為準備補發，交由弟處轉達。

二、林務方面：我想用我們現在已經搜集到的雲南材料及將來繼續搜集的材料，分期來幫助我兄出版一種「雲南樹木圖譜」或「雲南樹木誌」，先從松柏科下手，假設若是「圖譜」，我有從前在北方自印的樣本，可以找出一本來送我兄看看，不過現在用的紙不能這樣好也，不能這樣大，假若為的省錢，不帶圖亦可，但此為「樹木誌」或「樹木圖譜」都是向著森林方面走，就是說除去用畫及文字來描述和記載他的形狀而外，還要把每種的分布、生態、用途等等都要寫出來，我想這種書一定會切於實用的，並且還可以賣的。因為雲南這一類的書，簡直是沒有，大學裏的大學生，甚至教授都需要的很，就是外面的人來雲南，想著認識雲南的樹木，也是尋不到名字，或者辨別不清楚。假若我兄亦有同樣主張，即請同張廳長談談，大家都贊成，我們就開始動起工來。本年秋後，可以計劃先出一本（松柏科），現在所要知道的就是廳中每月可以補助我們多少編輯費，並從何時算起。至若印刷費，先由廳中規定一個數目亦好，或者後來再實報實銷亦可。

三、林務方面：亦願為兄建議闢一「標本室」，房子愈乾燥愈好，最好是樓內面陳列的材料主要是蠟葉標本，次為木材標本。木材之普通者，在昆明附近，已可以採集不少，特別的已函告王漢臣在迤西採集。此外特別有工業性價值的樹木，如香樟、油茶、油桐、咖啡樹、茶柑、紅果樹、青刺尖等等標本，都值得分別用玻璃筐裝起來，懸掛在牆壁上。此類的材料，若是認為需要，弟可立刻為兄準備起來，他如樹病和林產製造的物品（松香、樟腦等等）都可以陳

列起來。陳列的意思，一方面是為供給自己研究的根據，一方面是有人參觀的時候，勿論是內行或外行，都可以引起一點森林的觀念和興趣，不過標本室內，總要有一專人管理。此人必須有些森林上或植物上的常習，而外國文字方面亦須有基礎（因為植物的學名是用外國文的），關於整理標本的經驗，如果是感覺不足，亦可派到西山來住一月，同弟練習練習。

弟現在仍是很忙，出不去門。關於上列三項建議之答覆，希望能派人送至西山蘇家村張爾玉兄或經燧初兄轉交。

特此奉達，藉頌

公綏

弟 劉慎諤 拜手 六月廿日

張廳長處，請代為請安。〔註1115〕

6月23日，胡先驌致陳立夫信函。

胡先驌致函陳立夫。為此，中正大學農學院在1941年添設生物系之後，便對生物系內課程的增減安排作了詳細的說明，「案奉鈞部本年五月六日高字21797號指令本校呈一件，為增設生物學系，尚有應請核示各點，呈請鑒核示遵由，內聞：『呈悉。該校生物學系一年級課程得暫照理農兩學院一年級共同必修科目，自行參酌擬訂呈核。將來如成立理學院，原有生物學系，即應改隸理學院，依照理學院科目表重行訂定該系課程，仰即遵照此令。』等因，奉此，自應遵辦，茲擬訂生物學系一年級課程，呈候鑒核，謹呈教育部部長陳立夫。」「本系三、四年級選修課程中有普通園藝學、普通作物學、普通森林學、普通畜牧學、普通病學，依學生之興趣自由選擇使學生對於理論與應用發生聯繫之作用」，「第二年級添設動物技術，因組織學既僅授半年決無暇作技術上之實習」。〔註1116〕

6月25日，胡先驌致教育部函。

〔註1115〕 劉慎諤致黃日光函，1941年6月20日，案卷號447。胡宗剛著《雲南植物研究史略》，上海交通大學出版社2018年7月版，第167～168頁。

〔註1116〕 第二歷史檔案館，檔號：五-5682，第222頁。鄭瑤著《繼往開來責在斯——國立中正大學農學院研究（1940～1949）》，2019年江西師範大學碩士研究生學位論文，第90～91頁。

　　竊本校三十年度招生簡章，業經呈奉鈞部核准施行在案。茲有請求轉學及免試入學問題三則，敬候鈞示：一、據李承忠君函稱「敬肅者小兒應時於民國二十二年由本省第二中學高中畢業赴日求學，次年考入日本國立工業大學，二十六年工大預科畢業，原定續入本科學電機工程，適逢抗戰輟學回國，查日本國立工大課程預科三年，本科三年，本國大學本科系四年畢業，擬請以日本工大預科畢業資格插入貴校工學院二年級繼續學習三年，俾全學業，是否可行，即乞賜覆為盼」。二、據第三十二集團軍副總司令部駐歙辦事處處長王真魯函稱「敬啟者，敝部有學生王聖榘等二名曾肄業於國立山東大學理學院二年級，七七事起該校遂被解散，該生等痛恨暴敵姦殺劫掠，於民國二十六年底敝部由上海調下補訓時投筆從戎來敝部服務（時尚為陸軍第八十七師）成績卓著，甚得長官贊許，忠勇愛國，不落人後，頃接副總司令王電飭擬令該員等繼續求學，使不負國家培養青年之苦心，應特函請貴校長准其轉入貴校繼續彼等青年為國效勞方長，正應努力充實之時，俾可使國家多得其助，以完成我國教之宗旨，切該生等雖在服務，仍知進取，每得空閒必專心攻讀，誠可嘉獎，萬望貴校長念彼等報國心切，並在此國家需人之際准其轉學為感，又該員等身歷數戰，衣物完全遺失，證件亦因之而失，除另備函請求該校前教務長補發外應請准予補繳，若蒙恩准，不唯該員等幸甚，即我國家抗戰建國之力亦為之雄厚，特撝函請並懇批覆。」三、據周紹模君聲稱「現年二十八歲，浙江省諸暨人，民國二十一年浙江省立高級蠶桑科中學畢業，二十二年浙江省治蟲人員養成所畢業，歷任浙江省第四區農場治蟲專員，前中央棉產改進所技術員，中央農業實驗所助理員技佐等職八年。因以未在大學畢業，科學基礎不足，遂於本年五月間辭去中央農業實驗所職務，自昆明到江西，渴望升入本大學農學院再求深造。」以上請求轉學及免試入學各情，至為殷切，是否可行？理合備文呈請鈞部核示，俾資遵循。

　　（鄭瑤先生提供）〔註1117〕

〔註1117〕中國第二歷史檔案館，檔號：五-5912，第20～21頁。

6 月 27 日，胡先驌致江西農業院信函。

　　函文大致內容：前擬利用暑期派學生四十名分赴各場圃實習一案，現因住宿食米等項均有困難，決暫停止，有負雅意，殊深抱歉。

　　（鄭瑤先生提供）〔註 1118〕

6 月 28 日，基金作用巨大。

　　基金不但在基委會時期，而且在戰時各個時期對維持該校平穩運作起到了十分關鍵到作用。1941 年 6 月，國庫撥給中正大學臨時費 30 餘萬因國防最高委員會未能及時核定，這筆經費遂在基金內如數動支。〔註 1119〕

6 月，A New Genus of Aesculus from Yunnan（雲南七葉樹之一新種，Aesculus wangii Hu ex Fang）刊於《雲南農林植物研究所專刊》1941 年第 1 期。

《暑期學生應有之進修》文章

〔註 1118〕 江西檔案館，檔號：J037-1-00726-0007。

〔註 1119〕 《電准在基金內動支五十萬元作設備費》（1941 年 6 月 28 日），《中正大學歲出概算書由江西寧都遷至南昌修建經費概算等文書》（194008～194505），中國第二歷史檔案館藏，全宗號五，案卷號 3763（3），第 69 頁。高志軍著《政治與教育的互動：國立中正大學研究》，2021 年 12 月華中師範大學博士學位論文，第 132 頁。

6月，《暑期學生應有之進修》文章在《江西青年》雜誌（第3卷第2期，第29～30頁）發表。摘錄如下：

《書》曰：「惟學遜志務時敏」，《記》曰：「學然後知不足」，孔子曰：「學而時習之」，孟子曰：「德之不修，學之不講，聞義不能從，不善不能改，是吾憂也」。觀夫古先聖人之說，可知學為吾人一生之鵠，至時之與學，其所關者綦大也。青年學子，平日在校，科目既繁，時間有限，口誦心維，精神腦力，亦云疲矣。至祁寒酷暑，咸有假期，遊焉息焉，以償前勞，固其宜也。第日月易逝，體貌易衰，吾人一生，除老病外，其致力於學之時間，正復有限；況學海無涯，寧可稍自晦逸，甘於暴棄，而自畫進程乎？暑期為期較長，正青年學子進修之良機。廢物尚思利用，況極可寶貴之光陰乎？謹舉四點，備錄以後，幸毋以「老生常談」視之則幾矣！

一、加緊學術研究

知識為精神之糧食，學術為事功之基礎。聖如孔子，學猶不厭；賢如董生，三年垂帷；歐陽公之手不釋卷，蘇東坡之三抄《漢書》。此其人皆有出人之智，蓋世之才，然非濟之以學，其成就亦曷克臻此。暑假日長如年，清風徐拂，正宜捐北窗之高臥，求溫故以知新，一隅三反，竿頭日進。語曰：「莫問收穫，但問耕耘」，不勞而獲，世所未有也。《語錄》曰：「為學如撐上水船，不進則退。」故知求學之忌，莫大於半途而廢，且學問之道，貴乎自得。平日教師之指導，不過略示門徑，自當利用假期，重於鑽研，並加檢討，優游涵泳則升堂入室，可底於成矣！若玩日愒歲，作輟無常，一暴十寒，即巫醫尚不可為，況求學乎？行見前功盡棄，毋以保守其故有者矣！《易》曰：「不恒其德，或承羞。」青年於此可不加之意乎？

二、養成健全人格

我國素以精神文明，見稱於世。所謂精神文明者，即道德也，道德之代表，即人格。古之人窮則獨善其身，達則兼濟天下。誠以窮達之權，非己所能制；而兼濟獨善，其為道德之歸則一也。孔子戒為小人儒，孟子明義利之辨，朱子主堂堂地做個人，程子倡為天地立心，為生民立命。此皆健全人格之道也。夫士不患無才，而患無德，無德而有才，適以濟其惡而長其奸。遠如秦檜、吳三桂，近

如汪精衛之流皆是也。故曰：「士先器識，而後文藝」。吾國立國精神，在於道德，先聖典籍，垂示至詳，且人人心目中，莫不以此為至高之鵠的。用能遠垂五千餘年文明之歷史，近支四十八月艱苦之抗戰。總理之崇尚八德，總裁之揭櫫四維，其用心蓋如此耳。至健全人格之養成，其機有二：一，糾正紛岐之思想，以三民主義為中心；一，集中個人之力量，以實行三民主義為歸宿。誠能健全一己之人格，為救人救國之準備，則其所益者大矣！

三、舉行正當娛樂

《記》曰：「不興其藝，不能樂學」，《論語》曰：「游於藝」。蓋吾人於覃精深思之餘，若無正當娛樂為之調劑，則精神有張而無弛，腦力有勞而無休，其為道也苦矣！夫所謂正當娛樂者，如運動、音樂、弈棋、遊藝之屬是也。運動足以活血脈、強筋骨；音樂足以養天和、淑德性；弈棋之用，增加智巧而通兵法；遊藝之效，啟觀感而正人心。上述四者，行之以時，不獨有益於身心，抑且造福於社會。況人生而有欲，而欲又必有所寄。失其所寄，則如雲駕之馬，無舵之舟，泛濫橫逸，莫知所屆。馴至蕩檢逾閒，身敗名裂，不可救藥，豈不哀哉！若能舉行正當娛樂，則欲有所寄，而心氣和平，精神暢通。以之求學，何學不成？以之立業，何也不立？青年之樂，寧有逾於此者耶？

四、努力抗建宣傳

抗戰建國，為吾國當今之兩大目標。非抗戰無以收建國之功，非建國無以成抗戰之業，二者相需為用，相得益彰者也。抗戰迄今，已四年矣，環觀國內外局勢，於我固日趨有利；然勝利之獲得，猶有待於最後之努力。總裁所以再三叮嚀者，其意在此。顧國民對於抗建之功效，容有未盡明瞭者。好逸惡勞，異危求安，人之情也。然使一勞可以永逸，暫危可以久安，則一時縱付重大之代價，而異日將獲永久之安全，此眾人所不知，而賢智之士，所當引以為責，努力解釋宣傳者也。《詩》曰：「宗子維城」，《易》曰：「二人同心，其利斷金」。可看精神之團結，足以克服物質之困難。處此大時代之青年，正宜利用暑期，深入民間，作兵役、募債、犒師、慰傷種種宣傳，俾國民了然於抗建之重要，進而貢獻其財力，促抗建大業之

早日成功。以餘晦之時，作實際之用，理得心安，何樂而不為哉？

　　青年乎！寇深矣！國危矣！臥薪嚐膽，破釜沉舟，入萬死而不顧，甘鼎鑊以如飴，正其時也。第處此求學時代，羽毛未豐，文章不成，既不能荷戈殺賊，復不能獻身救國。故當今之急，一方面研求實學，作救國之準備；一方面須努力宣傳，利抗建之推行。至於涵養德性，健全人格，則立身之準繩，救國之津梁也。顧炎武曰：「天下興亡，匹夫有責。」諸葛亮曰：「識時務者為俊傑。」青年乎？把握時機，勉圖自效，則庶幾其可也。〔註1120〕

　　6月，《〈雲南農林植物研究所叢刊〉發刊詞》文章在《雲南農林植物研究所叢刊》（第1卷第1期，第2～3頁）（創刊號）發表。摘錄如下：

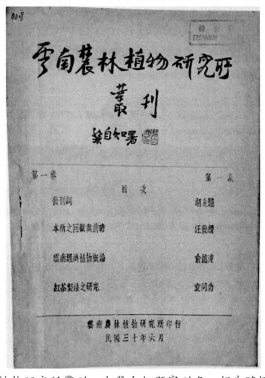

雲南農林植物研究所叢刊，由龔自知題寫刊名，胡先驌撰寫發刊詞

　　雲南地近赤道之北回歸線，屬於亞熱帶，而地勢高逈，大部分為高約六千尺之高原。其西北部密邇康藏，雪山山脈遙接喜馬拉耶，海拔常逾萬數千尺。地形變化多端，故氣候差池亦大。蓋其時季僅

〔註1120〕《胡先驌全集》（初稿）第十五卷人文科學文章，第285～287頁。

分旱雨，而其氣候實兼寒溫熱三帶。復為東亞、馬來、康藏、印度四植物區系薈萃之地。以茲三故，其植物種類之繁賾，乃為世界之冠矣。其卉木之茂，近百年來滇省乃為歐美各國植物學家園藝學家之樂園。頻年挾鉅資涉重洋，窮幽探險搜奇索異者踵相接。探討益勤，所獲益多。今日歐美各國中，殆無不植雲南產之卉木者。其所產如杜鵑、報春、龍膽等美麗冠世者，各數百種，百合、木蘭、綠絨蒿等各數十種，其他殆難悉舉。然西人之足跡雖窮吾之奧區，而國人之搜討反寂寂無聞焉，無亦吾人之恥辱乎？靜生生物調查所有鑑於此，自民國十九年組隊來滇採集，蔡君希陶，俞君季川，王君啟無，及其助手，於滇省四境邊區先後跋涉探討於茲者十年。所獲臘葉標本及卉木種子之多，甲於世界。英美各國植物園研究所莫不爭以分得一份為珍異，尤以王君在滇南雨林中之採集成績特著。其發現珍異之新種殆逾數百，新分布之發現亦如之。蓋已能超邁前人，為我國之學術光矣。予鑒於滇省植物學之研究，尚有待於勤探，而靜生生物調查所之研究事業，不能永久集中於一省，乃商請滇省教育廳合組雲南農林植物研究所。於茲三載，規模粗具。復得總裁與教育部、農林部、雲南全省經濟委員會，農產促進委員會各方之資助，經濟益裕，乃除純粹植物學研究外，兼注重滇省農林經濟植物之探討。一年以來，成績已著。諸研究員搜討所得，乃有問世之必要，遂有叢刊之發行。茲於斯刊問世之初，乃略其經過，以弁其端。〔註1121〕

6月，介紹雲南農林植物研究所四個內設部門工作情況。

全所人員僅十二三人，但所中卻設有總務部、標本室、陳列室、圖書室、試驗場四個部門，經過四年發展，出版之《雲南農林植物研究所概況》，對諸部門有這樣記載：

標本室　本所標本室分為本地植物標本室及中國植物標本室兩部，前者依照恩格勒氏分類法排列，後者依照哈欽松氏系統排列。標本來源或係自採，或係交換贈送，總計現有標本凡三萬六千四百二十餘號，其中以靜生生物調查所贈送者居多，計俞德濬君二十六

〔註1121〕　胡宗剛撰《胡先驌先生年譜長編》，江西教育出版社，2008年2月版，第294～295頁。

年在麗江、中甸、德欽、木里等地所採者，凡一萬零六百七十九號，二十七年在怒江、俅江所採者凡七千四百七十八號；王啟無君二十八年在蒙自、屏邊、硯山、西疇、廣南、富寧等地採者凡七千九百九十九號。又四川大學生物系贈送四川植物標本一千份，中國科學社生物研究所贈送四川標本二百份，四川農改所林業試驗場贈送四川峨眉山植物標本一千六百份，雲南大學生物系贈送昆明植物標本八十餘份，農業促進會森林勘測團贈送樹木標本三百份。

陳列室 本室在搜集本省各地出產之重要木材、藥材、植物原料及各種產物統計圖表，以供從事植物生產者之參考，並引起一般人士研究植物學之趣味。計現有木材標本供縱橫斜三面剖視者凡四十種，供作物理性格試驗者百餘種，藥材標本凡二百種，油料十種，纖維料二十餘種，茶葉十五種，糧食五十種，果品二十種，及產物統計圖表五幅。

圖書室 本所圖書多係各機關及私人捐贈，少數自購及交換而來。現有中文書籍約三百冊，西文書籍一千二百五十冊，中文期刊五十六種，西文期刊十六種。其中英皇家植物園邱園捐贈世界植物名錄五冊，本生氏獎學金委員會捐贈虎克植物圖譜五十五冊，靜生生物調查所捐贈圖書雜誌彙報共四百二十五冊，柯桐博士捐贈植物論文小冊五百冊，夏緯琨先生捐贈威氏植物誌及中國植物目錄各三卷，汪發纘先生捐贈緬甸植物誌二冊。

栽培試驗 本所歷年採集收穫大批苗木種子，即設法引歸園中栽培，俾將來可將本省各地特產之植物集中一園，以供實驗觀察研究之參考。惟以園地狹隘，設備簡陋，成活之種類尚不多。對經濟植物之栽培，亦在作小規模之試驗。1940 年開始作雲南中部重要樹木及經濟植物繁殖方法之試驗。〔註1122〕

6月，雲南農林植物研究所研究介紹。

《雲南農林植物研究所概況》所列之研究問題如下：

〔註1122〕 南農林植物研究所編印：《雲南農林植物研究所概況》，1941 年 6 月。胡宗剛著《雲南植物研究史略》，上海交通大學出版社 2018 年 7 月版，第 108～109 頁。

一、關於森林之研究。1. 雲南樹木之研究；2. 雲南主要林木生長之研究；3. 雲南森林地理之研究；4. 雲南西北部森林之勘測及開發設計；5. 雲南松幹部扭曲成因之研究；6. 雲南中部主要樹種之育苗試驗。

二、關於經濟植物之研究。1. 雲南經濟植物品種之考訂；2. 雲南經濟植物產區調查產量估計及開發增產方案；3. 雲南省經濟植物之繁殖試驗。

三、關於木材之調查研究與試驗。1. 昆明商用木材之調查統計；2. 雲南建築木材之弦徑兩面收縮試驗；3. 雲南木材之含水量及比重；4. 昆明商用木材之乾燥試驗；5. 雲南木材之解剖；6. 中國山毛欅科木材比較解剖。

四、關於植物分類學之研究。1. 胡先驌、鄭萬鈞：中國西南部森林植物之研究；2. 汪發纘：雲南省單子葉植物之研究；3. 陳封懷：雲南省櫻草之研究；4. 蔡希陶：雲南豆科植物之研究；5. 俞德濬：雲南省薔薇科植物之研究；6. 中國龍膽屬之研究；7. 昆明植物誌。〔註1123〕

6月，王啟無率隊前往硯山、廣南、西疇、富寧、麻栗坡、蒙自、屏邊；張英伯率隊前往富民、羅茨一帶；汪發纘繼續在昆明附近採集植物標本。〔註1124〕

6月，《雲南農林植物研究所叢刊》第1卷第1期出版，是《雲南植物研究》學報之前身，但該刊僅出版此一期。〔註1125〕

6月，雲南農林植物研究所編印《雲南農林植物研究所概況》資料。

6月份，雲南農林植物研究所編印的《雲南農林植物研究所概況》鉛印小冊子，第六項栽培試驗，「本所歷年採集收穫大批苗木種子，即設法引歸園中栽培，俾將來可將本省各地特產之植物集中一

〔註1123〕 胡宗剛著《雲南植物研究史略》，上海交通大學出版社2018年7月版，第108～109頁。
〔註1124〕 中國科學院昆明植物研究所編委會編《中國科學院昆明植物研究所簡史（1938～2008)》，2008年10月版，第3頁。
〔註1125〕 中國科學院昆明植物研究所編委會編《中國科學院昆明植物研究所簡史（1938～2008)》，2008年10月版，第3頁。

園，以供實驗，觀察研究之參考。唯以園地狹隘設備簡陋，成活之種類尚不多。現計有喬木十五種，灌木三十六種，宿根草本二十餘種。此外對於經濟植物之栽培，亦在作小規模之試驗。現計有茶二種，麻二種，白槍桿，除蟲菊、鬱金、黃麻、棕櫚等種，均在育苗期中，以作將來推廣之用。

自去歲起，開始作本省中部重要樹木及經濟植物繁殖方法之試驗，計用播種繁殖者有青松、果松、杉松、圓柏、柏木、胡桃、麻櫟、青岡櫟、香樟、赤楊、朴樹、桉樹等十三種，……又為解決雲南松杆部扭曲成因之問題，同時播種多種樹木種子以提供將來實施人工處理實驗，及觀察遺傳現象之用。〔註1126〕

7月2日，中正大學致教育部信函。

中正大學增建校舍中經費短缺的原因之一是物價上漲，建築成本上升，而其內在動因在於學生人數的逐年激增。1941年中正大學曾因物價高漲，超出預算 5 萬元而請教育部撥款追加。〔註1127〕物價成為校方始終關注的議論。為應對物價上漲，該校不時請教育部提前撥款，以提前開工建設校舍。〔註1128〕

7月7日，胡先驌致蔣經國信函。

1942 年下半年成立的贛縣分校，蔣經國對其維持運營起到了一定作用，在分校困難時期蔣多有幫扶，蔣經國似樂見分校發展。目

〔註1126〕 中國科學院昆明植物研究所編委會編《中國科學院昆明植物研究所簡史（1938～2008）》，2008 年 10 月版，第 33 頁。

〔註1127〕 《請追加建築費五萬元》（1941 年 7 月 2 日），《中正大學歲出概算書由江西寧都遷至南昌修建經費概算等文書》（194008～194505），中國第二歷史檔案館藏，全宗號五，案卷號 3763（3），第 34 頁。

〔註1128〕 《無標題》（10 月 29 日），《中正大學工程處建築合約及圖樣借款合約副本等文書》（194112～194211），全宗號五，案卷號 3763（2），第 142 頁；《擬請提前撥匯卅萬元》（1942 年 1 月 26 日），《中正大學工程處建築合約及圖樣借款合約副本等文書》（194112～194211），中國第二歷史檔案館藏，全宗號五，案卷號 3763（2），第 86 頁；《復元電》（11 月 27 日），《中正大學工程處建築合約及圖樣借款合約副本等文書》（194112～194211），中國第二歷史檔案館藏，全宗號五，案卷號 3763（2），第 86 頁。高志軍著《政治與教育的互動：國立中正大學研究》，2021 年 12 月華中師範大學博士學位論文，第 122～123 頁。

前能看到二人交往的材料很少，且可見到的材料並不能反映二人如何「交惡」。如江西省檔案館藏有蔣經國請胡先驌為《青年日報》撰寫文章的來往函稿：「經國先生專員勛鑒：奉讀大函敬悉。一是承囑為青年日報撰文，茲已作成一篇題為『暑期學生應有之進修』，用特奉上，……胡先驌」。〔註1129〕

7月7日，《民族抗戰與新時代之展望》文章在江西《民國日報》發表，旨意如下：

7月7日，《民國日報》，胡先驌《民族抗戰與新時代之展望》。本文綜述中華民族之神聖抗戰，全民在求獨立民族生存旗幟下，共矢忠貞，以艱苦卓絕之精神作英勇無畏之戰鬥，沉痛打擊了狂妄自大的日寇，奠定了最後勝利之基礎。策勵將來，今後要加倍努力。一是加強經濟鬥爭，二是健全社會機構，三是提高民族文化，均為充實國防力量建設新中國之要圖。〔註1130〕

7月15日，胡先驌致朱家驊信函。

驊先院長勛鑒：

久違芝範，時切遐思，敬惟政躬多吉，定符下頌。前承電囑，梁直輪兄協助敝校，至為感荷。敝校自成立至今，兩年以還，進度雖有可觀，困難亦屬不少，然弟始終以闡揚三民主義，實現總裁之教育理想為施政方針，效果尚屬不惡，黨務團務亦能順利進行。茲特派教務長羅廷光兄赴渝接洽要公，並專忱晉謁，伏乞多所指導，以期敝校逐漸得臻完善之域，是所至禱。

專此敬頌

勛綏

弟 胡先驌 拜啟

七月十五日（1941年）〔註1131〕

〔註1129〕《奉上〈暑期學生應有之進修〉一文祈召察》（1941年7月7日），江西省檔案館藏，檔號：J037-1-01056-0169。高志軍著《政治與教育的互動：國立中正大學研究》，2021年12月華中師範大學博士學位論文，第167～168頁。

〔註1130〕姚國源執行主編《浩氣壯山河——原國立中正大學抗日戰地服務團紀實》（上冊），江西高校出版社，2010年11月版，第50頁。

〔註1131〕《胡先驌全集》（初稿）第十七卷下中文書信卷，第418頁。

7月19日，胡先驌致任鴻雋信函。

叔永吾兄惠鑒：

接奉六月三日手書並大作，環誦數四，至為欣忭，佳景佳詩成雙絕，惜未能同賞此景也。如有佳興，能以此詩書一條幅見惠否？至懇！薩本鐵以契約關係未能離校，其後函茲特寄上，即希察知為荷。

專此肅復，即頌

暑安

弟　先驌　拜啟

七月十九日（1941年）〔註1132〕

7月31日，胡先驌致任鴻雋信函。

叔永吾兄惠鑒：

奉七月二十二日手書，敬悉一切。佛光確現於東方，小引中有誤，承示知，至以為感。項得平所李靜庵來函，知形勢已變，文範村託人來言，欲彼幫助非有具體之合作不可，至少須壽、李二人任課。吳承湜以姻婭關係，極肯暗中相助，但亦以為非此不可，並云彼將直接與洪芬通函，說明其中原委，請其贊成此辦法，其餘之要求當可搪塞過去。弟當將此詳情並李函寄與洪芬，請其直接訓示宜之，或允或否。弟卻不甚贊成此種辦法，主張儘量將書籍標本運存輔仁，而大部人員南下來贛，覓地繼續工作，不必往滇，以節旅費，一方亦可由弟就近指揮，至少楊惟義、唐進必南來。如對方逼迫過甚，寧為玉碎，但苟洪芬先生為保存本所起見，能允壽、李二人授課，或可搪塞過去，亦未可知。弟已請洪芬兄將弟函送農山、叔初一閱，以便為最後之決定也。委員會事當遵囑辦理。

專此奉復，即頌

道綏

弟　先驌

七月卅一日（1941年）〔註1133〕

〔註1132〕　胡宗剛撰《胡先驌先生年譜長編》，江西教育出版社，2008年2月版，第296頁。

〔註1133〕　胡宗剛撰《胡先驌先生年譜長編》，江西教育出版社，2008年2月版，第296～297頁。

7月，國立中正大學公布招生簡章。

　　7月，國立中正大學面向全國招收400名一年級新生、50名二年級轉學生和50名先修班學生（先修班學生修業期限1年，修業期滿品行端正，體格健全，學業優良者，由本大學按照規定呈請教育部面試分發各公立大學一年級肄業），其中文法學院分文史、政治、經濟、社會教育4學系，共招一年級新生約165名、二年級轉學生15名；工學院分土木工、機電工程、化學工程3學系，招新生約100名、轉學生15名；農學院分生物、農藝、森林、畜牧獸醫4學系，招新生135名、轉學生20名。〔註1134〕

7月，投考國立中正大學資格要求。

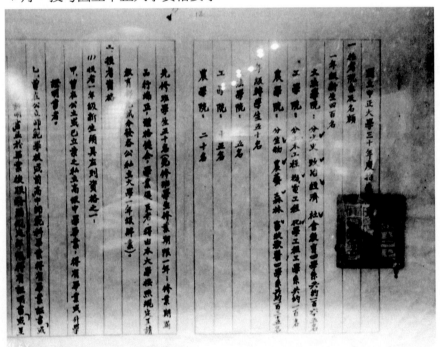

1941年度國立中正大學招生簡章

　　招生簡章對投考資格作出了非常嚴格的規定。投考一年級新生須具有以下資格之一：曾在公立或已立案私立高級中學畢業得有畢業或升學證明書者；曾在公立師範學校或者前高中師範科畢業得有

〔註1134〕檔案解密《國立中正大學告訴你：70多年前的高考怎麼考？》，公眾號「江西檔案」，2017年06月06日。

畢業證書，並於畢業後服務三年期滿得有證明書者；曾在公立或已立案私立高級職業學校畢業得有畢業證書但限於投考與原肄業學校性質相同學系；曾在前公立或已立案私立大學預科畢業得有畢業證明書者；曾受前未立案私立高級中學畢業生升學預試及格證明書者。具有高級中學畢業同等學力者報考還要受到錄取人數不超過總額百分之五、原肄業學校成績單需經審核合格等條件限制。國立中正大學對所有借讀生旁聽生一律不收。〔註1135〕

7月，國立中正大學自主招生在八地設立投考地點。

當時，國立中正大學為了方便考生就近投考，在江西泰和、吉安、鉛山，安徽屯溪、浙江金華、福建永安、廣東曲江、湖南耒陽等8個地方設了投考地點。1941年的國立中正大學自主招生報名從7月23日起至7月27日止，報名時要提供體格檢查（檢查不及格者不得報考），填寫報名單兩份以及呈繳證件，包括畢業或修業證明文件以及兩寸照片4張，報名費3元，錄取與否都不退還，這在當時來說還是比較昂貴的。通訊報名者如果寄送郵件延誤未能如期寄達本大學各招生辦事處者概不收受。〔註1136〕

7月，國立中正大學自主招生考試時間和科目。

一年級新生考試時間為當年的7月31日至8月2日，短短3天要考8門。3個學系的共同考試科目有4門，公民、國文、英文、數學，不過文法學院和農學院考的數學內容是高等代數平面幾何三角，而工學院考試的數學內容為高等代數解析幾何三角。除此之外，文法學院的新生還需要考中外歷史、中外地理、理化和生物，工學院和農學院的新生需要考物理、化學、中外史地、生物。二年級的轉學生則需要根據報考學院不同參加政治學、經濟學、教育概論、微積分、物理、化學、植物學、動物學等考試。〔註1137〕

〔註1135〕檔案解密《國立中正大學告訴你：70多年前的高考怎麼考？》，公眾號「江西檔案」，2017年06月06日。

〔註1136〕檔案解密《國立中正大學告訴你：70多年前的高考怎麼考？》，公眾號「江西檔案」，2017年06月06日。

〔註1137〕檔案解密《國立中正大學告訴你：70多年前的高考怎麼考？》，公眾號「江西檔案」，2017年06月06日。

7月，國立中正大學考試錄取名單登報公布。

考試錄取工作結束後，國立中正大學會登報公布錄取名單，被錄取的學生須按規定時間到校報到，辦理註冊手續，除有特殊情形請假獲准者外，逾期不報到取消入學資格。入學需要交納的費用包括每期 10 元的學費（抗戰期內暫予免收），按實際情況收取的膳費和制服費，按學程分別規定的實驗費以及預存賠償費 5 元，賠償費學年結束後多退少補。〔註1138〕

8月1日，正大校長胡先驌致教育部部長陳立夫函，就前項供正大支配的兩萬美金設備費，開列購置設備清單，請求教育部核准代購，中正大學農學院購置設備清單（見附件）。

函文：鈞部第 12865 號密代電，以支配本校美金設備費二萬元，應即依照規定注意事項開列請購設備清單四份，於今到兩個月內寄部核轉等因，附及國立各學校機關開列三十年度美款購置設備清單，應行注意事項一份等此，自應送辦。惟本校創設伊始，關於擬購各項設備圖書可資參閱之書局公司目錄，擬感缺乏，茲經飭據本校文法農工三學院分別開列請購設備清單前來，其中價格一部分是根據數年前目錄記載定價，甚不準確，一部分因無目錄不稽，皆爾估價，且誠恐超出額定數額，所估價格特高，各項設備圖書目錄，鈞部應必齊備……

國立中正大學農學院 SCHOOL OF AGRICULTURE NATIONAL CHUNG CHENG UNIVERSITY TAIHO, KIANGSI, CHINA			
List of Instruments and Apparatus College of Agriculture			
Articles	Pieces	Prices (U.S.$)	
		Perunit	Total
Microscope, Spencer, classuse, with Condenser and two Objectives (x10, x40), one Eye piece (x10 or x8)	48	80	3840
Microscope, Spencer, with Condenser, Eye piece x10, x15, Objectives x10, x40, x100 (Oilimmersion) triple nose piece.	10	120	1200
Microscope, Universal Binocular, Spencer no.56, paired	4	143	572

〔註1138〕檔案解密《國立中正大學告訴你：70 多年前的高考怎麼考？》，公眾號「江西檔案」，2017 年 06 月 06 日。

Objectives no.99p. and 97p., paired Oculars x6, x12.5.			
Microscope, Universal Binocular, with multiple revolving nose piece, Spencer no.55. Paired Objectives no.285p., 289p. and 290p. Paired Ocular x12.5	4	185.50	742
Microtome, Spencer, rotary, compound, with iron cover.	1	240	240
Microtome, Spencer, rotary, simple, with iron cover.	1	180	180
Microtome, Spencer, rotary, sliding with knife.	1	240	240
Microtome knife (paraffin).	4	12	48
Microtome knife handles and backs.	2	2.5	5
Blue Belgian hone (water, largesize)	2	2	4
Yellow Belgian hone (water, largesize)	1	10	10
Knife strop.	1	5	5
Balance, analytical, for student use.	1	55	55
Balance, analytical with Chain Adjustment.	1	85	85
Balance, Chainomatic with notched Beam, Christian Becker, no.8-A.	1	230	230
Autoclave, pressure sterilizers vertical form.	1	120	120
Incubators single wall, Cenco-Dekhotnsky, electric, thermostatically.	1	75	75
Total U.S.$ 7651.00			

（鄭瑤先生提供）〔註1139〕

8月1日，國立中正大學校長胡先驌致教育部信函。

　　案奉鈞部三十年四月三日高字第12865號密代電，以支配本校美金設備費二萬元，應即依照規定注意事項開列請購設備清單四份，於文到兩個月內寄部核轉等因，附發國立各學校機關開列三十年度美款購置設備清單應行注意事項一份，奉此，自應遵辦，惟本校創設伊始，關於擬購各項設備圖書可資參閱之書局公司目錄，極感缺乏，茲經飭據本校文法工農三學院分別開列請購設備清單前來，其中價格一部分係根據數年前目錄所載定價，甚不準確，一部分因無目錄可稽，皆係估價，且誠恐超出核定數額，所估價格特高，各項設備圖書目錄，鈞部諒必齊備……

〔註1139〕 江西檔案館，檔號：J037-1-00819-0144。鄭瑤著《繼往開來責在斯——國立中正大學農學院研究（1940～1949）》，2019年江西師範大學碩士研究生學位論文，第23頁。

（鄭瑤先生提供）〔註1140〕

8月1日，姚顯微聘為國立中正大學研究部教授。

　　8月1日，姚顯微受國立中正大學校長胡先驌之聘，改任研究
部教授，負責研究部的研究規劃，增聘研究員，文法學院資料室改
為研究部資料室。〔註1141〕

8月7日，胡先驌致廣西省陸川餉捐局信函。

　　函文：前被貴局扣留之放大鏡，今派本校助教杜洪作前來洽領，
函請查照發還。

　　（鄭瑤先生提供）〔註1142〕

8月10日，胡先驌復任鴻雋信函。

　　胡先驌復任鴻雋函，告知在四川樂山開闢木材實驗館之唐燿，
應當得到靜生生物調查所之津貼。其中提道：唐燿為靜生成就最大
之一人。〔註1143〕

8月11日，胡先驌致任鴻雋信函。告知木材研究重要性，重用人才，增
加研究經費和提高研究人員待遇。

　　叔永吾兄惠鑒：

　　　　得奉七月二十九日手書並大作，至為快慰。晚步詩確有簡齋風
味，蓋以吾兄沖懷與之相契也。竊意以後似可專治之，尤須玩其精
細處，則尊作必尤有進。

　　　　唐燿為靜生成就最大之一人，弟之薦彼至木材實驗室，實欲彼
建一番事業，為國家樹立木材事業之基礎。而長官非人，遇事棘手，

〔註1140〕《教育部關於所屬各院校動用美借款購置教學設備的有關文書》（1941年8
　　　　　月1日），中國第二歷史檔案館，檔號：五-5419（1），第222頁。
〔註1141〕王諮臣《姚名達年譜》稿本1992年7月。姚國源執行主編《浩氣壯山河──
　　　　　─原國立中正大學抗日戰地服務團紀實》（上冊），江西高校出版社，2010年
　　　　　11月版，第50頁。
〔註1142〕江西檔案館，檔號：J037-1-00818-0148。
〔註1143〕王希群、郭保香編著《中國林業事業的先驅和開拓者──汪振儒、范濟洲、
　　　　　汪菊淵、陳俊愉、孫筱祥、殷良弼、李相符年譜》，中國林業出版社2022年
　　　　　3月版，第018頁。

在他人早已掛冠而去，然曙東只知忠於其職，不忍輕於言去，其忠貞之人格，在靜生諸人只有楊宜之與之相似，而其薪給甚薄，不益以供事，與靜生及滇所諸同人較均有遜色。且木材實驗室本靜生與中工所合辦，至今名義仍存，故弟仍與彼月薪百元，一以贍其不足，一以表示木材室事業，靜生仍有貢獻、有義務，即有權利也。此層乞順告洪芬為要。

暑中吟詠頗多，不耐抄寫，容以油印複本寄奉。近頗從事五律，覺有所得，茲擇錄泰和雜詠數章寄奉，即希吟正。日前敵機轟炸泰和，市區死數百人，可恨之至。敝校幸無恙，堪以告慰。

專此即頌

時綏

弟　胡先驌

八月十一日（1941 年）〔註1144〕

8月19日，周拾祿致胡先驌信函。

農學院院長周拾祿致校長胡先驌函。在院務工作方面，對教員所反映之事，積極重視並予以解決。周拾祿就「關於村民偷竊農場蔬菜事宜及處罰問題的函」一事呈請胡先驌，希望能得到幫助解決。〔註1145〕

8月21日，胡先驌致陳立夫信函。

立公部長數鑒：

日前接奉鈞諭，得悉驌之銓敍事，深荷裁成，致以為感。本校自學年考試結束以來，一切均進行順利，堪以告慰。入學考試曾在泰和、吉安、鉛山、菜陽、坪石、永安、金華、屯溪八處舉行，考生有二千五百餘人，考試情形極為整肅，社會輿論一致推許，現在嚴格閱卷中。

〔註1144〕胡宗剛撰《胡先驌先生年譜長編》，江西教育出版社，2008 年 2 月版，第 297～298 頁。

〔註1145〕江西檔案館，檔號：J037-1-00701-0031。鄭瑤著《繼往開來責在斯──國立中正大學農學院研究（1940～1949）》，2019 年江西師範大學碩士研究生學位論文，第 61 頁。

學校建築亦在興工，惟以物價高漲，建造費超出預算甚巨，故大禮堂不另建築，其他建築亦將減少一二幢也。前奉諭農工兩學院設備費，准如所請，挪用基金五十萬元，以有事實上困難，曾經電呈在案，並有詳函請顧次長代為傳陳顛末，蓋動用基金，熊主席不贊成，且云總裁亦不允許，要以基金為熊主席向總裁請撥者，故輕易不肯動用。當顧次長在泰和時，曾與顧次長、熊主席三面會商，決定農工兩學院設備費用先由江西省政府籌墊，面由鈞部承認於將來籌還。熊主席語次暗示所謂將來並非立時限期。顧次長、程教育廳長皆以此為最好辦法。顧次長面渝時想已面陳細情。現已應付工學院急需，已由熊主席囑裕民銀行息借十五萬元，在桂林、衡陽等處購買機器、儀器、藥品，款已用罄，借款之期為三個月，而可繼續延期。第一擔保只為基金利息，第二擔保品為假定只鈞部認撥之款，並商妥暫時不扣基金利息。現以一時無法購置顯微鏡，故農學院尚未動用大量款項。萬一為環境所限，無法購置設備，則除已用之十五萬元外，添用之款項一時所需無幾，亦未可知然。為尊重熊主席之意起見，尚乞鈞部電知熊主席承認由鈞部將來撥還此款，不堅持動用基金之原議，則以後易得省府之協助。在目前經臨兩費鈞部均未發下之時，建造費、經常費皆係得省政府協助，方能向裕民銀行再三借款，否則將無法維持也。關於此點，非敢違命，尚乞鑒原為感。

卅一年度本校發展之方針，除在渝時曾面允設立理學院及理化系外，尚擬在工學院添設水利系，以副我公提倡水利工程學之意。此外在農學院尚擬設立農業經濟及病蟲害系，蓋農業經濟人才，東南各省需要甚切，而學生願入此系之人亦甚多，如此系成立，經濟系在卅一年度或可不開雙班，至於設立病蟲害系之需要，實因吾國此項人才現為缺乏，非大量作育不足以應急需，而本校恰有優良之教授足任斯系之教職，故擬在最近之將來加意發展。此系為全國倡，所需經費並不甚多也，所請是否有當，尚乞明示，以便祇遵。

邇來泰和生活翔貴，低級職員生活極難維持，咸嗷嗷企視中央核給之生活及房膳津貼，本校無積餘之款，無法為之墊付，亟望能早日發下此款也。前電請轉行政院電江西省政府指定購買公米，以

供員生工役之需，不知可行否？目下泰和米價並不以豐收而低落，如無公米，學生及低級職員之生活，皆將增加困難，而工資將超過原預算五分之二以上，因而影響學校全部預算，故甚盼行政院能有此電令。熊主席曾面允一俟奉到院電，即可核發公米也。

　　專此敬頌

勳綏

胡先驌　謹啟

八月二十一日（1941 年）〔註 1146〕

　　8 月 21 日，江西三十年度中學教師暑期講習會特刊，中學教師之責任，胡先驌講。

　　本人近年來對於中學教育有一種感觸，自從抗戰以來，中學教師大部分都有一種煩悶，對於自己的職業常常表現懷疑和不安，究其原因，不外兩方面：一屬於社會的原因，由於生活不安定，課業太繁重，缺乏進修的時會；一屬於本身的原因，便忙於應付教課，忙於社會交際，不再從事進修：這兩個原因都足使教師感覺自己地位的低落，缺乏進修興趣，因而發生無限煩悶心理。這種現象，影響教育前途實在非常嚴重，所以本人特就這方面，向諸位提供幾點意見：

　　第一□中學教師地位的崇高：中學教師有其崇高的地位，我們可以從歐洲各國的中學教師地位看出來，在英國一般人認為最崇高的職業有兩種：一種是教師，一種是牧師，許多人都願意終身從事這種淡泊而安定的精神生活，如伊□等公立中學，英國的社會名流大部分都是從這所學校培育出來的，自然這些學校教師的地位，是值得受國人的尊崇，至於歐陸各國，對於中學教師的重視更有甚於其他國家，法國中學教師一律□受特別嚴格的訓練，師範學校□金由國家□□××的教師經過高級師範學校的嚴格訓練後由國家任用，即視為終身的事業；德國的教師，也需經過嚴格的訓練和考試，任用後□□教授，地位和政府官員相等，都是無上的崇高和光榮。就是我們的敵人──日本也稱中學教師為教授，與政府官吏地位相

〔註 1146〕《胡先驌全集》（初稿）第十七卷下中文書信卷，第 437～438 頁。

等。我國中學教師的地位，近年來已漸漸為政府與社會所重視，所以我們切不可妄自菲薄，抹殺自己的地位，這是第一點。

第二□理清中學教師使命的重大：中學教育的任務有兩方面：一是替高等教育準備人材，一是□國家訓練□□：前者中學為大學的基礎教育，直接影響高等教育的程度；後者中學必需推行□制的實行，新財政制度的確立，那是政治上空前的改革，推行這些新政治需要大量的幹部人材，這些幹部人材的訓練，都是中等教育的責任。在這裡尤需特別注意的一點，即是三民主義為立國的基本思想，在中學教育階段應以為一切訓練的中心。使青年具有不渝的信仰和深切的體認，而後能力求三民主義的實現，以完成建國的工作。以上中等教育應有的任務，即是中學教師應負的使命。總之：中學教師不但能在知識上造就一個良好的學生，同時應在政治上造就一個良好的公民，這種重大的使命，我們應當切實的認識和力行。這是第二點。

第三□利用閑暇加緊進修工夫，從來利用□暇，自己努力潛修□得成功的例子，這是不勝枚舉：在中學教師方面如法國的一位中學教師，學□造詣因為多年的潛修，而成為國內有名的學者，他始終□□在中學服務的可愛，而謝絕法國大學的講演；本大學的王曉湘先生，他是多年的中學教師，因為潛修不息，在國學上獲得很深的造詣；這是最好的例子。近來許多中學教師，很少能利用餘暇，從事正當的潛修，往往只是沉浸在一些不正當的娛樂，以清□寶貴的時間，□毀自己的志氣，這實在是最可痛惜的事；今後希望諸位能夠充分利用休閒時間，找得□□餘的工作，□該不斷的研究，如此不但可以增進自己的學□，而且可以提高□□的□□。這是第三點。

以上三點希望每一個中學教師能夠深切的體認，然後職業上的煩惱自然可以□除，並從而增進人生無限的□□。希望諸位勗之。〔註1147〕

8月23日，胡先驌致泰和縣政府信函。

〔註1147〕 梁洪生主編《杏嶺春秋——〈江西民國日報〉有關國立中正大學的報導全匯（1938~1949）》，2010年12月內部印刷。中華民國三十年八月二十一日週四第四版。

胡先驌致函泰和縣政府。胡先驌接到函文，不久便致函泰和縣政府，「正題名：為本校農場常被附近村民傷害函請布告查禁，並令飭杏嶺村保甲長曉諭村民一體知照由。

正文：遙啟者：查本校附近村民常於本校農場偷竊瓜果蔬菜並任意放牧及偷放養魚塘之水，致行道樹苗及農作物魚苗等咸受傷害，影響工作效率，殊非淺鮮……」。〔註1148〕

8月，中正大學致教育部信函。

該校因上半年基金利息、省府協款早早用罄，曾一度請教育部下撥經常、臨時各費，然教育部僅撥臨時費 8 萬元，這無疑「杯水車薪，無濟於事」。校方不得不轉向銀行透支，光透支的利息幾達 20 萬元，銀行見此情景，不允再度透支。而添建校舍、設備購置頗為棘手，校方遂請教育部發放臨時費以濟眉急。〔註1149〕

8月，國立中正大學文法學院增設文史系和農學院增設生物系。

8月，國立中正大學的學生團體 20 餘個，如工程學會、農學會、經濟學會、國語研究班、英文研究會、社會教育學會。胡先驌擔任詩歌研究會的研究指導，並親自為學生講授古典詩歌的寫作技巧。〔註1150〕

8月，經胡先驌倡議，文法院增設文史系，農學院增設生物系，中正大學此前偏重應用學科的局面有所改觀。〔註1151〕

9月2日，周拾祿致胡先驌信函。

〔註1148〕 江西檔案館，檔號：J037-1-00701-0029。鄭瑤著《繼往開來責在斯——國立中正大學農學院研究（1940～1949）》，2019 年江西師範大學碩士研究生學位論文，第 61～62 頁。

〔註1149〕 《電請迅賜撥發本校經費及員工各種補助費由》（1941 年 8 月 26 日），《中正大學工程處建築合約及圖樣借款合約副本等文書》（194112～194211），中國第二歷史檔案館藏，全宗號五，案卷號：3763（2），第 153 頁。高志軍著《政治與教育的互動：國立中正大學研究》，2021 年 12 月華中師範大學博士學位論文，第 119 頁。

〔註1150〕 朱鮮峰著《中國近代高等教育史上的「學衡派」——以其人文教育思想和實踐為研究中心》，2016 年 10 月浙江大學博士學位論文，第 168 頁。

〔註1151〕 朱鮮峰著《中國近代高等教育史上的「學衡派」——以其人文教育思想和實踐為研究中心》，2016 年 10 月浙江大學博士學位論文，第 172 頁。

事由：本校承楊廳長捐資三萬元興建科學館，請先撥四分之一建築費以便早日開工，茲派員前來洽領，相應函請查照為荷。

（鄭瑤先生提供）〔註1152〕

9月4日，鄭宗海致胡先驌信函。

鄭宗海（曉峰）致胡先驌函。或許是教育部考慮到院系發展太快而教育經費跟不上步子，又或許是其他原因，總之教育部對胡先驌這次呈請沒有同意，以致因「函文：為曉峰介王育三已任貴校教授，聞貴校農經系成立有待，懇請讓由。」辛苦聘得的農經系教授王育三被浙大龍泉分校借用，胡先驌批示：電覆龍泉浙大分校鄭宗海（字曉峰）主任：王育三教授可由貴校借用一年。然而卻因正大農學院始終未能成立農業經濟系，以致「有借無還」。〔註1153〕

9月6日，胡先驌致江西省政府建設廳函。

事由：本校承楊廳長捐資三萬元興建科學館，請先撥四分之一建築費以便早日開工，茲派員前來洽領，相應函請查照為荷。

（鄭瑤先生提供）〔註1154〕

9月9日，胡先驌致任鴻雋信函。

叔永吾兄惠鑒：

接奉八月二十七日手書，敬悉一是。日前得農山兄轉抄楊宜之一函，茲特寄呈一閱，藉悉靜生詳情。弟主張楊宜之與唐進來贛，壽（壽振黃）、李（李良慶）則留平盡力維持數衍，農山贊成弟議，勸洪芬兄同此主張，然前途發展如何，尚不可知。若全部損失，則惟有索償於痛飲黃龍之後矣。此事始謀，不至陷入如此窘境。在基金會方面不過損失一二百萬之金錢，在同人則十餘年耗盡精血所搜集研究之材料，將淪於敵手，寧能以數字估計其損失？每一念及，血為之沸。弟壯年期最佳之十年已貢諸靜生，萬一事業盡付東流，

〔註1152〕 江西檔案館，檔號：J037-1-00759-0003。

〔註1153〕 江西檔案館，檔號：J037-1-00983-0067。鄭瑤著《繼往開來責在斯——國立中正大學農學院研究（1940～1949）》，2019 年江西師範大學碩士研究生學位論文，第29～30頁。

〔註1154〕 江西檔案館，檔號：J037-1-00759-0001。

真將撞翻至牛，疽發於背矣。國外生物學泰斗咸以靜生之安危為念，而乃誤於昏庸之手，寧不令人狂易乎？

此間進行甚為滿意，生物系人才尤為美備。在弟收之桑榆，聊用自慰。擬在最短期內發行一生物學刊，名為 Chiangkishekia，期與陳煥鏞兄之 Sunyatsenia 媲美，大約明春總可問世也。今夏取錄新生約四百人，取錄標準較統考者為高，各方輿論亦甚贊許，堪以告慰也。然此間秋暑頗酷，上午辦公，午飯後偃臥，有暇即以詩遣日。日有所作，茲以油印近作呈正，一部分已先錄呈。諸事如此，可喜亦可哀也。另錄最近一律，藉以呈致，他作則容日後油印擲奉矣。

專此敬頌

儷安

弟 胡先驌 拜啟

九月九日（1941 年）〔註1155〕

9 月 10 日，胡先驌致教育部信函。

9 月 10 日，胡先驌就設備費再電教育部，「急。陳部長鈞鑒。農工院設備費五十萬元，省府介向裕民銀行借墊，部議如何籌還，熊主席意以三年基金利息先支，用經常費由部另籌可否？乞示遵」。〔註1156〕

9 月 11 日，教育部致中正大學信函。

9 月 11 日，教育部對此作出回應。教育部認為，中正大學借款應由江西省政府墊付，不必說明由教育部追認，「否則須提案」。至於撥還借款，「俟明年再行提案之處理」。〔註1157〕

〔註1155〕 胡宗剛撰《胡先驌先生年譜長編》，江西教育出版社，2008 年 2 月版，第 299 頁。

〔註1156〕 《無標題》（9 月 10 日），《中正大學歲出概算書由江西寧都遷至南昌修建經費概算等文書》（194008～194505），中國第二歷史檔案館藏，全宗號五，案卷號 3763（3），第 52 頁。高志軍著《政治與教育的互動：國立中正大學研究》，2021 年 12 月華中師範大學博士學位論文，第 130 頁。

〔註1157〕 《無標題》（1941 年 9 月 11 日），《中正大學歲出概算書由江西寧都遷至南昌修建經費概算等文書》（194008～194505），中國第二歷史檔案館藏，全宗號五，案卷號 3763（3），第 50 頁。高志軍著《政治與教育的互動：國立中正大學研究》，2021 年 12 月華中師範大學博士學位論文，第 130～131 頁。

9月13日，胡先驌致吳俊升信函。

士選司長勛鑒：

敬啟者：前函諒邀察鑒，本校成立經年，規模雖告粗具，然基礎未固，設備未充，籌策劃尤賴財力。上年奉部令飭充實設備，屬切要之舉。春間在渝商承部長，晉謁總裁，均荷面加諄諭，期待甚殷。對於本校三十年度經常、臨時兩費奉准由部撥發五十三萬五千三百七十六元。旋贛以後，著手籌劃，諸待布置，而以准撥各款未蒙發下，欲前仍卻。嗣以時機緊迫，未敢延遲。適顧次長在贛，經商諸熊主席，設法維持，始得稍資應付。惟來日方長，時虞竭蹶，困難之點，日與俱深，茲謹分段陳述，幸垂察焉。

一、經常費：本校經常費三十年度全年預算為七十六萬五千五百○八元，除奉准由國庫撥發二十三萬○四百八十元，係由江西省政府補助，業已列入江西省地方三十年度概算，依據定章，本屬分月請領，然為體念中央核發經費手續繁重，需時至多，經商准江西省政府提前撥發，計自一月以來，截至九月份止，一年期間已過四分之三，而應領經常支出僅江西省庫補助費三十三萬○四百八十元，及本校三十年上期基金利息十萬元，共計四十三萬餘元，衡以實際支出，不敷甚巨，所有不敷支款，均係江西裕民銀行陸續墊付。現該行以墊付過多，不允再墊，而本校奉准國庫負擔之款，迄今未荷撥發，雖經函電呈明，終未匯到。如此一再延遲，本校前途殊屬可慮，此應請求盡速設法也。

二、臨時費：本校三十年度臨時費奉准三十萬○三百五十元，原指充建築及普通一般設備費，用除已奉撥八萬元外，其餘未荷撥發，而本校建築校舍，裝配電燈、電話，以及各種用具，均須本月內全部完成，以應需要。同時充實各學院圖書、儀器、機器之特別設備，亦屬刻不容緩。感於物價日增，深恐一再延遲，更趨猛漲，然部款毫無，深感躊躇，後經與顧次長、熊主席三面會商，決定農工文法各院圖書、儀器、機器特別設備費用，先由江西省政府商由江西裕民銀行撥借十五萬元，在衡陽、桂林等處購買，工學院機器、儀器、藥品其餘三十萬元，迄今尚未撥到，縱使可能撥到，尚須指作農學院及文法學院特別設備之用。此外為建築教職員住宅，商准

部長借款興建，經向江西裕民銀行息借二十萬元，亦係專供該項建築之用，絲毫不能挪扯。現本校校舍建築所需各款共二十餘萬，除將奉撥八萬元及江西省政府撥借五萬元先行墊付一部分外，尚須支付一十七萬餘元。本月轉瞬全部工程告竣，依據原訂合約均須付款，如奉准臨時經費延遲不發，則建築校舍及配裝電燈、電話需款項將何以資籌措，此應請求盡速設法者，二也。

三、補助津貼員工經費：查本校低級職員生活補助費月支二千三百七十元，教職員房膳津貼月支五千一百元，教職員家屬及工人膳食補助月支數千元，均屬遵奉部令辦理。各月應有教職員名冊並經分別按月造冊呈送，其贛省米價逐月爭漲情形，亦經按月填報。教職員終日辛勞，茲物價高漲，深感支持不易，重以江西糧食管理局公務員平價米，頓告停售，益感艱窘，政府盯衡局勢，針對時機對於全國公務員先之以生活補助，繼之以房膳津貼，更益以教職員家屬及工人膳食補助，一再而三，周恤備至。以上各費側聞國立其他各校均蒙發給，而本校則僅領得本年六月份一個月生活補助費。又教職員家屬及□□膳食補助，亦僅於數日前奉發三月至六月止，其餘均未發放，未識何故，此應請求盡速設法者，三也。

上陳三者，均屬急需之款，全校同人嗷嗷仰企。近況如此，難以維持，本校既無積餘經費可資挹注，復無法再向銀行息借鉅款，以資周轉，否則影響學校全部事業，實深竭蹶之情，殊非墨所能形容也。再教職員生活補助、房膳津貼及教職員家屬工人膳食補助各款，鈞部何方掌理，遲未發放之原因何在，並乞查詢明示，以便分頭接洽為荷。

專此敬頌

勛祺！鵠侯玉福

胡先驌 敬啟

九月十三日（1941 年）〔註1158〕

9 月 15 日，中正大學經費杯水車薪。

另有因新添諸如理學院、水利等系而要求經費維持前一年概算

〔註1158〕《胡先驌全集》（初稿）第十七卷下中文書信卷，第 429～430 頁。

水平。儘管理學院中道夭折，水利系等未能設立，但中正大學在戰時還是新增了一些系。因此，因新增院系勢必要求維持經費做法，頗能代表該校增設新系情況。〔註1159〕

9月17日，江西省農業院致胡先驌信函。

江西省農業院致函胡先驌。於是新的優秀教師來校後，他也積極向農業院推薦加聘，農業院為謀「函文：遙啟者，本院為謀建教合一及技術聯繫共同策進農業起見，擬再聘貴校馬教授大浦暨盧教授潤孚為本院特約名譽技師，相應檢同聘書暨簡則函請查照，倘荷同意即煩代將聘函轉致。」也欣然同意，於1941年9月再聘「馬教授大浦暨盧教授潤孚為本院特約名譽技師」。〔註1160〕

9月17日，胡先驌致陳立夫信函。

立公部長勛鑒：

前上一書，具報校中近況，亮登記室。今正呈送三十一年度預算，以為數頗大，用敢略陳顛委，藉代面述。

按三十年度預算經費承核准為七十六萬元有奇，臨時費三十萬元。三十年度下半年添聘教授二十五人，助教二十人，薪俸只以七個月計。至三十一年則所聘教授、助教薪俸須以十二月計，而至三十一年除擬新添水利工程系、理化系、農業經濟系、植物病蟲害系外，原有之十一系亦須添聘教授，故擬再添教授二十三人，添助教二十人，薪俸以七個月計，職員只添佐理、助理十餘人，薪俸只有一萬五千元，此外尚有原有教職員加俸需一萬六千元，至工資則以物價翔貴，亦須增加，因之俸給一項，已需八十四萬有奇矣。此外一切開支，皆以物價驟增，雖極力撙節，仍須增加，故總預算遂達一百二十九萬元有奇之巨額。臨時費則僅建築、器具、設備各費已達五十三萬元，圖書、

〔註1159〕 《電呈卅一年概算數》（1941年9月15日），《中正大學歲出概算書由江西寧都遷至南昌修建經費概算等文書》（194008～194505），中國第二歷史檔案館藏，全宗號五，案卷號3763（3）第51頁。高志軍著《政治與教育的互動：國立中正大學研究》，2021年12月華中師範大學博士學位論文，第121頁。

〔註1160〕 江西檔案館，檔號：J037-1-00983-0022。鄭瑤著《繼往開來責在斯——國立中正大學農學院研究（1940～1949）》，2019年江西師範大學碩士研究生學位論文，第62頁。

儀器分毫未列，驟視之，此預算似甚龐大，然實因學校循序發展，不得不然，亦物價翔貴，有以使之，非敢故為浪費也。

竊惟斯校蓋以紀念總裁，故不敢安於簡陋，然以東南各省士子向風，千里負笈，欲列於門牆者不可勝數，故至明年雖僅為開辦之第三年，入學諸生計將及千二百人，至第四年或將至一千七八百人。蓋已隱然為東南學府之巨擘，經費之巨，理所宜然。幸賜亮察，乞勿訾以逾度。若經費過於核減，則將感於無米之炊之苦，亮亦非鈞部創立斯校之初意也。

關於研究，仍將遵原有方案，繼續進行，而尤欲加意以研究日俄兩國之歷史、文化與政制，以後期以此專擅於國內，想亦公所許也。工農兩學院設備費，熊主席允向裕民銀行借墊，而以三年之基金利息作抵。熊主席之意最好即以此三年基金利息提前支出，以供作此用，而不列入經常預算收入。如鈞部未另籌的款以還省政府之墊款，則熊主席之意見是否可以採用，尚乞明示，以便遵循。

總之斯校創立之處，既無設備，又無建築，規模又大，故在在需鉅款以應經臨兩費之需，然尚不得不因陋就簡耳。即顧目前距平時辦大學之標準尚不可以道里計，差幸師生黽勉，校譽日彰，自問尚能不負鈞部付託之重耳。以後施政方針，尚乞隨宜指示，不勝感禱之至。

　專此敬頌

勳綏

　　　　　　　　　　　　　　　　　胡先驌 謹啟

　　　　　　　　　　　　九月十七日（1941 年）〔註1161〕

9 月 22 日，教育部分別致熊式輝、中正大學信函。

　　9 月 22 日，教育部突然分函熊式輝、中正大學，同意設備費以基金年息作抵，向銀行借支。〔註1162〕

〔註1161〕 《胡先驌全集》（初稿）第十七卷下中文書信卷，第 438～439 頁。

〔註1162〕 《電覆中正大學該校農工兩院設備費准向銀行息借》（1941 年 9 月 22 日），《中正大學歲出概算書由江西寧都遷至南昌修建經費概算等文書》（194008～194505），中國第二歷史檔案館藏，全宗號五，案卷號 3763（3），第 48 頁。高志軍著《政治與教育的互動：國立中正大學研究》，2021 年 12 月華中師範大學博士學位論文，第 131 頁。

9月24日，以校長名義發布布告。

　　內容如下：「國立中正大學布告學字第 53 號查本大學三十年度第一學期，按照學校歷規定：本年十月一日（星期三），新生報到註冊開始，三日（星期五）舊生報到註冊開始；六日（星期一）舊生上課開始，新生入學訓練開始。除分別通知查照外，仰本校新舊學生一體遵照。此布校長胡先驌中華民國三十年九月二十四日」。〔註1163〕

9月24日，朱力生致胡先驌信函。

　　步公校長尊鑒：

　　　　五日寄呈一函，諒達鈞覽。邇來天高氣爽，中秋佳節，恭維勳福並茂，政恭安泰，為無量頌！茲有懇者：青年團支團部羅組長光華兄，近為其外祖母蕭太夫人七秩壽辰，擬送一匾，以表賀忱。因贛省人士深慕鈞座乃道德前輩，權威學者，中外聞名，博學專家，故羅組長擬請我公為其送外祖母之壽匾，賜題四字，外加序言，並乞具名署銜，用資紀念，以光門楣。詳情事略，另詳附紙，外備宣紙若干，統交陳若淵同學帶呈，務請鈞座俯允所請，是所至禱！職擬於十月十五日以前返杏嶺本校，未審遲否？餘容再稟。

　　　　肅此，敬頌

　　秋安

　　　　　　　　　　　　　　　　　　　職　朱力生　謹上

　　　　　　　　　　　　　　　　九月二十四日（1941 年）〔註1164〕

9月29日，周拾祿致胡先驌信函。

　　函文：查本校前被陸川餉捐局扣留之擴大鏡，係經廣西大學農學院汪振儒教授託鍾國松君向該局領取，交由本院杜洪作助教帶校，擬請由校函謝汪教授並請代向鍾君致謝。

　　（鄭瑤先生提供）〔註1165〕

〔註1163〕高傳峰，《胡先驌正大年譜（1940～1941）》，《後學衡》第五輯，2022 年 4 月版，第 131 頁。

〔註1164〕胡宗剛撰《胡先驌先生年譜長編》，江西教育出版社，2008 年 2 月版，第 300 頁。

〔註1165〕江西檔案館，檔號：J037-1-00819-0021。

9月，《戰後土地制度之商榷》文章在《地方建設》雜誌（第1卷第4～5合期，第5～6頁）發表。1942年8月，轉載於《福建農業》（第3卷第3～4期，第119期）。摘錄如下：

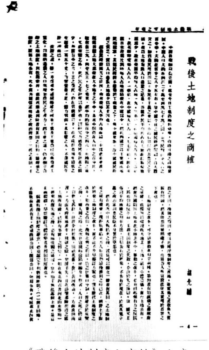

《戰後土地制度之商榷》文章

中國自來即以農立國，直至今日工業仍極形幼稚，尚待日後之積極發展。中國人口大約在四萬二千萬至四萬七千萬之間，而農民對於全人口之百分率，大約在百分之八十五左右。故中國今日之國民經濟問題，自大體言之，即為農民經濟問題。而民生主義之要圖，亦即為如何改善農民之生活。但以土地有限、人口過剩之結果，吾國農民平均所佔有土地面積類較他國為少。故在美國平均每人佔地一九‧三華畝，在德國每人占五‧二華畝，在英領印度每人占八‧一華畝，在中國每人只占二‧七七華畝，雖在英國、日本、荷蘭、比利時，每人佔地面積較在中國為少，然此四國皆為工業國或殖民地國家，其國民經濟多建築於工商業之上，與中國異趣。故中國國民經濟之貧乏，實以人口過剩、土地過少為其主因也。

然農民經濟困苦之原因，尚有較每人平均佔地面積過少為更重要者，則為吾國土地大部分在大小地主之手中。各省中佃農在人口

中之百分比，雖有自二九‧四至五三‧七之差異，然平均約為百分之四六。而地租之重，又出常理之外，此農民之生計所以愈困也。據研究吾國農民生計者之假定，吾國百分之六十三之農民，均在貧窮線以下，而不能擔負每年最低之生活費一百五十元，故皆營養不足，體力貧弱。其影響之大，不僅國民生計一端而已。

救濟之道，雖一方面須全國積極建立輕重工業及工業農村化與農產工業化，以消納過剩之人口與增加農民之生產力；然主要之道，仍在樹立合理之土地制度，以杜絕兼併，庶能逐漸達到耕者有其田之目的。最理想之制度，厥為土地公有，此亦為吾國儒家傳統之政治理想。三代之井田，王莽之王田，後魏之均田，皆為此種理想制度之實施。雖實施之成敗與久暫別有問題，然其理想則屬精確不磨，而為吾人所宜設法使其實現於百世之下者也。

土地制度之改革，可分為暴動與和平兩種。暴動者有如蘇俄之藉政府之威權，直接無賠償沒收大地主之土地，組織集體農場，實行土地公有。然在吾國則因土地多在小地主手中，暴動之改革，必致招起強有力之反抗，甚而引起反革命。王莽王田制度之失敗，亦由於失之操切。故國父主張以平均地權之和平方法，以期公有於將來，不公有於現在。於此具見卓識之政治家洞悉民隱不徒騖於空想也。

然在此次中日大戰結束之後，實為可以樹立「耕者有其田」之土地制度之稀有機會。現距戰爭結束，吾人將獲得最後勝利之時已近，朝野上下對於將來土地制度之改革，實不能不及早擬訂方案也。嘗考歷代土地制度之改革，如西晉之占田，後魏北齊之均田，唐之世業口分制，皆建立於兵燹之後，土曠人稀之時。此次日寇侵略淪陷蹂躪及十數省，人口之死亡轉徙，以數千萬計。往往全村被戮，田畝荒蕪，復以黃河改道，一方面良田淹沒，一方面大段荒地產生，殘破之餘，契據多失。且在游擊部隊出沒之區，土地所有權已經有事實上之轉變（如在東北四省及河北山東等地），將來收復失地之後，必有極廣闊之區域，原有地主無法認領土地。是宜未雨綢繆，早為擬訂具體的墾荒及授田制度者也。

竊謂戰後土地制度之建立，必須認定下列數種原則：（一）無主

田地，不論戰前是否有主，必須籍為公田；既為公田，便為公有。可招真正之貧農領墾或領種。農戶只有使用權，而無所有權，不能轉賣或分佃；但只須完常額之賦稅，而不另交田租；身死或年老不能耕作時，政府可以收回另行發佃。如黃河故道之荒地，亦可用同等之制度墾殖；惟係生荒，升科必在數年之後。此即後魏均田之意，亦即土地公有之意也。（二）領墾或領種面積必須較大，至少五十畝，多則百畝，庶幾農戶一年辛勞所得，不止但博得溫飽，且有盈餘以提高生活標準。（三）凡為漢奸或附逆者之所有土地田園，敵人退出後須一律收為國有，由貧農領種。若按此三原則擬訂詳細規則，以便在收復區域得以處理無主及漢奸或附逆者之土地，則已奠土地政策之良好基礎矣。

經過此次大變亂之後，人民對於數百年來之生活，已生動搖之感。故政府之土地政策，當依國父之平均地權之原則，立即實行最具體、最有效之方法，而同時亦不致引起農村社會之不寧。其法約可分三項：（一）建立限田制。規定每農戶所能永遠承襲之世業之面積或為二百畝或為五百畝，在此最高額內之土地，其子孫可以世世承襲，額外之田則政府可以各種方法徵用之。此種限田制，在吾國古代及歐戰後開明諸邦如羅馬尼亞、捷克、芬蘭、墨西哥等皆已實行，並無特殊之困難。其制度遠較蘇俄之共產制為溫和，而適於吾國之國情。（二）以累進式之遺產稅制，收土地為公有。即凡在限田制最高額以外之土地，必按已公布之遺產稅則，以累進式收為公有，轉以分給原有之佃農使用，而不得以金錢作為代價。於是大小地主不數世，便已消滅，而所有之土地，皆不至逾限田制所許之最高額矣。（三）在各省土地呈報已行辦竣之後，租稅以累進稅率徵收，庶幾農民得較公允之租稅負擔。（四）若政府欲施行更積極之土地政策，則在限田制以外之田畝，可按其呈報之價以公債徵收，轉以發給貧農或佃農使用；務須使兼併現象不再發生，而薄有資產之人，不以土地為投資之對象；則耕者有其田之目的可達矣。

總之土地制度之改革，以大亂之後為施行最良之時機。大亂之未發，吾人固不求其發生；然既逢茲大亂，則必把握此時機，慎勿使之輕輕錯過，否則徒貽異日之後患，而國父耕者有其田之目的亦

難達到。國父有言:「革命尚未成功,同志仍須努力」。吾國土地制度,苟一日不能達到耕者有其田之鵠的,即革命一日尚未成功,朝野上下其勉之哉。〔註1166〕

下半年,胡先驌向管理中英庚款董事會提交申請。

下半年,胡先驌向中英庚款會第一次提交申請,請求後者補助正大圖書儀器費10萬元並在正大設置講座教授。但是,由於當時物價飛漲,再加上庚款會自身興辦了一些教育事業,同時在補助的各項事業上也需要很多的經費,中英庚款會在支出上超出了利息收入,經濟狀況「頗有不敷」,處於需要向銀行借款方能維持運作的尷尬境地,故婉拒了胡提交的補助申請,決定俟「明春視收息狀況或銀行借款有圓滿結果」再作考慮。〔註1167〕

10月4日,胡先驌致熊式輝信函。

翼公主席勛鑒:

敬啟者:前以本校女生指導員余女士辭職,未經朱訓導長面請,我公代為物色繼任人員,並蒙允紹介某女士充任,曷勝銘感。近聞某女士分娩不久,恐多分心兒女細事或不能專一該職,不度我公已向某女士相商否?專肅奉聞,至祈鑒復。

祗頌

勛祺

胡先驌 拜啟

一九四一年十月四日〔註1168〕

秋,蕭耀榮參觀胡校長家庭。

1941年秋,我和幾位同學,抱著對胡校長先驌敬愛之心,同時也好奇地想看看一個大學校長家的情況。於是我們同路來到杏嶺李村校長住處,敲開門,恰值校長正在吃晚飯,我們欲退不能,欲進又不好意思。不料校長見了我們,馬上起身,並說他已吃完,叫我

〔註1166〕《胡先驌全集》(初稿)第十五卷人文科學文章,第288～290頁。
〔註1167〕張建中著《一而再再而三,鍥而不捨寫申請,這位校長到底為了什麼?》,公眾號「江西檔案」,2019年10月30日。
〔註1168〕《胡先驌全集》(初稿)第十七卷下中文書信卷,第405頁。

們在餐廳兼客廳坐下，自己洗完臉就滿面春風和我們攀談起來。我雖說在聽著談論，但眼睛老盯著餐桌上的一些剩菜，他的兒子胡德熙、媳婦符式佳還有一位不認識的客人，正在打掃這些菜。你說是些什麼好菜呢？青菜、豆腐、蛋屑和殘湯。怎麼一點鮮肉也沒有呢？我心裏不免暗暗吃驚，也佩服校長生活竟如此儉樸清淡，而待人接物，他卻一反平日在講臺上的嚴肅認真的態度，和藹可親，平易近人。談話涉及面很廣，主要為：為學做人，當時日寇壓境和民族復興的一些看法。穩定了我們的情緒，增加了我們的見識，使我們有了前進的方向。我們怕耽誤他過多的休息時間，告辭而出，校長卻不憚煩，送我們出門才罷！〔註1169〕

10月4日，中正大學訓導長朱希亮返贛。

【本報訊】國立中正大學訓導長朱希亮氏，因公赴渝，□致前□，朱氏在渝公畢，已於上月三十日到校，行前曾與□□，報告該校承蔣主席苦心孤詣創辦之經過及開學後之詳情，即總裁對該校各項設施，極表滿意，並擬將籌設紀念獎金，專獎勵該校優良學生云。

【又訊】本月三十一日為總裁誕辰，該校週年紀念日，現正著手籌辦演講三天，舉行盛大的慶祝會云。〔註1170〕

10月6日，顧毓琇與熊式輝協商借款合同。

10月初，經教育部次長顧毓琇與熊式輝協商，以江西裕民銀行存放200萬基金為擔保，該校與裕民銀行終於簽訂借款合同。〔註1171〕

10月7日，國立中正大學等單位募集天翼獎學金。

〔註1169〕蕭耀榮著《於無聲處見清高》，胡啟鵬主編《撫今追昔話春秋——胡先驌學術人生》，北京燕山出版社，2011年4月版，第281～282頁。
〔註1170〕梁洪生主編《杏嶺春秋——〈江西民國日報〉有關國立中正大學的報導全匯（1938～1949）》，2010年12月內部印刷。中華民國三十年十月四日週六第三版。
〔註1171〕《為呈送本校與江西裕民銀行借款約一份乞鑒核備查由》（1941年10月6日），《中正大學工程處建築合約及圖樣借款合約副本等文書》（194112～194211），中國第二歷史檔案館藏，全宗號五，案卷號3763（2），第144頁。高志軍著《政治與教育的互動：國立中正大學研究》，2021年12月華中師範大學博士學位論文，第131頁。

10月7日，國立中正大學、江西省參議會、省抗敵後援會、省農會、省商聯會、省教育會、省工聯會、省婦女會等機構「擬籌募天翼獎學金以宏惠愛」，並打算於10月11日在省抗敵後援會舉行籌備會議。〔註1172〕

10月8日，國立中正大學新教授陸續到校並聘何廉邱椿等為名譽教授。

【本報訊】國立中正大學以本年度學生人數□增各院系教職員□須增聘，聞該校校長胡先驌氏經向各方接洽，已聘定教職員多名，陸續到校，其尚未到校者，查已在途中，茲將得新聘教職員姓名於下：羅容梓，為文法學院社會教育系教授，潘大□，為文法學院政治系教授，孫□，為文法學院經濟系教授，張又惺，為文法學院經濟系副教授，燕□，為文法學院經濟系副教授，胡□，為法文兼任教授，沈□欽，為英文兼任教授，曾大鈞，為英文兼任副教授，王綸，為國文講師，陳紹侖，為國文講師，潘□武，為工學院物理教授，王宗和，為工學院教授，何正森，為工學院教授，萬文□，為工學院化工系教授，伍正誠，為工學院研究教授，□□孚，為農學院教授，兼畜牧獸醫系主任，馬大□，為農學院教授兼森林系主任，張群□，為農學院教授兼生物系主任，戴立生，為農學院教授，周蔚成，為農學院副教授，潘次僑，為農學院生物系講師，□尤□，為農學院講師，陳梅生，為農學院講師，孫承謨，為研究部兼任教授，何廉，為文法學院名譽教授，邱椿，為文法學院名譽教授，程孝剛，為工學院名譽教授，此外尚徵聘□□□，為哲學教授，陳良材，為政治系副教授，□正在接洽中。〔註1173〕

10月9日，《科學化運動與國防》文章在江西《民國日報》（第2版）發表。摘錄如下：

〔註1172〕《為慶祝熊主席任十週年擬籌募天翼獎學金定於十一日下午舉行籌備會希派員出席由》（1941年10月7日），江西省檔案館藏，檔號：J037-1-00310-0265。高志軍著《政治與教育的互動：國立中正大學研究》，2021年12月華中師範大學博士學位論文，第183頁。

〔註1173〕梁洪生主編《杏嶺春秋——〈江西民國日報〉有關國立中正大學的報導全匯（1938～1949）》，2010年12月內部印刷。中華民國三十年十月八日週四第三版。

　　教育部規定於雙十節在全國宣傳「科學化運動」，蓋鑒於科學與國防關係之密切，而我國科學落後，社會上對於科學之重要尚少深切之體認，故特選雙十節國慶日隆重推進科學化運動也。總裁告誡吾人做現代中國人，而解釋現代為「科學的群眾時代」，曾云：「簡單扼要的說明他主要的特性，我可以把他定下一個名詞，叫做『科學的群眾時代』。所謂『科學的群眾時代』包括兩個涵義：（一）是群眾的，就是說群眾本位的時代；（二）是科學的，就是說科學精神的時代。」又云：「現在的時代是科學的時代，……沒有科學，就沒有國防，沒有國防，就沒有國家。……我們一切政策，一切設施，都要以國防為中心，一切利害是非，要根據國防來判斷；我們的軍隊，必須成為高度國防的武力；我們的政治，必須成為動員國防力量的總機構；我們的經濟，必須是培養國防力量最大的根源；我們的同胞，也必須是個個具有戰鬥知能，決心為國效命，並恪守國家法令的國民；一切文化教育事業，亦必須符合國防的需要，成為國防的一部分。」又云：「我們要追念國父生前提倡科學的種種教訓，在各種教育和訓練方面，要養成國民重視科學機械的新精神。要造成國民使用機械工具的技能和習慣，使『雙手萬能』和『科學救國』成為每一個國民普遍的認識。」可見，總裁對於科學與國防之關係有極深刻之認識，而屢次大聲疾呼昭示國人。吾人對於教育部所提創之科學化運動，必須以全力協助推進也。

　　現代之文化，被稱為工藝的文化，Technological Civilization。蓋現代的人生，一切惟工藝的製作是賴也。如電燈、電話、電報、無線電、輪船、火車、飛機，皆為工藝文化之產品，而不可須臾離者也。而此種種工藝機械之發明和創造，皆為科學研究之結果。每每一種科學發明，一種機械創造，皆可與人生以極深切之影響，而影響抗戰事者為尤巨。英國以海軍稱雄於世界，船堅炮利，素稱無敵。自潛水艇發明，則巨艦受其威脅，於是乎又發明深水爆炸彈以製潛艇。在進攻方面，又有小型魚雷艇稱為「蚊船」者，以及磁性水雷之類。而飛機威脅海軍之力尤日有增加，且有所謂「空中魚雷」之發明。在第一次歐戰時代，飛機之製作遠不如今日之進步，當時英法兩國之空軍遠較德國為優。當時德國將領不能理解坦克車之重要，

致令英國得利用此項新武器，以取得最後之勝利，德人自稱為敗於
「坦克將軍。」自茲以後，德國乃銳意建立龐大之空軍與機械化部
隊。其坦克車且有噴火之裝置，故其威力無敵，而機動性亦超群，
將戰術加以徹底之革命，因而奠定此次歐戰德國閃電戰之無上功勳。
法國將領昧於此理，不聽戴高樂將軍建立機械化部隊之建議，仍墨
守第一次歐戰時代之戰術，遂使曾經耗金數百萬而經十餘年始克建
築成功之馬其諾防線，等於廢物，不經旬而一敗塗地。蓋武器與國
防之關係密切有如此者。今日飛機之製作日精，英國吐火式與旋風
式戰鬥機，其速率與戰鬥能力即較德國飛機為優，而美國最精之戰
鬥機，其速率竟可等於地球自轉之速率！美國之巨型轟炸機，所謂
空中堡壘者，已為吾人所熟聞，其威力之大，可以想見。美國且發
明一種人造膠，以之製作飛機，製作異常迅速，可以模印成機身，
其製作之速，遠超出製作金屬飛機之上；而其堅較金屬飛機且過之，
價又極廉。說者謂因有此項發明，將來人人皆可購買飛機，與購買
汽車相若。其將影響於國防與人生者不難預測。凡此種種，皆由於
科學與機械之發明也。然在近代，製作與使用一種重要之武器，牽
涉有關之科學極多，一門科學不能達到最高之水準，即不能不依賴
他人。即以飛機論，欲製金屬飛機，則必須製造鉛合金，而有賴於
冶金學；欲製造人造膠飛機，則必須製造人造膠，而有賴於工業化
學；欲製造滑翔機，則必須用木材，而有賴於木材學。製造飛機摩
托，必須有賴於機械學。製造機身，必有賴於飛機結構學；欲用飛
機汽油，則必先開油礦，再求精練；而飛航之時，又必須依賴氣象
學之研究。至於賴光學研究以製作望遠鏡，賴無線電研究以製作無
線電機等等，牽涉之科學，幾於指不勝屈。即已暴日論，其科學尚
甚幼稚，不能製造飛機摩託，或精練飛機汽油，二者皆需購自他國。
我國尤無論矣。舉此一例，他可知也。

與國防有關之建設捨武器外，其數尚夥。如在敵寇封鎖情形之
下，則糧食與物資之關係極大。如何充裕資源，惟科學是賴。如金
屬、油類、食鹽之獲得，則有賴於地質學與冶金學；如各種機械之
製造，則有賴於機械工程學；如糧食增產，則有賴於農學；各種化
學製品製造，則有賴於化學；修造鐵路公路，則有賴於土木工程學。

前方後方防疫治病療傷，則有賴於醫學。而一切應用科學教學研究之優劣，則完全依賴一切純粹科學如數學物理化學動植物學等學科。在科學發達之國家，則無論國防建設或生產建設，每一問題發生，皆可迎刃而解，呈左宜右有之象。否則，在在皆須依靠他國他人，而到處皆呈捉襟露肘之窘狀矣。德國所以能在短短數年之內，重整軍備，所向無敵者，以其科學過人故也。而英美兩國素來愛好和平，平日軍備廢弛，而一經宣戰之後，便能急起直追，以抵禦德國之龐大作戰機構，而終將獲得最後勝利者，亦以其科學過人故也。俄國之科學，素稱落後，然今日竟能抵抗德國之常勝軍者，亦因自共產黨執政之後，知以國家之全力提倡科學，建立國防故也。

我國此次抗戰，暴日以七十年之整軍經武，與我訓練不過數年之國軍作戰，然尚不能獲得絕對勝利，今日愈戰愈弱，不久即將崩潰者，固由於我國在我英勇賢明之領袖領導之下，有不可屈服犧牲到底之精神有以致之；而日本之科學尚未達到近代列強如英美德俄之水準，亦為其主要原因。然精神之效用，究有限度；血肉之軀，終不能絕對抵禦無情之機械與炮火。此次德國之攻希臘與南斯拉夫，兩國軍隊作戰之英勇為世所稱道，而卒不免敗績者，則軍備不如德國故也。在抗戰過程中，知精神之重要者，莫如總裁；而知科學之重要者，亦莫如總裁。我國科學落後，工業落後，國防建設落後，若欲建國於二十世紀科學發達幾及極頂之今日，必須朝野上下，崇拜科學，努力推進科學化運動，如蘇俄過去二十年之努力，方有成功之希望，我國此次抗戰，所幸所遇之侵略者，為科學尚未達到歐美列強之標準之暴日，故決勝尚有把握。若自始即遭德國之侵略，則難以支持以矣。今日僉知努力於三民主義文化運動，以為建國之無上要政，殊不知科學化運動之重要，亦與三民主義文化運動相等。而亦即三民主義文化運動之最主要部門。我們要追念國父生前提倡科學之種種教訓「……要養成國民重視科學機械的新精神」，我們尤不可忘總裁之名言「沒有科學，就沒有國防；沒有國防，就沒有國家。」〔註1174〕

10月9日，周拾祿致函胡校長。

〔註1174〕《胡先驌全集》（初稿）第十四卷科學主題文章，第204～206頁。

胡先驌接周拾祿函文得知農學院「擬派助教黃道年於本月十二日赴宜春萍鄉蓮花安福樂安崇仁宜黃等縣調查及採集油桐品種以供試驗之需」，他便積極致函上述各縣縣政府，請求予以協助。不久，森林系主任馬大浦去往贛南各縣採集油桐品種，胡先驌也相應致函各縣賜予協助。〔註1175〕

10月11日，胡先驌致縣政府信函。

函文：遙啟者，茲派本大學農學院助教黃道年赴宜春、萍鄉、蓮花、安福、樂安、崇仁、宜黃等縣調查及採集油桐品種以供試驗之需，相應函請查照予以協助為荷。

（鄭瑤先生提供）〔註1176〕

10月13日，增補國立中正大學基金委員會委員。

由於基委會的「降格」，該會委員人選從蔣介石裁奪向教育部定奪轉變。1941年9月2日，中正大學呈報教育部，擬聘彭程萬、蕭純錦、柳藩國、陳穎春4人為委員。〔註1177〕彭程萬時任江西省臨時參議會議長、蕭純錦為江西省政府委員、柳藩國是教育廳秘書、陳穎春時任國立十三中校長。〔註1178〕教育部派出該部總務司司長蔣志澄兼任基委會委員。10月13日，上報4人獲教育部允准。基委會直到1942年形式上才算成立。〔註1179〕

〔註1175〕鄭瑤著《繼往開來責在斯——國立中正大學農學院研究（1940~1949）》，2019年江西師範大學碩士研究生學位論文，第62頁。

〔註1176〕江西檔案館，檔號：J037-1-00702-0005。

〔註1177〕《核示准予分別聘委該校基金委員會委員令派聘任為國立中正大學基金委員會委員》（1941年10月13日），《國立中正大學教職員人事任免以及薪津待遇等有關文書》（194008~194509），中國第二歷史檔案館藏，全宗號五，案卷號2646，第56頁。

〔註1178〕《國立中正大學教職員人事任免以及薪津待遇等有關文書》（194008~194509），中國第二歷史檔案館藏，全宗號五，案卷號2646，第58頁；《呈請聘任彭程萬蕭純錦柳藩國陳穎春等四人為本校基金委員會委員由》，《國立中正大學教職員人事任免以及薪津待遇等有關文書》（194008~194509），中國第二歷史檔案館藏，全宗號五，案卷號2646，第60頁。

〔註1179〕《核示准予分別聘委該校基金委員會委員令派聘任為國立中正大學基金委員會委員》（1941年10月13日）《國立中正大學教職員人事任免以及薪津待遇等有關文書》（194008~194509），中國第二歷史檔案館藏，全宗號五，

10月13日，胡先驌致汪振儒信函。

　　函文：敝校所購擴大鏡前被陸川餉捐局扣留，荷承先生熱心協助，轉託鍾國松君代向該局洽領，至為感激。

　　（鄭瑤先生提供）〔註1180〕

10月21日，中正大學重視對學生軍訓工作。

　　中正大學還注重在軍訓過程中校方與學生的互動，1941年秋季入學軍訓就很有代表性。中正大學對新生入學訓練頗為重視，該校將新生編為一中隊，由胡先驌任隊長，訓導長、教務長、主任教官附從之。中隊下又分三區，各區設隊長一人，由軍事教官擔任。每區隊又分三分隊，由教官指派分隊長一人擔任。女生單獨設一分隊。直屬中隊，分隊長有教官指派。訓練科目有精神訓話、特約講話、政治訓練、修學指導、校章講述、軍訓、體育及音樂等科。精神講話和政治講述二科舉行次數較多。

　　國立中正大學1941年秋季學期新生軍訓時期精神講話、政治講述主題概要。

一、精神講話

講話題目	主講人
1. 立志與屬行	胡先驌
2. 總裁成功之因素	朱希亮
3. 三育並進	羅廷光
4. 求學治學的基本方針	馬博庵
5. 服務	李翕如
6. 青年的科學修養	蔡方蔭
7. 貧苦青年應如何奮鬥	周拾祿

二、政治訓練

講話題目	主講人
1. 總裁之教育思想	胡先驌

　　案卷號 2646，第 60 頁。高志軍著《政治與教育的互動：國立中正大學研究》，2021 年 12 月華中師範大學博士學位論文，第128～129頁。

〔註1180〕江西檔案館，檔號：J037-1-00819-0020。

2. 我國現行教育宗旨及政策　　　　　羅廷光

3. 總裁對於今日中國青年訓練之指示　朱希亮

4. 三民主義的世界新秩序　　　　　　馬博庵

5. 國民黨之認識　　　　　　　　　　葉青

6. 三民主義實行與三民主義之現實　　李翕如

7. 黨與團之關係　　　　　　　　　　張一清〔註1181〕

10月24日下午3時，重點討論公債募集決定。

在本校會議室主持校務會議第三十次常務會議。議決如下要案：（一）議決組織戰時公債募集委員會，內分六支隊，每隊擔任募集一千元。推定羅廷光先生為第一支隊長，毛岡鳴、劉中藩二先生為副隊長；朱希亮先生為第二支隊長，李翕如、李鵠二先生為副隊長；王修寀先生為第三支隊長，任象杓、余永年二先生為副隊長；馬博庵先生為第四支隊長，吳華寶、高柳橋二先生為副隊長；蔡方蔭先生為第五支隊長，張聞駿、萬文仙二先生為副隊長；周拾祿先生為第六支隊長，張明善、馮言安二先生為副隊長。（二）規定學生因故逾期到校註冊，其所選學分，照學則第十七條辦理，惟遇學分不湊巧時，得超過一學分。（三）推定蔡方蔭院長、王修寀總務長、何逢春秘書負責草擬《本校人事管理規則》，並指定由何逢春秘書召集。（四）通過《校務會議規則》第二條名立之修正意見。〔註1182〕

10月24日，胡先驌致熊式輝信函。

天翼公主席勳鑒：

本月三十一日恭逢總裁五五誕辰，本校訂於是日上午八時開慶祝會，同時並舉行本校成立週年紀念會，竊思熊公主座籌備本校，備著賢勞，碩畫偉謀，佩仰無既，敬請屆時惠臨參加慶祝，並賜示

〔註1181〕　《國立中正大學校刊》（第2卷第3期）《本校三十年度新生入學訓練概況》。高志軍著《政治與教育的互動：國立中正大學研究》，2021年12月華中師範大學博士學位論文，第67～68頁。

〔註1182〕　高傳峰，《胡先驌正大年譜（1940～1941）》，《後學衡》第五輯，2022年4月版，第133頁。

訓詞，俾本校有所遵循為荷。

　　專此奉達，敬頌

勳安

胡先驌　謹啟

十月廿四日（1941年）〔註1183〕

10月27日，胡先驌致贛縣、龍南、南康、信豐、安遠、寧都信函。

　　函文：為本校農學院森林系主任馬大浦前來貴縣調查並採集油桐品種，函請賜予協助由。

　　（鄭瑤先生提供）〔註1184〕

10月29日，胡先驌致熊式輝等信函。

　　翼公主席、紹陽、士翹處長公鑒：

　　敬啟者：十月卅一日恭逢總裁五五誕辰及本校成立週年紀念，本校定於是日上午集會慶祝，會畢舉行軍訓檢閱典禮，敬請屆時光臨指導，是為正禱。

　　專肅敬請

勳綏

胡先驌　拜啟

三十年十月廿九日〔註1185〕

10月31日，總裁五五誕辰祝詞。

　　維中華民國三十年十月三十一日，為我總裁蔣公宜初晉五壽辰，於時四海安瀾，星沙底定，長江黃河各流域，莫不累戰皆捷，內則人心振奮，泰然若一，外則民治國家，□力同平□，東亞和平，世界正義，皆屬於我，及□孰能致次？則僉□出我總裁蔣公之賜，則究考諸史漢，天之數五，地之數亦五，五五相交，而人道以立，今我總裁壽辰，適符此數，而抗戰決勝之期，亦□□定於次日，於以知古今來大功之臣，必有時會，而天地之聖，要皆應運而生，非偶

〔註1183〕《胡先驌全集》（初稿）第十七卷下中文書信卷，第405頁。
〔註1184〕江西檔案館，檔號：J037-1-00702-0007。
〔註1185〕《胡先驌全集》（初稿）第十七卷下中文書信卷，第406頁。

然也，爰奉全校師生□□一□而為之祝，□曰：□□□□□□□

胡先驌〔註 1186〕

10 月 31 日，中正大學舉行建校一週年暨蔣介石五十五歲誕辰紀念活動，胡先驌主持，熊式輝出席並檢閱學生軍訓。

10 月 31 日，中正大學校慶檢閱學生的兵操，熊式輝表示滿意。

> 在第二年校慶的那日，熊式輝檢閱學生的兵操，十分滿意，認為在軍事學校成績也不過如此。我熱愛學生，我以我廣博的知識炫耀於學生之前，博得學生的信仰。〔註 1187〕

10 月，謝克歐主編《科學與國防》，由桂林國防書店出版發行，該書收錄了胡先驌著《國防建設與科學》《科學與建國》兩篇文章。

謝克歐主編《科學與國防》

10 月，《本校成立一週年》文章在《國立中正大學校刊》（第 2 卷第 4 期，第 7～8 頁）發表。摘錄如下：

> 今日是我們總裁的誕辰，也是我們學校的成立紀念日。我們中正大學自去年成立到今日已是一週年，這是我們校史上，最值得紀

〔註 1186〕 梁洪生主編《杏嶺春秋——〈江西民國日報〉有關國立中正大學的報導全匯（1938～1949）》，2010 年 12 月內部印刷。中華民國三十年十月三十一日週五第四版。

〔註 1187〕 胡先驌著《對於我的舊思想的再檢討》，1952 年 8 月 18 日。《胡先驌全集》（初稿）第十五卷人文科學文章，第 641～646 頁。

念的一日。因為去年今日我校方是呱呱墜地，他的命運方才開始，前途如何，渺不可知。到今日則已是滿了周歲，父母的心也安定了許多，親友們都要歡歡喜喜的來伸慶祝之意。做父母的回憶一年來保抱鞠育的苦辛，看見這寧馨兒之肥胖靈慧、牙牙學語的情態，自然感覺有無限的快慰。今且將他這一年來發育的結果，簡單的敘述一下，藉以為今日的紀念。

本校自熊主席苦心擘畫以來，籌備雖有相當長的時日，但正式籌備的時間卻很短。自奉部令將本校定為國立之後，正式之籌備會在去年六月一日始行成立，由熊主席任主任委員，教育廳程廳長及邱委員、馬博庵、蔡方蔭、羅廷光、朱有騫等諸先生為委員，分頭主持草擬章則，建築校舍，修築公路，購買圖書儀器各事物。在開學的時候，校舍方面，除已租定劉姓巨廈為辦公廳及圖書館、女士宿舍外，並添建大禮堂一座，教室一座，學生宿舍二座，膳廳一座，實驗室、繪圖室、診療室各一座，教職員住宅二十二所；圖書方面，先後曾購得中文書籍約一萬冊，西文書籍約一千六百冊，中文期刊約四百種，西文期刊二十九種；儀器設備方面，曾自上海購買化學物理儀器及材料五十箱。本人自奉部令主持此校，於去年雙十節就職，接收籌備會之移交後，更充實各部分機構，尤其是在農學院方面，添聘院長系主任教授多人，籌借顯微鏡，成立農場。至二十九年終了，全校乃布置就緒。此時全校共分為文法、農、工三學院，政治、經濟、社會教育、土木工程、機電工程、化學工程、農藝、森林、畜牧獸醫九系。去年錄取新生連先修班共三百五十八名，正式生到校註冊者二百六十七名，保留學籍者五十名。又附設國民教育實驗學校，兒童部學生六十一名，成人部八十九名，共一百五十名。

本校為實現總裁政教合一之理想，在籌備時期即著手組織研究部，聘請研究教授與研究員，積極研究三民主義及地方建設各問題。研究部各員分頭研究三民主義，江西地方各級政府，人民生活，地方財務及賦稅，農業經濟，地方教育，行政管理，及鄉村之工業農業建設。蒙江西省政府之幫助，曾獲得無上之便利。曾與省政府有關各廳處院局謀得密切之合作，並共同組織行政管理研究會，中國地方政治研究會，中國地方財政研究會，及各種座談會，並發行《地

方建設》雙月刊,合編《政治知識》旬刊,主編《民國日報》「三民主義通訊」及「政治經濟教育」各副刊,並編纂《地方建設》叢書,同時為發揚吾國固有文化,乃發行《文史季刊》。

三十年春間,本人赴重慶與教育部接洽三十年度預算,經教部核定本年度經常費共七十六萬五千餘元,臨時費三十萬元,外撥美金二萬元,在國外購買圖書儀器。全部預算中由江西省政府補助三十三萬元,另有二百萬元基金之利息共二十萬元,其餘之數由國庫支出。後又商得教育部同意,以明年以後之基金利息為擔保,向裕民銀行借款五十萬元,以供各學院購買圖書機器儀器設備之用。在文法學院添設文史系,在農學院添設生物系。本年度添建及在建築中之校舍:計有教室四座,學生宿舍三座,膳廳一座,模工廠鑄工廠各一座,金工廠二座,農學院實驗室一座,作業室一座,家畜解剖室一座,及零星建築四座,教職員宿舍診療室職員宿舍各一座,幼稚園一座,教職員住宅二十所,另省政府捐建中山室一座,楊廳長捐建科學館一座。計兩年來共聘有教授副教授五十九人,講師二十二人,助教二十七人,研究員八人,先修班教員一人,職員一百三十六人。三十年度錄取新生四百十三名,先修班學生三十六名,現已註冊者:正式生三百二十八名,先修班學生三十三名。附設國民教育實驗學校,本年度添設幼稚班,兒童部學生人數,已增至一百零六名,本校規模可說已大具了。

今年研究部在文法學院仍繼續去年的工作,工學院則何正森教授正為水利局計劃贛江水利工程,伍正誠教授亦將開始研究地方建設問題;在農學院則各教授皆已擬定各種研究問題,同時與農學院密切合作,並參與江西省糧食增產工作,周院長且兼任農林部所派駐贛之副督導,現正計劃發行中文之《農學研究》叢刊,生物系即將發行一西文研究會刊,現已開始集稿,期能在短期內付刊。

本校為實現總裁之教育宗旨,所以對於學生之教導極為認真:各科內容力求充實,各種考試力求嚴格,軍訓及體育均極重視,期能達成文武合一之宗旨。本屆新生入學試驗及學生入學訓練,均採嚴格主義,辦理異常認真。在體育方面,以平日之極力提倡,所以數次在運動會中都獲得多項錦標。在生活指導方面,學生自治會已

有良好之成績，歌詠戲劇隊亦已成立。而歌詠與戲劇方面，亦頗有成就。各學院皆組織有各種學會，今年春間舉行三民主義論文比賽，尤有特殊之成績，蓋務求學生在德智體三育皆能平均發展也。要之本校即奉總裁之名以為名，而為國家為紀念總裁之碩德豐功而設，自應以闡揚總理遺教及實現總理總裁教育理想為宗旨，期能秉承總裁「文武合一」、「術德兼修」之明訓，使學生深明「救國救世三民主義之達道」，傳習「擔當革命建國基層事業之實際知能」，「認識生命之意義，生活之目的，與現代國民之責任」，庶幾使此校確能成為「復興民族之精神堡壘」。在過去一年中，差幸尚無大隕越。自茲以後，凡我師生尤須時懷臨深履薄之心，兢兢業業，夙夜匪懈，共勉達成理想教育之目的。俾他日諸生確能成為國家之柱石，則數年之後，回憶今日，尤當有無限之愉快與安慰也。〔註1188〕

10月，為《贛政十年——熊主席治贛十週年紀念特刊》作序，（12月編印出版，第13～16頁）。

安義熊公主贛政於今且十年，贛人士感於公戡平匪亂，綏靖閭閻，創制施政，利用厚生之偉績，因有《贛政十年》之輯，而屬余為之序，是誠未能已於言者。爰不揣固陋，撮其崖略，以弁其端。

夫十年為期不為促矣。昔越王有報吳之志，用范蠡與大夫種之謀，十年生聚，十年教訓，一戰而沼吳霸越。熊公之治贛也，受命於匪患鴟張之日；十年以還，朝乾夕惕，日無暇晷。策劃有方，圖治盡力，一如越王，故亦能收生聚教訓之效，撫循瘡痍，出贛民於水火而登之袵席也。維公就任之初，匪禍方熾；星星之火，勢已燎原。閭閻殘破，村裏為墟；人民駢首，死若雞鴨。闖獻之禍，重見於今。國軍進剿，師老無功；而倭禍方作，外患日亟。政府感於安攘難於兼顧，有暫捨贛寇先事東夷之意。果爾，則不但贛亂難於收拾，即欲抗戰亦必多隱憂也。顧，公以為攘外必先安內；腹心之患不除，頭目不能捍衛。遂贊襄總裁蔣公建立新政制，以吏治為軍事之鎡基。不三年而悍匪突圍，大亂底定。東南半壁，重見昭蘇。其

〔註1188〕 胡宗剛撰《胡先驌先生年譜長編》，江西教育出版社，2008年2月版，第302～303頁。

功在社稷，固無待言；而其政制之美備，尤足為全國之軌範焉。常考公之施政，約分三期。在剿匪時期，公以為匪患猖獗，由於內政不修，吏治不振；省縣之間，上下遙隔，秉承督率，兩俱難周，遂首創行政區制。斟酌交通經濟及匪情輕重，將全省劃為若干行政區，區設長官，兼任駐在地縣長，並指揮監督所轄區內各縣行政及保安事宜。用能躬行振導，指揮如意。其後澄清吏治，剷除匪患，皆以此為契機。此制亦遂逐漸遍行於全國，一時未之能易也。繼而鑒於交通之不便，乃廣修公路，遍設電話；恫於譏詰之不周，守望之不靈，乃勵行保甲制，組織協剿會，編練保安團，建立碉堡；於是狂寇乃窮於流竄之技，蹙處一隅，終於潰走。他省剿匪，亦莫不惟此各種制度是師也。及夫匪亂既平，銳意建設，則仍行政督察制度為推行新政之動力。同時建立區鄉鎮制，以完全地方行政與自治之機構；多設鄉村師範學校及保學，以啟民智；創建農業院，興修水利，設立合作社，以裕民財；設衛生處，縣區衛生院，以救民疾；設婦女指導處，以訓迪婦女；舉航空測量與土地呈報，以促進地政；修築浙贛鐵路，以利交通；整理鎢錫煤礦，創辦各種工廠，以增加國家與地方之富源；百廢俱興，庶政為之丕變；環顧鄰省，莫或先焉。及夫抗戰發生，以一省供應三戰區之需要，接濟軍糈，設立社訓隊，建設江防湖防工程，開墾荒地，增產糧食；綱舉目張，鉅細靡遺。有裨軍政，殆難罄述。四年來贛民得其顧復，鄰疆惟之倚賴。而公秉承抗戰即以建國之訓，積極籌設興業公司，以建立贛省工業之基礎，鋼鐵、水泥、麻織、機械各工廠，先後林立，既以濟一時之急，復以奠百世之基焉。然公最偉之事業則為創建國立中正大學，以期收政教合作之效，而為復興建國之資，以闡揚三民主義，實現總裁蔣公文武合一術德兼修之教育理想為旨歸。其將大造於邦家者，則又邁絕群倫，永垂不朽也！

朔驌之初識公在民國二十二年春，時公主贛政已期年，方銳意規劃政治與經濟建設，以為平匪亂蘇兆民之機杼。驌曾投長書論省政，公因邀之旋贛籌設農業院，其規模之大，制度之美，為全國所僅有，翌年而農業院成立。浙贛鐵路之籌設，南昌市之規劃，亦始於此時。當驌蒞贛之日，悍匪方北犯樟樹，安危未保。行營省署之

內，軍書旁午，政務蝟集，公獵能臚舉各種建設計劃，片言立斷，即見施行。其識見之卓絕，行為之果速，殆鮮其匹；用能於短期中救平巨亂，樹立新政；三年有成，於古蓋未遑多讓焉。自茲以後，驌每歲必旋贛出席農業院理事會講席。每歸，必驚睹贛政之日新月異而歲不同。今且以公之薦而來大學任祭酒，相與戮力為鄉邦建立一合於總裁教育理想之學府。期年以還，事無鉅細，靡不藉公之協力而得進行無遺憾。今冬值公主贛十年之期，亦即大學成立週年之季，舊誼新情，與日俱篤。幸得絜舉素日所能管窺於公之治績以告國人，其忻忭之情，不能自己，抑且寄無窮之企望於公後此日益光大之豐功偉烈也！

　　　　民國三十年十月胡先驌序於泰和杏嶺國立中正大學〔註1189〕

　　10月，《國防建設與科學》文章在謝克歐編《科學與國防》（國防出版社，1941年10月，第1～3頁）發表。摘錄如下：

　　「無國防即無國家」，「無科學即無國防」，凡留意國際競存局勢者，類能言之矣。蓋今日之人類生存組織，以民族國家為單位，而國防力量之建設以科學為中心，故欲維持民族國家之生存，莫不以建設國防為急務。欲謀國防之鞏固，須視科學之運用為樞機。自歐戰發動以來，弱小國家，經納粹勢力之掃蕩，一如疾風之掃落葉，兇焰所至，靡有孑遺，要亦由於國防力脆弱有以致之。所謂國防力者，係指組合一切人力物力而利用之，以表現於對外競存之關係也。舉凡一切民族精神、民族文化及一切科學技術皆屬之。國防力之厚薄斯國勢強弱之所由分而安危之所由係也。近世國家鑒於民族鬥爭之慘烈，民族勢力之盛衰與國防力之厚薄息息相關，咸以武力不充，器械不精，動員機構不靈為懼，故演為軍備之競爭，秘密武器之製造，集中全國心思財力，圖高度國防事業之發展，亦即認為無國防即無國家之義也。

　　高度國防建設之標準為何？曰須使軍隊成為精銳之國防武力，使政治成為動員國防力量之總機構，使經濟成為培養國防力量之最大根源，使國民具有戰鬥智慧成為統一堅強之戰鬥體，使物質設備

〔註1189〕《胡先驌全集》（初稿）第十五卷人文科學文章，第300～301頁。

配合國防之需要。質言之即極人力之能事，使天地萬物皆為戰爭而生，並發揮其高度力量，俾攻守綽有餘裕者也。高度國防建設之範圍如此其廣，期望之質素如此其精，其於科學技術之運用關係重大，近代高速度與毀滅性武器之威力與堅固防禦工程之效能，已達驚人之地步。而組織之嚴密，技術之精巧，行動之迅速，亦往往令人有不可思議者，非科學之功能，曷克臻此。世人每羨豔德國閃電戰之奇蹟，而不知其第一次大戰，敗績以還，全國上下積極推行國防科學教育，不遺餘力，各級學校均有專門科學研究國防，社會教育方面若廣播、若新聞、若電影戲劇，莫不以宣傳國防知識，強化國防思想為第一義。

無科學固無國防，有科學而不能盡其用，與無科學何以異？斯堪的納維亞半島諸邦及荷蘭、比利時等文化水準不為不高，何以未戰先靡，敵軍如入無人之境，是則國防力量之不充，科學未能盡其用也。法蘭西科學未見後人，且亦曾建立固若金湯之馬基諾防線，何以一經閃擊而百萬大軍同時乞降，國家瓦解，是知注意國防之一部而未能極科學之所能，傾其全力，從事各種國防建設也。至若巴爾幹諸邦，文化亦有相當，羅馬尼亞、保加利亞，未戰先降，毫無抵抗，希臘與南斯拉夫固嘗以民族自衛相號召，以其兵員之多，地勢之險，已有英國武力之撐支，兼得美蘇之扶助，宜若可以曠日持久與軸心國軍隊對峙於複雜之山地中，而消耗其實力，乃南國抗戰未及兩旬，英希聯軍支持未及一月均先後覆敗。溯厥原因，或由於組訓工作之未嚴，勇敢犧牲精神之欠缺，作戰技術與差異，或由於國防物質建設不克未雨綢繆之因時利用，然究其極實因未能盡其所有科學知能而專心於國防事業有以致之也。德國以科學基礎之優越，又能以其所長而盡力於國防建設，宜其除防禦而外，並能以精銳充分之武器構成陸海空聯合之立體戰術，藉機械化運動之力量，對外實施閃擊。故今日而言國防，首在提高科學之研究並須能以所學盡其所用，庶能有濟也。

吾國今日遭空前之民族鬥爭，事前以環境之限制，未能充分從事於國防建設，在作戰過程中急起直追，自屬毫無疑義。惟第一應注意人才之培養，蓋攻守之具，製造在人，運用在人，技術之高下，斯戰果優劣之所由分，此為提倡國防科學教育所宜深切注意者也。國防建

設之範圍至廣，而各類人才之需要至多，且非立時所能造就，此有賴
於國家之遠大政策能預先廣為培養也。第二，應注意物質之利用。抗
戰期間，海岸多被封鎖，平時仰給於海外之工業材料，其來源多告斷
絕，進行國防建設因地之取材，或用國產替代，實屬重要。柳江鐵橋
之架設，依常初之設計，需用九千餘桶之水泥，短促時間萬難取得，
幾有不能興築之勢。其後乃用極小之水泥橋墩，並利用舊鐵軌為橋樑
骨架，結果只費水泥千餘桶，而該橋得以迅速竣工，此因地取材科學
技術應用之成績殊足稱道者。又我國嚮用糯米飯與石灰之混合物，待
其凝固，堅不可破，其效用實有過於水泥，在抗戰期間，用國產材料
建設國防，此又有待於致力科學者積極加以研究也。〔註1190〕

10月，《科學與建國》文章在謝克歐編《科學與國防》（國防出版社，1941
年10月，第8～13頁）發表。1941年3月，轉載於《讀書通訊》（第23期，
第1～2頁）。1943年11月，轉載於《文化先鋒》（第2卷第21期，第5～7
頁）。摘錄如下：

在要說明科學與建國的關係之前，先得把科學的定義說一說。
科學是什麼？有人說，科學是一種有系統的學問。一位英國大科學
家則說科學是人類一種高等的知識形式。由此我們可以知道科學的
範圍很廣泛，它不但包括物理、化學、天文等自然科學，也包括政
治、經濟、社會等人文科學或社會科學。並且科學也不僅是一種高
等的常識。有時一種科學上的新發明，常使整個社會的經濟生活、
政治生活發生很大的改變。而當一種科學上的新發明初產生時，它
更具有許多的神秘性。在此，我可以舉出幾件事實來說明。

前三年在荷蘭地方有一位老處女，身體多病，請了許多醫生，
也都沒有治癒。後來她聽說有位名叫卡內的生物學家能以冰凍的方
法治病，她就去找他。這位生物學家將她麻醉後，放在冰箱中凍了
四十天，然後使她蘇醒，果然恢復了她的健康。據卡內解釋說：一
個人因為一天到晚沒有休息，雖在睡覺時細胞也在動作，身體自然
逐漸衰老。而許多下等動物壽命極長，乃在他們有所謂冬蟄，使她
們體內的細胞得到一個長期的休息，生命力因此充分的恢復。故他

根據這一個原理來醫治病，居然獲得成功。並且卡氏說有許多沙漠中的小動物，在炎夏中也有一種暑蟄的現象，身體乾燥得幾成乾殼，生機也減至最少，可是後來又能恢復健康。所以對於人類，也許將來同樣可用乾蟄之法來醫治疾病，亦未可知。

後來美國有許多醫生，根據卡內這種方法，真治好了許多難治的病症。譬如瘤，本是一種細胞衰老所變成的病，過去用割治或鐳錠燒治的方法，並不能絕對湊效。若用冰凍的方法，使細胞生機恢復，瘤自然消滅。

這種新的發明，不正是科學的神秘性嗎？根據這種原理，將來或真可以使人類做到返老還童的地步。而且我們還可以跑到南北極，從冰層之下，找出幾百萬年前的動物，使其復活，亦非不可能。如前數年日本人曾在黑龍江一湖中找出埋藏已達數百年的蓮子數顆，後來設法將她種植起來，竟也發芽生長。

再如顯微鏡，從前只能放大數百倍至數千倍，如今則德國、美國先後發明放射線新顯微鏡，可以放大至十萬倍，利用這種顯微鏡，能將一個微生蟲放大至數尺大小，同時可放映到銀幕上，以明察其內部組織及它分泌毒質等情況。

還有，生物細胞主管遺傳者是一些染色體，每種生物之染色體有一定數目，而每一染色體何部分主持何種遺傳，現在也全知道。最近又有科學家作試驗，抽出一下等動物細胞中之一個染色體，以觀察其所長成之動物有何不同。由此推測，安知將來不可以用這種方法以改進人類？

奧國有一生物學家，從一蝦蟆腦中抽出一種東西注射到另一蝦蟆腦中，被注射的蝦蟆的能力便增加一倍。

關於植物方面，也有一種重要的發明，即是用一種方法使植物種子細胞中的染色體分裂，則由這顆種子所長成的植物，其生產量因此增加。

由這種種舉例，我們就可知道科學對於整個人類生活影響之巨大。而且這種種看去似乎神秘的科學上的新發明，事實上乃是由於一般科學家埋頭於自己的實驗室中，絞盡自己的腦汁不斷研究實驗的產物。我們同胞研究科學的本領，本不後於其他民族，只要我們認識科

學與建國之重要，大家努力於科學的研究，以科學的方法來建國，則我們自然可以建立一個與世界各強大國並駕齊驅的現代新中國。

我們現在所處是二十世紀的時代，科學發達不過三百年的歷史，但因科學的進步非常快，所以二十世紀遠勝於十九世紀，十九世紀遠勝於十八世紀。故此我們現在說建國，先要認清我們所處的時代，要取得二十世紀最低限度的需要。所謂二十世紀最低限度的需要，就是一切最新的科學知識與技能，無論是社會科學方面的知識與技能，或自然科學方面的知識與技能，對於一個現代國家的建設，都有絕對的需要。

就社會科學方面說，譬如關於政治問題，我們自戊戌政變直至北伐的二十多年間，一般談政治改革的都只注意中樞政治，而忽略了地方政治。這是因一方面大家沒有這種認識，一方面也是由於不知地方政治的需要在什麼地方。到本黨統一全國後，政府當局要實現三民主義，建設現代國家，就發現地方政治的基本條件太缺乏；所以政府雖在抗戰之時，還要厲行新縣制，以健全地方政治機構。

但是要改善地方政治，決不是一件輕易的工作，首先地方政治中有兩件基本工作，就還沒有做到。第一是普查，即是調查全國人口。這事看起來似很簡單，但因我國土地如此遼闊，人口如此眾多，調查起來自然非常繁雜，甚至這批調查員的訓練，都不是一件簡單的事。第二件是全國土地測量。我們要談節制資本，改良田賦，必須要有土地測量。現在我國田賦，還是明朝遺制，田已轉換了若干主，賦乃在舊主之手，致許多有田的人並不賦稅。而縣政府收錢糧，也不知真正的田主是誰。民國以來，政府雖有經界局的成立，卻根本沒有一點成績。本來，土地測量談何容易，如抗戰以前江西曾舉辦土地測量，費了許久時間，也不過測了一二個縣，所以即以改善地方政治而言，也就需要我們應用科學方法，先來解決這些先決問題，然後才能使政治走上軌道。

至於自然科學應用科學方法，其範圍更大，但並不見得有如社會科學方面工作之實施困難，因為這些東西比較起來我們可以假諸外國。如當年蘇俄就是聘請外國的科學家及一切設備來發展他們的實業，開發其資源。但是我們決不能因為可以利用外國的人力物力，

便忽略了科學的研究。我們必須朝野上下，一致瞭解這種二十世紀最低限度的需要之重要，大家努力研討，使自己能擔負種種技術方面的任務，然後才可以使我們國家的基礎穩固。

在自然科學的建設工作方面，我們應特別注重兩件事。第一是資源。蓋一個國家的存在，自然要有國防，國防的充實，則須擁有充足的資源。諸如鋼鐵、汽油、橡皮以及其他各種金屬，我們須有計劃的加以儲備。凡是本國所能出產的，要盡力開發，若某種資源為我們自己所不能出產的，則當設法用自己有餘的資源向其他國家交換。我們的資源儲備得充足，然後國防的力量就強厚。試看最近美國極力防止日本南進一事，為什麼日本要南進，其目的就在取得南洋——特別是荷印富豐的資源，主要的如橡皮、錫、汽油、金雞納霜，以充實他們的國力。美國所以極力防止日本南進，也即是一方面恐怕日本的力量因此更強大，同時美國也想從荷印取得這種資源的供給，以增厚自己的國力。由此我們便可知道，資源對於一個國家的強弱，是有何等重要的影響。並且我們還要知道，科學既日新月異，則種種資源的需要與發明，也有隨時代之進展而有不同。例如現在製造飛機身，可用一種人造膠，這種人造膠製成的飛機，不但較金屬飛機為優，它在中彈後能自行補合，且製造時間亦較快。所以我們要謀國防資源之充實，必須努力科學研究，才能不致落後。

第二是工業。我們有了充足的資源，同時必要樹立種種重工業，其第一步則更要先樹立冶金工業。我國的兵工事業近年來極為進步，所造出來的槍械，不但超過我們的敵人日本，即與世界有名的捷克槍相比，也無多少遜色。此外如鋁等輕金屬合金工業，以及煉油工業，這些都是與建設強大空軍有極密切關係的工業。現在的飛機的進步是一日千里，若我們不能使我們的工業做到能自己製造的地步，光是從外國購買，則我們的國防，仍然是危險。

所以我們當此要建立現代化的三民主義的新中國之時，應當特別注重科學的研究。過去雖然我們是科學落後，現在則我們要急起直追和迎頭趕上，然後才能將國家建設得穩固強盛。

前面說過，科學的進步極為迅速，故我們對於科學的研究，不能有一刻放鬆。現在我們的政府當然知道科學與建國的關係之重要。

可是對於科學的注重與提倡，還應該更多下工夫。蘇聯近年的突飛猛進，原因就在對科學的積極重視與提倡。當列寧領導的十月革命成功時，他第一件事就是跑到拍夫洛夫的森林研究所，恭維拍氏為英雄，並問拍氏如有需要，他們將盡力供給。現在蘇聯的各種研究所，足有好幾千處，規模也極大，如應用植物研究所，其中工作人員就有千五百人。每年政府對於科學研究經費的支出，數目也極巨大。故我最後的一點意見，就是除了我們全國同胞大家要認識科學與建國之重要，共同努力研究，來迎頭趕上科學外，同時也更望我們的政府，要特別盡力提倡國民對於科學研究的運動。〔註1191〕

11月1日，中正大學昨舉行祝壽禮暨校慶週年，熊主席夫婦各機關長官均參加。

【本報訊】昨日總裁「五五」壽辰，適為國立中正大學創辦週年紀念，該校特於是日上午舉行祝壽典禮及成立週年紀念大會，柬請本省各機關長官參加，計到省府熊主席熊夫人、胡秘書長、王廳長、程廳長、楊廳長、邱委員、省黨部匡委員、陳委員、參議會彭議長、軍管區李參謀長、彭處長、保安處廖處長、本社劉社長、（王克浪代）暨該校教授職員學生約九百餘人，八時許，來賓及該校師生，魚貫步入禮堂，由中宣部攝影師□澤霖拍攝電影片，大會在樂聲悠揚，炮聲大作中開始，由胡校長主席，領導行禮暨祝壽後，即此報告該校一年來經過及各方面事項，旋請熊主席訓話，對該校努力三民主義教育之實施，注重地方政治之研究，以及學風之優良，專家學者，薈萃等等，銘致嘉獎。十時許，大會完畢，稍作休息，即由胡校長歡宴來賓及該校全體教授，宴畢檢閱學生軍訓，全體學生服裝整齊，精神奮發，晚間舉行遊藝大會，節目有話劇歌詠等。〔註1192〕

11月10日，中正大學附設國民教育實驗學校在赤崗設立附屬幼稚園。
11月11日下午3時，決定出版《贛政十年》一書。

〔註1191〕《胡先驌全集》（初稿）第十四卷科學主題文章，第209～212頁。
〔註1192〕梁洪生主編《杏嶺春秋——〈江西民國日報〉有關國立中正大學的報導全匯（1938～1949）》，2010年12月內部印刷。中華民國三十年十一月一日週六第三版。

召集本校為紀念熊天翼先生治贛十週年而擬發行的紀念刊物之編輯委員在本校會議室舉行第一次會議。議決下列各案：（一）本刊定名為《國立中正大學紀念熊天翼先生治贛十週年特刊》，英文名為「Contuributions from The National Chiang Kai-shek University Dedicated to General Hsiung Shih-hui on the occasion of His Tenth Aniversary as the Governor of Kiangsi」。（二）本刊內容，應具下列各種性質之文章：1. 熊天翼先生傳略及治贛十年大事記（由文法學院負責用英文撰述）；2. 熊天翼先生在本校開學開學典禮之演講辭（由文法學院負責譯成英文）；3. 具有學術性之文章（用英德法三國文字之一著述，附以中文摘要，通知本校全體教員投稿）。（三）定於本年十二月十日集稿付印，各稿由三院院長負責收集。（四）本刊式樣為中國式裝訂，內用橫江重紙雙頁印刷，封面用原色夏布裱面，共印二千份。（五）推蔡方蔭院長負責擬定本刊投稿簡則，送校長核定。〔註1193〕

11月11日，《認識我們的學校》文章在《國立中正大學校刊》（第2卷第5期，第5～6頁）發表。此文為作者在中正大學「國父紀念周」的演講辭，由程永邃記錄整理。摘錄如下：

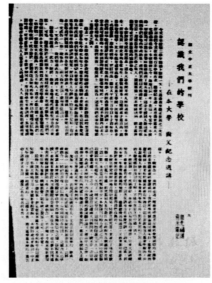

《認識我們的學校》文章

〔註1193〕 高傳峰，《胡先驌正大年譜（1940～1941）》，《後學衡》第五輯，2022年4月版，第135頁。

今天是本校第二學年開始上課的第一天，又適逢我軍最近在湘北二次告捷，所以我們今天在此舉行本學期首次總理紀念周，其意義更為重大。

光陰過得很快，本校創辦迄今，匆匆已屆一年。在這一年當中，本校的一切設施可以說是由篳路藍縷達到了粗具規模，這是全體同人勤謹從公與同學們奮勉向學的結果。但我們不能以此為滿足，更要秉承總裁的教育宗旨，認清自身所負責任之重大，兢兢業業，使本校能達到熊主席所期望的成為民族復興的精神堡壘。

本校對於考試非常認真，這是大家來投考的人所知道的。本屆招考新生，所有負責辦理此事的各位先生，都慎重將事，以選拔真才為目的。結果錄取的標準，比去年統考還要高些。尤其是工學院，因為投考的人數多，名額有限，錄取的標準，更訂得高，總分大半在三百分以上才得錄取。我們的同學既有這樣好的資質和崇高的理想，再經過嚴格的訓練，前途一定是未可限量的。本校創辦的歷史，雖僅短短的一年，遠不及國內許多大學歷史的悠久，但我們要有「後來居上」的抱負，這是我們必須有的勉勵，並非誇大之詞。

過去一年，本校老同學所表現的精神尚不錯，但是距離最高理想還遠得很，希望各位今後更加努力。最要緊的是精神不要鬆懈，在這抗戰建國的大時代裏，我們每個人的精神都要奮發，不能有絲毫消極的態度。本校為重視新同學的精神訓練起見，所以新生入學訓練，特定為三星期，有許多話等到受訓期間，再和各位新同學詳談。現在我僅就總裁所昭示我們的「文武合一」和「正教合一」兩大教育主張，來和諸位談談。

一、文武合一。我們知道武力、經濟、文化、都是立國不可少的要素，總裁也常說道：「武力、經濟、教育、是構成現代國家生命力的三要素。」可見總裁對於文武兩事，是同樣的重視。在這次歐戰中，我們可以看到歐洲許多文化很高的國家因為武力沒有準備好，結果都被德國消滅。這證明一個國家文化雖高，若武力不如人，還是不能立國。這是我們一個很好的教訓。武力對於一個國家既是如此的重要，所以我國現當抗戰建國時期，更要注重軍訓。本校亦既因此，所以對學生軍事訓練異常重視，務要使全體學生人人都有軍

人的精神，人人都能擔負起抗戰建國的重任。

二、政教合一。我們要知道一種教育理想不是與社會無關係的。講學的目的是為國家為社會謀福利；我們所學的無論為何種學科，都要和政治發生關係，都要對於國家社會有所裨益。這並非說每個人都要學政治，而是說每個人除了研究他本身專門學術之外，對於本黨的三民主義及世界政治大勢還應該有深切的瞭解，不能關在象牙塔中過生活。

本校創辦一年，成績很好，在社會上已有很高的聲譽，只要大家繼續努力，前途是很有希望的。這次朱訓導長在重慶受訓，曾謁見總裁，報告本校一年來管教設施的情形，總裁聽後甚為滿意。又教育部和重慶各界對於本校的印象都很好，這是值得我們高興的。

本校為研究和解決地方問題起見，特設立研究部，並發行了《地方建設》刊物一種，已風行全國。研究部同人且常赴江西省政府及各廳處搜集資料，這一點得本省當局的幫助不少。本校除刊行《地方建設》之外，同時為發揚我國固有文化起見，又出了一種《文史季刊》。這個刊物雖誕生不久，但讀者已經普遍全國。一年之中，本校能有這樣兩大刊物問世，確不是一件容易的事。再說到本校《校刊》，內中所登載的講演詞和論文，皆非平凡之作，頗值得大家細讀。又如江西《民國日報》副刊各重要部門，都是由本校同人主編，這也不是普通的大學所能做到的。

匆匆一年，本校表現的成績確不平凡，尤其是在切實奉行總裁「政教合一」的教育主張上所表現的成績。現在本校校務蒸蒸日上，這種「政教合一」精神的表現，更為顯著。本學期新聘各教授，是國內有名學者和專家。校農學院周院長兼任中央農林部糧食督導之職，該院其他教授，也有很多兼任江西省農業院名譽技師。其他各學院，也有很多教授為本省省政府做設計的工作。這都是「政教合一」的表現。今後本校新舊同學，如能努力進修，精誠親愛，則本校之發展，必可一日千里。

最後，我告訴諸位一個故事，就是從前英國牛津大學的師生有這樣兩句詩：「牛津大學抽了刀，全國都要跟著跑。」本校將來也要做到「中正大學抽了刀，全國一起跟著跑。」這樣才不負熊主席擘

畫本校的一番苦心，這樣才不失以總裁之名而命名的本旨。〔註1194〕

11 月 11 日，《總裁的教育思想》文章在《國立中正大學校刊》（第 2 卷第 5 期，第 3～5 頁）發表。摘錄如下：

我說總裁是偉大的教育家，是因為總裁有一貫的精深的教育方針。他教育軍人是如此，他教育公務人員是如此，他教育學生也是如此；沒有人比總裁更認識教育的重要的。他說：「教育為救國之本」，「國家之前途，統統要從教育做起」。他認為一個國家復興，或改良進步，惟有教育的效果為最大。他說：「無論那一個民族要想革命成功，臻於文明興盛之域，第一件緊要事情，就是改進教育……因為文化和教育是一個國家或民族一切活動的源泉。」又說：「現在要在武力方面趕上外國人，恐怕三五十年都趕不上……現在要救國，只有教育，只有以救國的教育，振作民族精神，補我們不足的物質，來完成復興的大業。」我們這次抗戰的表現，已證明總裁的教育哲學的明效了。

總裁的教育思想便是在教人如何做人。他說：「人之所以為人，就是由於人能知道做人的道理。如果不知道做人的道理，便徒有人的形式，而無人的特質，便不能算是一個人。」他深切感慨地說：「現在教育的缺點，不能救國的道理，就是在黑板上、課堂上、書本上教學生，而不在救國做人的道理中間來教學生，這種教育就是沒有用的。」救國做人的道理在知道中國固有的道德「禮義廉恥」。以「禮義廉恥」為各校共同校訓的理由，也就在昭示學校不但要注重「教」，而且要注重「育」。總裁說：「『禮義廉恥』四個字，從什麼地方做起，且能使他馬上發生效力呢？最重要的一點，就是我們現在學校裏的教育，不能僅是『教』而且是要『育』，一定要『教』『育』並重。現在之所謂教育，就是教而不育，不是完全的教育。我以為教育成分，是『教』占三分之一，『育』占三分之二。」他又說：「本來教育最高的目的就是在使受教育的人能夠做國民做人。如果一個學生不曉得做人愛國，不曉得做人的道理，教育效力就等於零。」這也就是中國古代周公孔子下至宋元明清各聖賢一貫的教育理想與

方法。所以子夏說：「弟子入則孝，出則弟，謹而信，泛愛眾，而親仁，行有餘力，則以學文。」古代的教育，都是特別注重如何做人；書本上的學問是反認為次要的。我們近幾十年來學校教育的失敗，也就是過於注重書本上的學問，結果受過高等教育的人，並不懂得做人的道理，政治如何會清明，國家如何會強盛呢？至於做人的教育的目標，總裁有詳切的具體的指示。他鑒於過去青年人易於陷入浪漫頹廢消極與墮落，他就發起新生活運動，要人從日常生活的小節上修養起。他說：「如果青年人不像一個人，帽子戴得歪斜，衣服扣子不扣，坐也坐不合式，走也走不像樣，也不曉得什麼叫做國家，他與民族有什麼關係，那麼，青年為國家的基礎，如果青年是這樣的時候，國家還有甚麼希望呢？當然要瀕於滅亡了。」當初新生活運動發動的時候，頗有人以為無甚意義，實則總裁是深切瞭解我們民族的弱點，才發起這運動的。若在英、德、美等進步國家，便用不著有這種運動了。

至於教育的主要目標，總裁認為就是「文武合一」，他提出「管教養衛」為政治四大元素。他說：「我國現在的教育有個最大的毛病，就是文武完全分途。文人不學武藝，武人不知文事，甚至養成重文輕武的惡習，結果每個人最多只知道一半的道理，因此沒有完全的學問，也沒有完全的人格。要矯正過去這種重文輕武的惡習，惟有實行文武合一的教育。」他又說：「從前我們古人教人，無論家庭教育、學校教育、社會教育，都是文事與武藝並重，文武合一，術德兼修，不僅要使受教育的人懂得文事，並且要他懂得武藝。……可是現在的教育忘掉了這個最要緊的道理，文武完全分途，甚至養成重文輕武的惡習。……大家要知道，現在世界凡是一等強國，他們的教育未有不文武合一而並重兼修的。」在春秋的時代，每逢重要的戰爭，國君都是上陣的。一國裏最高級的官吏如三卿或六卿，都是各領一軍的。大夫以下以及士與庶民，都有服兵役的義務。孔子也是文武兼優的人。他的弟子如子路尤其是以勇武著名的。在現代的歐洲，如德法俄意等國，國民在平時都要服兵役，在戰時更不用說了。在美英兩國，國民雖不服兵役，但國家社會極力提創體育以為之備。而在此次歐戰，人民也要服兵役。在美國州立大學，學生

也要受兩年嚴格的軍訓。現在美國雖未開戰，已經有五百萬青年受過嚴格的軍事訓練了。總裁在抗戰以前便設立高中以上學校的軍訓制度，便是「文武合一」的教育宗旨。我們中國因為人口眾多，不必人人服兵役，故雖抗戰四年，而中學以上的學生，還可以緩役；但這不是說中學以上的學生，便沒有當兵的義務。我們正應該感激國家玉成學生學業之心，努力認真的接受軍訓，以至誠的態度接受「文武合一」的教育。

在這抗戰建國的時代，「文武合一」的教育，便是抗戰建國的教育。抗戰建國的教育，便是在抗戰建國時代教學生如何做人的教育，也就是在這時代如何做中國人的教育。總裁曾經明白昭示說：「中國人不僅以中國為他的生命，而且要以中國為他的靈魂。所謂中國的靈魂，就是包括中國一切固有的歷史文化，風俗習慣，和道德思想，以及五千年來一切精神物質的創造和積累。……如果我們作了中國人，思想不是中國人的思想，精神不是中國人的精神，情感不是中國人的情感，品性也不是中國人的品性，滿腦子所裝的都是由外面搬進來的不三不四，非中非外的東西，如此皮相上雖然為中國人，而事實上不曉得他已作了那一國人的奴隸。」這是他痛心疾首於過去教育的流弊而發出的大聲疾呼。當五四運動的狂潮發動以來，一般偏激的人極力詆毀中國的文化。凡是中國的東西都罵得一錢不值，要「打倒孔家店」，要「將中國的線裝書丟在糞坑裏三千年」。中國的固有道德，一概認為封建思想。思想言論行為愈新奇，愈偏激，便愈出風頭。狂流所屆，便演成多年的匪亂。不但殺人放火，還要焚書坑儒。這種浩劫，遠勝洪楊，不亞闖獻。至今尚認他人做父，牆壁上掛的是外國人的首領的相片，宣傳的是人家的主義，這種教育如何能救國建國而不亡國滅種呢？所以總裁說：「我們今後在消極方面，一定要肅清並預防這種製造漢奸奴隸無廉恥無血性的教育，而積極方面，一定要將中國國魂培植在一般受教育的人心坎之中，使人人具有中國固有的道德和精神，尤其要人人都具有表徵中國神聖不可侵犯的獨立自尊心，和優美的民族性，再加上現代進步的科學的知識和技能。這樣的學生，才算是真正的中國人，才能夠忠勇熱心擔當中國的事業，建設真正獨立自由的中華民國。」

　　總裁在設立峨眉軍訓團的時候，親筆手書十二條學員守則，到後來便改為黨員守則。這十二條守則，便是基於我國的道德思想，包括總裁所倡導的八德，總裁所標舉的四維以及新生活運動之精義。這就是軍人魂，也就是國魂。各國有各國的國魂，中國有中國的國魂。總理特別提出《禮運》上「大道之行也，天下為公」的一段，便是表示我國文化道德最高的理想是趨向於世界大同的實現，而不是狹隘的國家主義、偏激的階級觀念。這便是我國五千年來堯舜禹湯文武周公孔孟的傳統思想。學便是學這個傳統，教育也便是教育這個傳統。集這個道統之大成的便是三民主義，我們應當篤信三民主義，以三民主義為我們建國的信仰基礎。總裁說：「三民主義就是我們的中心。」又說：「三民主義的目的，總理已經說明是求中國民族政治經濟地位的平等。換言之，就是要挽救國家，復興民族，建設民有民治民享的新中國。」又說：「我們要曉得總理的思想，既是繼承堯舜禹湯文武周公孔子以來的仁義道德思想，而將之發揚光大，三民主義就是從仁義道德中發出來。」他又說：「我們如問要使一般受教育的人學習些什麼？就是要學習黨員守則，學習三民主義，要使凡受我教育的人，人人都能依照這個修齊治平之一貫大道來力行，人人都能信奉這個救人救世救國自救的最高原則來革命。我們教出一般學生成為怎樣一種人呢？就是要他們能夠承擔中國革命的事業，造成中華民國為世界上惟一的富強康樂的國家，這樣才是三民主義的教育，才是革命的教育。」

　　總裁的教育思想，雖主張繼承我國五千年來歷聖相傳的道統，但並不是泥古不化的，尤不是所謂開倒車的。他要我們做中國人，尤其是要我們做現代的中國人。總裁對於現代，與以一種界說，就是科學的群眾時代。總裁說：「簡單扼要的說明它主要的特性，我可以把他定下一個名詞，叫做『科學的群眾時代』。所謂『科學的群眾時代』，包括兩個含義：（一）是群眾的，就是說群眾本位的時代。（二）是科學的，就是說科學精神的時代。」又說：「現在的時代，是科學的時代……沒有科學，就是沒有國防；沒有國防，就沒有國家……我們要追念國父生前提倡科學的種種教訓，在各種教育和訓練方面，要養成國民重視科學機械的新精神；要造成國民使用機械

工具的技能和習慣；使『雙手萬能』和『科學救國』成為每個國民普遍的認識。」於此可見一方面總裁注重精神教育，一方面並不輕視現代立國所必需的物質條件。在此次抗戰期中，我全國國民在總裁的領導之下，固已發揮我國民族精神到了高度的極限，但總裁仍大聲疾呼昭示我國民以國防的重要。總裁說：「我們必須正視世界森嚴的現實，並接受抗戰中痛苦教訓，建設絕對安全之國防為第一目標。」又說：「三民主義的根本精神，是鞏固國防安全，以保障國民福利。我們一切政策，一切設施，都應以國防為中心；一切利害，一切是非，都是根據國防來判斷。……一切文化教育事業，亦必須適合國防的需要，成為國防的一部分。」總裁既主張「文武合一」的教育，又主張「一切文化教育事業必須適合國防的需要」，所以主張「平時應該當作戰時看」。他說：「我們應該平時當作戰時看，戰時當作平時看，以非常時期的方法，來達成教育本來的目的；運用非常時期的精神，來擴大教育的效果。我們的教育上的著眼點，不僅在戰時，還應當看到戰後。我們要使我們的國家成為一個現代的國家，就要提高國民的知識水準。要建設我們的國家成為一個現代的國家，我們在各部門中都要有若干萬的專門學者，幾十萬至幾百萬的技工和技師，更需要幾百萬的教師和民眾訓練的幹部。這些需要，要由我們教育界來供給的；這些問題，都要我們教育界來解決的。」

上面所引及申說的，是總裁教育思想的精義，是我們每個青年人所應當拳拳服膺視為我們求學修身的軌範的。總裁教我們「立志要大，目光要遠，雖不可妄自尊大，亦不要妄自菲薄」。他說：「今日的教育界，應該自認為衝堅折銳的前線戰士，應該自認為移風易俗的社會導師，應該自認為篳路藍縷的開國先驅，應該自認為繼絕存亡的聖賢豪傑。」這是何等的期望！這是何等的責任！諸位既來紀念總裁的中正大學求學，便當立志務必要做人，可以勉副這種的期望，務必要肩負起這種責任，方不愧為中正大學的學生。〔註1195〕

11月12日，為孫中山誕辰紀念日，中正大學師生八百餘人在大禮堂集

〔註1195〕 胡宗剛撰《胡先驌先生年譜長編》，江西教育出版社，2008年2月版，第304～309頁。

會紀念。

11月12日，昨日三民主義講演，聽眾踊躍，明日仍在各地繼續舉行。

【本報訊】本身三民主義文化運動委員會，為紀念國父誕辰，發起三民主義講演周，聞昨（十一）日涂馮琦先生因事不能出席，中正大學講演及姚名達先生奔喪返里，臨時改請吳曼君先生前往南昌二中擔任外，餘均與分別在省黨部大禮堂、省政府大禮堂，建設廳大禮堂，衛生人員訓練室，幼稚師範五處同時舉行，由胡先驌，高柳橋，張一清，匡正宇，周保儒，謝兆熊，朱力生先生講演，雖因天雨，各處聽眾，仍甚踊躍，該會於明（十三日）繼續敦請名流學者擔任講演，歡迎各界人士蒞臨。〔註1196〕

11月15日，三民主義文運會舉辦學術講演，一次定十六日開始，由葉青先生擔任主講。

【本報訊】本省三民主義文化運動委員會，為達到三民主義學術化之目標，使三民主義與各種學術發生密切聯繫，使各種學術三民主義化，成為三民主義的學術，經第四次常會決議，舉行「三民主義與學術」公開講演，歡迎各界人士聽講。聞該會早已經聘定有名學者葉青，邱椿，胡先驌，馬博庵，姚名達，王易諸先生擔任講演，自國父誕辰周第七日（即本星期日）開始，以後於每星期日舉行一次，茲聞第一次講演主持人為葉青，時間為本月十六日下午二時半，地點在省黨部大禮堂，題目為「三民主義與哲學」云。〔註1197〕

11月21日，第二次三民主義學術講演胡先驌主講，明日下午在建設廳大禮堂舉行，講題為「三民主義與自然科學」。

【本報訊】本省三民主義文化運動委員會曾於本月十六日敦請葉青先生在省黨部大禮堂舉行第一次三民主義與學術公開講演，講題為「三民主義與哲學」，反覆闡明，至為詳盡。是日雖為星期例假，

〔註1196〕 梁洪生主編《杏嶺春秋——〈江西民國日報〉有關國立中正大學的報導全匯（1938～1949）》，2010年12月內部印刷。中華民國三十年十一月十二日週三第三版。

〔註1197〕 梁洪生主編《杏嶺春秋——〈江西民國日報〉有關國立中正大學的報導全匯（1938～1949）》，2010年12月內部印刷。中華民國三十年十一月十五日週六第三版。

聽眾仍甚踴躍。聞該會現定於明日（二十二）下午二時半敦請胡先驌先生在建設廳大禮堂舉行第二次公開講演，講題為「三民主義與自然科學」，歡迎各界人士聽講，胡先生為國際有名學者，現任國立中正大學校長，對於自然科學，研究湛深，屆時當另有一番驚人的發揮云。〔註1198〕

11月21日下午3時，討論通過大學叢書編委會成員等諸事。

在本校會議室主持校務會議第三十二次常務會議。議決如下要案：（一）通過組織本大學叢書編審委員會，並推定校長、教務長、各學院院長、各學系主任為委員，以校長為主席。（二）規定本大學各學院及研究部專任教授、副教授出席校務會議代表人數各於每十人中選舉代表一人，不滿十人者仍選代表一人，十人以上者，代表數之增加，採用四捨五入法。（三）規定各種委員會開會時間應儘量利用星期一、三、五下午。（四）推定羅廷光教務長、朱希亮訓導長、馬博庵院長審查《施嘉幹先生心理培養獎學金章程草案》，並指定由朱訓導長召集。（五）規定因警報影響缺授之課須在晚間補授，並由教務處擬具補課辦法。〔註1199〕

11月21日，胡先驌致泰和縣政府信函。

胡先驌致函泰和縣政府。一年後，因學生逐漸增多，原有的農場實習之地不敷應用。農場主任張明善又在農場附近勘定了一塊約十五畝的民田，並繪具草圖呈送至胡先驌案前。胡先驌不久即將該圖檢送至泰和縣政府，並函請：「函文：逕啟者，本大學農場現因試驗地畝增多，學生農場實習需地亦夥，以致原有租地不敷應用，茲在該場附近勘定民田一塊，廣約十五畝，並經繪具草圖相應檢送該圖函請貴府查照，速派員來校協同該田主洽辦租用手續」。經過胡先驌不斷置辦及農學院各位教職員工的努力，到1941年年底農學院已有農田一百零六畝一分六釐，此外還租用民田附近的荒山荒地約千

〔註1198〕 梁洪生主編《杏嶺春秋──〈江西民國日報〉有關國立中正大學的報導全匯（1938～1949）》，2010年12月內部印刷。中華民國三十年十一月二十一日週五第三版。
〔註1199〕 高傳峰，《胡先驌正大年譜（1940～1941）》，《後學衡》第五輯，2022年4月版，第136頁。

餘畝，不久即可開闢以供造林實習之用。〔註1200〕

11月21日，王易召集文史系全體學生，舉行建系後首次談話會。會上，王易著重闡述了設立文史系的重要意義。王氏指出：「無論何種學科。皆與文史有關，無文則不能達意，無史則昧厥來源，故文史二科乃推動各種科學之總工具。」〔註1201〕

11月23日，胡先驌致孫洪芬信函。解釋委託楊惟義代理所長，是經過深思熟慮、反覆斟酌的。

洪芬吾兄伺席：

接奉十一月十四日手書，敬悉一是，弟此次謬長正大，綆短汲深，時虞隕越，過蒙獎掖，彌增愧悤。承示知己與執委會商定準弟請假一年，並議委李君良慶代理所長，此所務有人負責，至以為慰。惟今得李君來函，以為所務仍以楊宜之主持為宜。弟之前函著重李君者，亦以其才能宜於對外，復曾聲明宜之則宜於對內。李君過去曾與壽理初（振黃）不協，今據李君來函，覺彼深知處理所務艱困甚多，故知難而退。是否仍令楊宜之代所長，庶內部不至發生問題。此點弟事前未曾顧慮周到，至為惶惑。壽君性情乖僻，張君無振作精神，唐君資歷較淺，皆不相宜也。惟假如執委會已決定令李君暫代，而事實上復有困難，是否有法更改決議，尚乞裁酌為荷。

弟長正大之局長久暫未可知，或一二年後，自感才力不勝，勢必讓賢，重理故業，亦未可知，故暫不敢言辭，且私衷亦將以畢生之力發達靜生所也。渝中物價昂貴，若此殊堪驚異，贛省以秋旱欠收，物價亦翔貴，米價已至五十元左右，他物稱是。現省政府正謀平價及徵購，否則學生伙食無法維持，弟尚未見諸實行耳。另有懇者，敝校初創，圖書設備至為缺乏。卅年度擬援貴會補助雲南大學前例，請撥之款補助敝校農學院各種事業，請款規則及申請書等件，請早日寄下，預為準備，至以為禱。敝校為紀念總裁而設，總

〔註1200〕 江西檔案館，檔號：J037-1-00720-0009。鄭瑤著《繼往開來責在斯——國立中正大學農學院研究（1940～1949）》，2019 年江西師範大學碩士研究生學位論文，第 27 頁。

〔註1201〕 朱鮮峰著《中國近代高等教育史上的「學衡派」——以其人文教育思想和實踐為研究中心》，2016 年 10 月浙江大學博士學位論文，第 172 頁。

裁又極重視之，熊主席且視為將來建國之基礎，使命至大，而江西屬於農產省份，農業尤宜振興，想貴會是能優與資助，翊成盛業也。

　　專此敬頌

道安

　　　　　　　　　　　　　　　　　　　弟　先驌　拜啟

　　　　　　　　　　　　　　　　十一月二十三日（1941 年）

　　附呈在昆明所作詩一卷，即希指教。〔註1202〕

11 月 25 日，中正大學致教育部信函。

　　1941 年，又因先修班辦公費不足，該校請求教育部在尚未分配完的俸給費項下留用，以補不足。〔註1203〕

11 月 26 日，中正大學中山研究部成立並舉行首次會議，胡先驌任會議主席。

11 月，中正大學研究部組成人員。

　　中正大學研究部乃應熊式輝「政教合作」的計劃而設，按照熊式輝的說法，研究部作用在於「謀高深學理與實際工作之扣合，並為江西省研究地方建設實際問題，提供解決方案。」該部直屬於大學，由校長兼任主任，其下最初設三民主義、政治、經濟、教育、工農等組，各置組長一人，由院長或系主任兼任，又置教授、副教授、研究若干人，皆由校長聘任。研究部的上述定位帶有濃厚的功利主義色彩，且所設立各組基本為文法院所壟斷，工、農兩院未能參與其中。借研究部新樓落成這一契機，胡先驌親自主持改組工作，擴大其規模，改組後的研究部委員會由 15 名委員組成，其中文法、工、農三所學院聘請 5 名，所覆蓋的學科大大增加，布局更為合理，

〔註1202〕胡宗剛撰《胡先驌先生年譜長編》，江西教育出版社，2008 年 2 月版，第 287 ～288 頁。

〔註1203〕《為廿九年度先修班俸給費餘額請准予流用為辦公費由》（1941 年 11 月 25 日）、《中正大學歲出概算書由江西寧都遷至南昌修建經費概算等文書》（194008～194505），中國第二歷史檔案館藏，全宗號五，案卷號 3763（3）第 89 頁。高志軍著《政治與教育的互動：國立中正大學研究》，2021 年 12 月華中師範大學博士學位論文，第 121 頁。

極大地促進了中正大學研究工作的開展。〔註1204〕

12月2日，中正大學籌備紀念熊主席治贛十年。

【本報訊】國立中正大學校為紀念熊天翼先生治贛十週年，業經提交校務會議，第三十一次常務會議決議：一、籌建天翼堂，二、發行紀念特刊，並推胡校長、馬院長、羅院長、周院長，及葉青教授為編輯委員，組織編輯委員會，於日前下午三時在該校舉行第一次會議，當即議決該刊定名國立中正大學紀念熊天翼先生治贛十週年特刊，並積極籌備編輯事項云。〔註1205〕

12月5日，蔣經國赴中正大學參加師生大會，並演講。

12月7日，日本偷襲美國太平洋海軍艦隊基地珍珠港，美國以此理由對日本宣戰，第二次世界大戰太平洋戰爭爆發。在北平的靜生生物調查所，被日軍強制佔領，所內辦公桌椅、儀器、書籍、刊物、資料、標本等偷偷運走。

12月8日，靜生生物調查所被日軍佔領。

日軍篠田部隊封閉了靜生所，所中員工皆被驅逐，全部圖書及動植物標本概未救出，只有植物模式標本照片之底片，野外採集所用各省陸軍測量地圖等少量珍貴材料被提前寄存到大陸銀行。所中人員雖曾被日本憲兵傳訊多次，幸未受到凌辱。〔註1206〕

12月11日，胡先驌致任鴻雋信函。

叔永吾兄惠鑒：

未奉音書，忽又多日，近想已安返昆明。得鄭萬鈞書，知洪芬亦將到滇，並將赴黑龍潭一觀，至以為慰。日美交戰，局勢劇變，勝利之期在望，吾人之歡欣鼓舞，自不待言。然目前之小問題亦不在少，聞滇中米價翔貴，私人之生活當感壓迫。而在吾兄則嬌女遠

〔註1204〕朱鮮峰著《中國近代高等教育史上的「學衡派」——以其人文教育思想和實踐為研究中心》，2016年10月浙江大學博士學位論文，第171頁。

〔註1205〕梁洪生主編《杏嶺春秋——〈江西民國日報〉有關國立中正大學的報導全匯（1938～1949）》，2010年12月內部印刷。中華民國三十年十二月二日週二第三版。

〔註1206〕胡宗剛著《靜生生物調查所史稿》，山東教育出版社，2005年10月版，第127頁。

隔異邦，定增迢念矣。弟之眷屬幸於十月底到滬，本月六日已至浙西，不久可以到泰，否則真無法處置。惟靜生同人隔在北平，不知將來中基會如何接濟。其經費前次尊函所云，在可能範圍內，儘量維持之。

然假如無法接濟，寧不委之於絕地乎？前弟已有函命楊、壽諸技師南來，然洪芬兄又迄無確切之指示，致撤退之意未能實現。果接濟斷絕，會中將何以對靜生同人？幸兄有心怡我也。司徒雷登先生是否被羈，尚不可知。果爾，則此老之安全大為可慮，蓋日人腐心於彼久矣。日前得李靜庵十一月十八日函云，司徒先生仍是樂觀，則彼在最後數日是否離平，大是疑問也。

東亞文化協會聞十二月初又將來平開會，恐將接收燕大與協和，北平圖書館與靜生能否獨全，亦不可知。懦者事之賊，而洪芬做事畏首畏尾，無遠識、無擔當、無熱誠，靜生恐將兩難於此類領導者之下。若弟仍株守北平，亦將必虐，無怪袁守和之徒之不奉命也，一歎。

專此敬頌

大安

弟　先驌

十二月十一日（1941 年）〔註 1207〕

12 月 11 日，《三民主義與自然科學》文章在《江西民國日報》發表。摘錄如下：

三民主義與自然科學，照平常人看來，似乎關係並不密切，因為三民主義講的，是以民族民權民生三種主義，來建立新中國的政治基礎，而自然科學是以自然為對象，而以超然的非政治的方法來研究的。這兩種不同的東西，如何能拉到一塊呢？實則不然。現在的時代是科學的時代，沒有科學就沒有國防，沒有國防就沒有國家。我們追念國父生前提倡科學的種種教訓，在各種訓練方面，要養成國民重視科學機械的新精神，要造成國民使用機械工具的技能和習慣，使「雙手萬能」和「科學救國」成為國民普遍的認識。

〔註 1207〕胡宗剛撰《胡先驌先生年譜長編》，江西教育出版社，2008 年 2 月版，第 310 ～311 頁。

　　但有人說：科學是廣義的，有社會科學，有應用科學，有自然科學；社會科學與應用科學，固然是與政治有關，與國計民生有關，但是純粹的自然科學是超然的，不講致用的知識之研討，那與三民主義有什麼關係呢？須知自然科學為社會科學應用科學的根本，根本不立，枝葉不會繁茂的。在上古時代，人類並不是沒有高深的思想，中國與希臘的人生哲學，佛教與耶教的宗教哲學，都是人類最崇高的思想智慧的產物，但是那並不是科學；因為不是科學，所以不能將那些時代變成科學的時代。一直到歐洲文藝復興時代之科學研究，才能產生近代的科學文明。再嚴格的說，一直到伽理略、歌白尼、倍根諸人提倡實驗科學，才能有今日的科學成就，而其影響乃達到人生的全部，不但影響到人類的物質生活，而且影響到人類的全部生活。譬如古代認地球是宇宙的中心，是上帝所創造的，但自歌白尼的天文研究發表後，我們知道地球不過是太陽的一個小衛星，而太陽不過銀河系的一個星宇宙內的一個恒星，如這樣的恒星在我們這個星宇宙有一百多萬個，而在無盡限的空間，這樣的星宇宙不計其數。又因為黎爾諸位有名的地質學家的研究，乃證明地球有一個極長的——幾萬萬年的歷史，而不是上帝在四千多年前所創造的。自拉馬克、達爾文諸人發表他們的天演論名著以後，我們知道人類並不是上帝在創造世界第六天所創造的，而是由下等動物經過千百萬年的長期間演進而成的。因此人類過分的自尊心便消失了，而人類乃能明確瞭解其張宇宙中的地位。人之所以為人，已經明白了，則貴族與平民便也沒有內在的區別了。譬如希臘的大哲學家亞里多德，他雖有超人的智慧，卻承認奴隸這階級是天經地義應該存在的。但自從天演學說發達以後，我們才明白人類是應該平等的，民主政治之所以能成立，專制政體之所以能消滅，都是由於天演學說為人類所承認的原故。又因天演學說可以加到一切事物上去，於是乎我們才瞭解社會不是固定的而是前進的。因為物質科學進步，人類能控制自然而不完全為自然所控制，於是人類乃不再為宿命論的奴隸，而知道如何控制與改造自己的命運。近代物質文明之產生與我們能享受「科學的群眾時代」之豐富生活，都是自然科學給與我們思想的影響之所致。我們即不論自然科學實際的貢獻如何。僅

以其影響人類的思想所產生的結果而論，其貢獻之大，已不是言語所能形容的了。

研究純粹自然科學的人，固然是要求瞭解真理而不計較其實用的，然而實用的結果往往因之而產生。當華拉歹最初發現以銅絲切斷磁力場而能發生電流的現象時，有人間他這種發明有何用處，他便回答道：「將來你們政治家也許要在這上面抽稅呢。」今日電的應用已完全改變人生，他的話早已應驗了，數學家之研究數學，是只求真理不求實用的，所以現在已經發明了極多的高深數學原理。當初發明的時候並不知道將來可以應用的，但是後來高深的物理學之研究，便要應用這些原理。現在物理學上還有很多現象無法解釋，便有人道：「這是由於可以解釋這些現象的數學原理尚未經發現或未經引用的原故。」

現在科學之研究，全世界都在以高速度為有系統的進行，其影響之大非言可喻。譬如我們知道我們所能利用的「能」，無論其為熱靐、電能或化學能，都是分子間的「能」。物理學家告訴我們原子是以負性的電子以不可思議的速度圍繞正性的原子核而成的，而每個原子間含蓄了極大量的原子能。我們知道因為放射元素，如同鐳的崩壞的結果，便可得到大量的原子能，假如我們能毀滅一小量的物質一平常如燃燒等現象，只是化學變化，而不是毀滅物質——使它變為可以利用的能，其能量之大是極可驚的。我們可以說，假若我們能夠利用原子能，我們便不愁沒有動力，加以各種製造的結果，我們只要燒毀小量的物質，便能供給人類一切的需要。人類幾可不勞而獲，一切物質與能力，都可取之不盡用之不竭。同時，若人類那時還是如現在的野蠻，只知道互相殘殺，便可很容易的將原子聞的「能」，把人類毀滅，把地球毀滅。雖然是大物理學家如密立甘以為在一千年內人類或不能發明利用原子能的方法，但這是難以預料的。假如在短期內竟有人偶然獲得這種發明，而人類還不能適應這種可怕的權力，人類的前途將如何呢？假如抱侵略主義的德國人發明了利用原子能的方法，全世界人類的前途還能設想嗎？

又如點石成金，在過去全屬於方士的幻想，但以現在物理學的進步，元素的互相轉換，已經是完全實現了。美國青年的偉大物理

學家羅倫士教授創制了一種元素破壞機，曾將多種元素用極高的電壓所發生之原水核來衝擊，以致破壞而變成其他元素。雖所得到的新元素為量極微，無法應用，但將來或能改良方法，而收到實用之效，亦未可知。同時已有人利用此器研究醫學與農業上的問題，如將種子置此器中經過片時，則各種種子的遺傳性會改變而發生新變種。現在為世界上大物理學家銳意研究的宇宙線亦有這種副作用。現在研究放射元素的學者如居里夫人之女，竟能製成人工放射元素，其在醫學上之功用與鐳亦相同，夜明表上發光劑之製成也就是這種道理。又如我們平常所用的顯微鏡，其放大至多不過數千倍，但最近德、美兩國都發明利用放射線來製造一種顯微鏡，放大可至十萬倍，平常無法可以看見之病原體，他們皆能看見。像傷寒這一類細菌，可以放大如甜瓜一般，不但內部的構造可以完全看清，並且活細菌如何分泌毒汁都可看見。將來應用於醫學上，其功效必非言可喻。

又如研究無線電，其應用的結果已盡人皆知。但同時又發現無線電之某種波長的電波，可使人身體內發熱，發熱之高低完全可以控制，而這種人為的發熱，可用之治療楊梅及多種傳染病。發熱太高可以致死，這就是我們所常聽見的死光，不過在目前還無法應用它作戰罷了，但倘若他日科學進步，真能以死光作戰，那人類的最後劫運便到了。

我們的三民主義是主張民族主義的，要謀我們民族的獨立自由，必須要有充分可以保障我們獨立自由的武力，換句話說，便須建立高度之國防。建立高度國防之千頭萬緒，都與自然科學有關。今日飛機製作日精，英國吐火式與颶風式戰鬥機，其速率與戰鬥能力便較德國飛機為優。而美國最精的戰鬥機號為「空中火箭」者，其速率竟可等於地球自轉之速率──一小時七百二十公里。飛機之進步，皆由於自然科學之進步，因為研究飛機，數學家便發明了許多數學公式；研究這些公式，便知道如何改良飛機的某部分。現在美國且發明了一種人造膠──又名可朔物，以之製造飛機，製作極為迅速，可用模印製成機身；其製作之速度遠超於製作金屬飛機之上，而其堅度較金屬機且過之，價又極廉。說者謂因有此種發明，將來人人皆可購買飛機，如同購買汽車一般；其將如何影響整個的人生是不

難想像的。又如美國某工程師發明一種利用離心力的機關槍,一分鐘可發三萬二千發。這種武器的專利權,日寇已經買到了,即以日寇製造的技術不高明也能製造這種機關槍而達到每分鐘發彈八九千發的驚人速度。又如炸藥破壞的能力,是對於抗戰有決定性的能力的。自然科學的研究,每能發明特種的炸藥。譬如我們若能很便利的以冰凍結為輕氣作炸藥,其爆炸性與破壞力的驚人的偉大性便可決定戰場上的勝負。又如毒氣殺人的殘酷,我們是知道的,上次歐戰末期美國發明了一種毒氣名為「路易士氣」(Lewisite)者,很容易的把全都市的民眾殺盡,並可使被害的區域內七年寸草不生,所幸的倭寇還不能製造這種毒氣罷了。最近的將來更有可能的一種新戰術,即是現在已經知道有多種麻醉性的、能揮發的化合物,人們嗅到這種化合物,便會昏迷不醒而不致送命,假若能用這種東西製成炮彈或炸彈,以後作戰便只須預備繩索去捆縛俘虜就夠了。這些狠毒的武器都在各國的自然科學家積極研究之中,誰先發明,誰就有絕對制勝的可能,失敗者便須俯首帖耳的為萬劫不復的奴隸。等到別人已經發明了再來仿傚做,那就已經遲了。我們必須迎頭趕上,自己能在自然科學的研究中同人家競爭,同人家賽跑,才有希望。

我們此次抗戰的成績固然證明精神的偉大效用,但精神的能力究竟是有限的。我們幸而碰到的敵寇是科學還不太發達的日本,假如我們的敵人是科學極度發達而又最殘暴的納粹德國,我們犧牲更要大,而獲得最後的勝利,或者不能有絕對的把握亦未可知。故我們欲達成三民主義的民族主義,必須積極建立國防,亦必須積極提倡自然科學之研究。

我們三民主義是主張民生主義的,民生主義的內容,不外是給人生以富裕優美的生活。欲達到此目的,一方面固須顧全人民的精神生活,一方面尤須改良人民的物質生活。物質生活所包括的是衣食住行與健康,而欲增進改良人民的衣食住行與健康,必須依賴農工商礦醫各種學術。而這些應用學科完全依賴自然科學之研究,現在且略舉一兩個例子以闡明這個意思。

我們先從健康來說。疾病是人生最大的威脅,所以醫術自古便有了,而中國的醫學也有相當的特長,但是歐西的醫學因為自然科

學的進步，所以日有進步，遠非我國全靠經驗的與帶玄學性的醫學可比。自顯微鏡發明以後，我們便能看見多種的病原菌，因而也容易診治它，防範它；就是有多種平常顯微鏡所不能看見的病原菌，如同天花、猩紅熱等，也有方法鑒定它，防治它。細菌學家近年發現了一種顯微鏡所看不見的東西，能夠在細菌內發生傳染病，這東西一發生，病菌群便迅速的死亡毀滅；故如令病人傳染了這種東西，他的病便自然而然的好了。這真是所謂大蟲吃小蟲，小蟲吃毛蟲。這種東西現在叫做噬菌物，它又像有生命，又像無生命，大約同能夠通過素燒瓷而平素的顯微鏡看不見的病原體相似。這一類的東西現在已經發現是結晶體，那麼證明它不過是一種蛋白質的結晶，便應當是沒有生命的了。然而它能同細菌一般的繁殖與致病，於是生命起源這個謎，大約可以明曉了，即是最原始的生命便是大型的能自己繁殖的蛋白質分子，而且是能成結晶體的。

因為細菌學的發明，多數可怕的傳染病都有法子治療了；因為解剖學、生理學與有機化學的發明，多種的生理病器官病也能治療了。近代生理學最重要的發明是內分泌，人身有多種小的器官名為內必泌腺，又名無管腺，如同甲狀、腦下垂腺、腎上腺之類。這些器官都是很小的，看起來好像不重要，但實際上是十分的重要。身長丈二的巨無霸與不滿三尺的侏儒，都是內分泌變動的結果。甲狀腺有缺陷便變為白癡，性內分泌腺不發達，性器官也不發達，而身體面貌性情都受影響，也不能生育。經過生理學家的精密研究，某種內分泌隙分泌某種刺激素以及各種刺激素的化學方程式多已研究明白，而可以用人工大量製造了。這裡我要舉出一椿可笑的事，現在英國有一家製藥公司，大規模製造女性刺激素，曾雇用了許多男工人，因為這種刺激素能從皮膚吸收，過了若干時，男工人胸部、臀部都呈了女性的變化，因之引起了訴訟的糾葛，後來用女工，通常做女工的多半是缺乏女性美不結婚的，但到了這工廠做工數月後，女工人因為吸收了大量女性刺激素，身體皮膚都起了變化而充分發達了女性美，便很容易與人結婚了，因之這工廠便時常感覺缺乏熟練工人的困難。就是愛護幼兒這種母性，現在也發現了是由於一種化合物原始乳酸的作用。雄雞雄鴿若注射以原始乳酸，便可使

之孵卵。將來缺乏母性的女子便有法救治了。又如奧國一位著名的生理學家實驗出腦中亦有一種內分泌，他用這種內分泌物注射於蛙體，被注射的蛙捉蒼蠅的能力較未注射的大了數倍。所以在將來智慧也能用藥物來增加，教育要變成生理學的問題了。

現在談營養的都知道維他命這種東西的重要，維他命是一類化合物，其為量很小，但是人體不能缺少它，缺少某一種維他命便會患某一種病，患肺病的要吃魚肝油，便因為魚肝油中含維他命甲基多的原故。現在各種維他命的化學構造差不多都知道，或可在動植物中直接取出，或可用化學方法來製造。我們要增進國民的健康，便須研國民的營養，改良他們的飲食習慣。英國有一位著名的營養學家曾以各種民族日常的食單來養白鼠，便發現食物不但能影響各民族的健康，而且能影響向到各民族之性情品格。有人說日本民族的努力與尚武殘忍這些性質，部因為他們是以海產為主要食品的原故。海產含碘甚多，碘吃多了便能使甲狀腺發達，甲狀腺過分發達，便形成日本民族的性格。所以我們如要改造人類，除改造人類的遺傳外，還要改造人類的營養，這便是說我們若要增進國民的健康與改進國民的道德，還要從改善國民的食單下手。

醫學驚人的貢獻，現在是層出不窮，然而都是由於解剖學、生理學、細菌學、物理學、化學等自然科學研究的結果；譬如說某大生理學家發明人類的血可分為四種類型，同類型的血可以混合而不致起起不良的反應，不同類型的血放在一塊便會凝結。因此患貧血或因傷失血過多的人，便可以灌輸同類型的他人的血的方法來治療，否則可以致死。這種生理學上的發明，曾拯救了許多人的性命，尤其是傷兵要依賴此法來救治。並且現在還發明人血可冷藏到一個星期以上，所以現在為傷兵輸血，所需要的人血可在後方取得用冷藏的方法保存，用飛機送到前線去應用，這不是自然科學發達豈能做到？

現在以人身體上的器官移殖到他人身上已經成功了。譬如有人皮膚受了傷，創口長不合，最好是用本人他部分的皮膚接補，但也能用他人的皮膚接補。現在已能用剛才身死的人眼中的網膜去治癒他人的瞎眼。最近又能用剛才死的人的健全肝、腎等去換病人身上不可救藥的內臟，這些驚人的治療，都是以生理學解剖學為基礎的。

又如長壽是人類最希望的事,現在英美等文明國家,因為醫生、衛生學、營養學的進步,每個人的平均壽命已較前世紀或文化落後的國家如中國的人民為長。但自然科學的新發明,時有延長入的壽命的可能。譬如以動物的生殖腺接種到人體內,有返老還童的功效。現在化學家發明了一種重水。重水浸過的種子發芽期間延緩很久,原發明人因此以為重水或有把生命過程延緩的作用,他便試喝了少量。現在雖未能確定重水有何等生理上的作用,但是這種珍貴的東西,既能延緩種子的萌發時期,對於人體亦必有特殊的作用,將來一定會明瞭的。現在美國已有公司研究用便宜的方法來製造重水,將來或者要以重水作延年的補藥亦未可知。但是在另一方面已有驚人的發明。我們的一生終日辛苦,很少休息的時候,就是在睡眠中循環、呼吸、消化、思想等生理作用雖然降低,但是並沒有完全休息。反之,昆蟲、魚類、兩栖類、爬蟲類及少數哺乳類卻有長時期的冬眠,在冬眠的時期,生理作用減到最低限度,幾乎全部休止。生理學家便有入主張如能使人類也經過一種休眠的時期,使他的生理作用得到一時期的全部休息,對於他的健康必有裨益。前幾年荷蘭一位生理學家便做過一個驚人的試驗,把一個百病叢生的中年女子,脫了衣服,擺在冰箱內凍了四十天,她醒轉來之後,一切的病都好了,人也變為年輕了。這兩年美國也有幾個醫生用這個方法把病人凍上七八日,醫好了多種衰弱的病症,毒瘤也可用這法減輕其病狀,將來這種返老還童的方法,也許要普遍流行。

再說自然科學與民食的關係。食的最重要問題在糧食增產,而糧食增產與肥料有直接的關係。土壤中的肥料因多年栽培農作物而會用完的。我們中華民族總算最會保存土壤肥料的民族,因為我們農人數千年來都普遍的利用人的糞溺肥田的原故,所以人口雖然眾多,耕種雖然勤勉,土壤中的肥料總算勉強能夠保持,然而究竟嫌不足,而且很不合衛生,易於傳染疾病。在外國則除利用牧畜的廐肥外,便須利用智利硝、鳥糞一類的肥料,但是這些肥料不夠供全世界用。自從德國科學家發明利用空中的氮素以製造硫酸錏後,氮肥才不愁有缺乏之虞,但是硫酸錏的製造在我國剛才萌芽,人民用肥團粉的習慣還要養成。再則我們農民保存糞肥的方法還不好,照

平常的窖減法，很容易損失糞肥中三分之一的氮。若糞肥中和以土與植物垃圾之類，則糞肥中的氮可以保存，臭氣亦可免去，而蛆蟲與蛔蟲卵亦可因植物腐爛發熱而殺死，而免得傳染多種的病。近年又發明了植物的生長刺激素，並且知道了它的化學構造，而能人工製造之，土壤中加了這生長刺激素，農產物產量能夠增多。又發明維他命乙，能作植物的肥料，用維他命乙養花，玫瑰花的花蕾可以大到五英寸，洋水仙的花可大到茶碟子一樣。

由於人類的濫伐森林，濫用土地，許多的肥沃土壤都變為不毛之地，民族隨之衰亡，文化為之滅絕。古來的埃及巴比倫文化之滅亡，土地這變為沙漠，都是這種原故。唐朝三藏法師往印度取經的時候，經過西域，看見許多殷實繁盛的國家，這是我們一讀《大唐西域記》便知道的。但是現的新疆已大部分是不毛之地，人口不過四五百萬。現在我們關外之地，也多成沙漠狀況。但是科學家研究保存土壤問題，便發明了種種方法使良田沃壤不致變為沙漠，而反使不毛之地逐漸變為良好的土壤。

再則自從門德爾發明了生物的遺傳律，於是我們便能改良動植物的種類，這是近代農產物育種學成立的主要原因。從前農產品之改良多是出於偶然的遭逢，現在都能有計劃的有把握的改良品種，不但能增加農作物的產量，並且能改良它的品質與增進它抵抗能力。在用同樣的土壤肥料或飼料，改良的品種的產量遠數倍之多。最近又發明用秋水仙素來浸漬種子，能使之很強盛優美之品種。

農產品最怕的是蟲害與病害。蝗蟲、螟蟲以及各種害蟲之害是農民所深切感到的，而每年農產物損失的數量多至幾十萬萬元，可謂人類最大的仇敵便是昆蟲了。然而以昆蟲學家有系統的研究，大多數的產物病蟲害都能防治，所減除的金錢損失也就不可以數計。關於家畜的損害便是獸疫，牛瘟的可怕是農民所深知的，但是因獸醫學的發達，也都能防治了。

自然科學與衣的關係也非一端，因育種學與栽培學的改良，棉的出產量也增加了，品質也改良了，絲的產量與品質也很容易用科學方法來改進，在中國二者都有顯著的進步。在民國初年中國的棉產在世界上是無地位的，現在中國產棉在世界上占第三位。然自人

造絲、人造羊毛等發明告成以後,衣的問題已起了革命,現在用木質製造的人造絲已可與天然絲比美,而完全用化合物製造的尼郎人造絲襪已經比天然絲還要好,將來蠶業是要滅絕的了。所謂人造羊毛便是用各種的蛋白質製成,意大利不產羊,便用牛乳中的乳酪質來做人造羊毛,大豆的蛋白質也能做人造羊毛。現在且能用玻璃纖維做成衣料,最近的美國紐約博覽會中便有玻璃纖維織成的女帽出賣。總之,將來利用化學以製造衣料的方法是層出不窮而用不著憂慮的。

關於住的方面,以後自然科學愈加發達,愈能使之舒適便利、價廉物美而合於衛生的。現在能以草壓製成一種極賤而堅固的材料,最適宜於做貧民的住宅,麗鋼骨水泥則可做華貴的住宅。而木材利用科學的進步乃能製造三層板等新異的建築材料,不好的木材可加工製作,便能改良它的品質,而最近發明的可塑物,可使木材上面加上一層極美麗外表。屋中的溫度可以調節,使之冬暖夏涼。牆可全用玻璃磚做成,而新式玻璃可以透過紫外光線。電業的發達可使住宅內一切設備都用電,既美麗又舒適,既清潔而又合乎衛生。總之,多種自然科學的研究,皆可直接間接來改良住的問題。

至於行的問題,自然科學研究所能解決的已屈指難數了。自汽機及內燃機的發明而後才能有火車、輪船、汽車、飛機,自電發明而後才有電車,造路學進步後。汽車交通才更便利舒適。現在不但造柏油路,而且竟用糖與棉花來造路。因為汽車製造的發達,美國的工人農人都能買汽車,德國也造了一種國民汽車,價廉而又物美。自航空學與飛機製造進步,我們坐飛機由中國到美國或歐洲,都比用陳舊的交通方法在我們內地走千來里路還要省時候,而且舒適。現在因為抗戰交通不便,我們的民用航空已很發達,抗戰結束以後,航空更要發達是可以斷言的。還有滑翔機不用汽油全憑空氣潮流的力量飄蕩而行,其製造甚簡單,速率也很大,將來大規模提倡學習後,也許是一種很普遍的私人交通工具亦未可知。因汽車、飛機的競爭,火車也大加改良,現在有所謂流線型的火車,速率極大,遠非我們國內的火車可比。內部的設備也極精美,沙土不能侵入,溫度可以調節,冬不冷夏不熱,所以將來坐火車也只有一天比一天的舒服了。

　　人生除了衣食住行以外，還有娛樂。自然科學的研究，對於娛樂的增加或普及，其功勞是說不完的。自從愛迪生發明了留聲機，我們便可把名貴的歌曲帶到天涯海角，愛聽便聽；尤其是前代音樂家所唱所演奏的歌曲與音樂，後代的人是有福聽得到了。及等到無線電播音發明以後，則又進了一步，天涯海角的音樂，只須把收音機一開便可聽到了。並且除了音樂外，各人的講演時事的報告都可以聽到。古來說「秀才不出門，能知天下事」，到今日才算真正實現了。電影的發明，把世界上的風景和時事，都能坐在戲園子內看見，而劇變得很能寫實，如同真的一般。尤其重要者，是能使之普及於民眾。自有聲電影發明以後，電影的娛樂力又增高了，現在又有原色電影、立體電影，並且能將香味也加進去，使之色、聲、香三者都完備。最近又發明了無線電視，不但能用無線電聽到世界上的一切，且可用無線電看到一切了。

　　要而論之，三民主義的目的，一在以民族主義達到世界大同主義，以建設真善美的理想人類社會，而得到豐富優越的人生。則摧毀侵略橫暴的反動勢力，便須以殺止殺，建設可以自衛的國防，這必須直接倚賴重工業而間接倚賴自然科學。二則民權主義基於人類平等互助的觀念，不承認有優越的民族，亦不承認有優越的階級——無論是貴族階級或無產階級，這種深切的體認人生必須以生物學研究所得的真理為基礎。違反生物學這種自然科學的真理之理論是不能成立的。而民生主義除一部分精神與哲學之要素即心理建設以外，端賴物質建設以求為人類謀得充分的物質享受；則尤賴自然科學之日進無休，以其研究所得的發明，以改進農工經濟。二十世紀的經濟是有餘的經濟，而非不足的經濟。但在中國則因自然科學與應用科學不發達，以致生產落後，農工不振。人家急於要解決的，是有餘的經濟中的分配問題，而我們所要解決的，是不足的經濟中的生產問題；則尤有待於自然科學的積極研究。

　　一般人每每忽視了科學，我以為談三民主義是不能不鄭重反覆說明科學的重要的，但是談三民主義的確每每忽視了科學，譬如三民主義文化運動不包括科學運動在內，便是一例。我今日將三民主義與自然科學的關係講明白了，列位應當知道要完成三民主義的政

治，便不得不朝野上下一致努力，以提倡自然科學了。〔註1208〕

12月14日下午7時半，全體師生參加本校時事座談會。

　　召集全體教員及研究員舉行時事座談會。首先報告開會宗旨，繼請馬博庵院長、潘大逵教授、高柳橋教授、張又惺教授、謝兆熊教授、周葆儒教授、蔡方蔭院長、朱希亮訓導長、羅廷光教務長暨夏宗瑚、凌士源諸先生先後發表意見。末即通過本校全體師生擁護國策宣言，及上國民政府林主席、軍委會蔣委員長暨各友邦電文四件，並議決組織中正大學教職員時事問題研究會，推定胡先驌校長、馬博庵院長、周拾祿院長、羅廷光教務長及潘大逵、高柳橋、姚顯微、周葆儒、張又惺等教授為委員。〔註1209〕

12月15日，中正大學致教育部信函。

　　校方因緊急事務請教育部撥款情形也不在少數。如1941年12月，因「急需應用」，中正大學請教育部「速賜撥匯」。〔註1210〕

12月16日，胡先驌致孫洪芬信函。太平洋戰爭爆發，美日交惡，靜生所被日軍佔領，遠在江西中正大學校長胡先驌，非常擔心靜生所職員安危，特別是所內標本資料，恐怕被日軍燒毀，二十多年科研成果毀於一旦。這是胡先驌最不願看到的，這時候的他，也無能為力，只能請求中基會幹事孫洪芬，想盡一切辦法解救所內職員和家眷。

　　洪芬吾兄惠鑒：

　　　　久闊為念，頃接鄭君萬鈞來函，知吾兄已至昆明，並將往黑龍潭農林所視察，無任快慰。靜所十餘年在滇採集研究工作幸得繼續不斷，不得不謂差快人意。

〔註1208〕梁洪生主編《杏嶺春秋——〈江西民國日報〉有關國立中正大學的報導全匯（1938～1949）》，2010年12月內部印刷。中華民國三十年十二月十一日週四第三版。

〔註1209〕高傳峰，《胡先驌正大年譜（1940～1941）》，《後學衡》第五輯，2022年4月版，第137頁。

〔註1210〕《請速撥匯餘款》（1941年12月15日），《中正大學工程處建築合約及圖樣借款合約副本等文書》（194112～194211），中國第二歷史檔案館藏，全宗號五，案卷號3763（2），第134頁。高志軍著《政治與教育的互動：國立中正大學研究》，2021年12月華中師範大學博士學位論文，第120頁。

　　鄭君云中基會議決，盡可能維續靜所，但日美若開戰，則暫時停辦。當初納鄙言，今日何至委敵，至可痛心。惟同人死守不去，四年於茲，其陷賊中之高中級人員及其眷屬，中基會有維持其生活，援救其出險之義務，現在交通雖異常困難，但尚非絕對無辦法，惟須大宗旅費，然苟能將一部或全部人員內遷，則匯費所節餘之款，盡可供旅費之用，即只一部分人出險，靜生之事業亦可在內地繼續，而無庸停頓也。

　　靜生淪亡，中基會辦事人不能卸責，在中基會不過損失百餘萬經費，在靜生同人則為十數年心血之所寄，不能以金錢計算者也。靜生雖為中基會下屬機關，但科學家之事業，似不能完全聽中基會辦事人任意拋棄，而同人之生活與家人尤不能視之為秦越。吾兄或不以弟之言為戇直乎。上海淪陷，尊眷作何計較，農山兄尤為弟所懸念，又聞叔永夫人已攜子女飛港，叔永兄亦將赴港，不知現況如何，懸繫之情，匪言可喻，尚希示知。

　　專此敬頌

冬安

弟　胡先驌

十二月十六日（1941 年）〔註 1211〕

12 月 17 日，胡先驌致蔣介石信函。

　　（電報）諭委員長蔣：

　　暴日自九一八以來，奪我東北，擾我平津，七七變起更展開全面之侵略。素賴鈞座指揮若定、克奏膚功。抗戰四年餘，原賞膺懲頑寇，重建和平。詎其野心益肆，競突襲我英美友邦以響應德意之侵略。我中央不計四載單獨抗戰之久勞，發揮維護世界和平之宏願，毅然對日德意正式宣戰。伏讀鈞座告全國軍民書，凡我國人，莫不興奮。本校師生服膺鈞座之教誨尤切，追隨之熱忱自當磨礪。以須枕戈待命以期爭取為山九仞之功，完成一勞永逸之計。特電上聞，伏維明察。

〔註 1211〕 胡先驌致孫洪芬，1941.12.16，南京：中國第二歷史檔案館，484（1082）。胡宗剛著《靜生生物調查所史稿》，山東教育出版社，2005 年 10 月版，第 128～129 頁。

國立中正大學校長胡先驌暨全體教職員扣 寒

中華民國三十年十二月拾七日〔註1212〕

12月17日，胡先驌致林伯遵信函。

伯遵先生惠鑒：

　　久未奉書為念。近得鄭君萬鈞來書，云孫洪芬先生將到昆明，而任太太帶其子女已赴香港，任先生亦將赴港，不知近況如何，懸念不已，尚乞信中示知。

　　久聞基金會決議，日美開戰後，將靜所停辦，此後匯款益增困難，自是實情。但對於該所各級職員之生活如何維持？是否將設法籌撥旅費，使之遷入內地。為國家服務總不能在同人艱苦奮鬥四年半之後，竟斷絕其接濟，委之於敵，任其自生自滅。驌在一二八戰後即主張將該所南遷，而中基會執行委員大唱高調，不准其請。及至平津淪陷，袁守和已南下，孫洪芬先生面對驌云決不離平，後竟赴津南下，亦不通知。當時如肯為該所計，籌款將該所南遷尚有可能，然迄無計劃。同人忠於職責，死守不去，四年半以來，受盡驚恐焦勞，而研究工作繼續不斷，刊物照常出版，採集工作進行益急，在國際獲得極高聲譽，為吾國學術界光榮。自問對國家、民族及中基會毫無愧怍，且竟不為之策萬全，而委棄不顧，似無此理。此特作一函與孫洪芬先生，請為轉寄，並請臺從積極幫助，設法將同人拯救出險為要。現在交通雖難，尚非無法入內。敝眷於月初已抵浙西，經杭州亦能入內。如能將該所高中級人員遷入內地，仍可繼續在內地辦理，不需停辦。否則驌只有將其顛委呈請最高領袖，量與救濟矣。

　　專此敬頌

冬祺

　　　　　　　　　　　　　　　　　　　　弟　胡先驌

　　　　　　　　　　　　　十二月十七日（1941年）〔註1213〕

〔註1212〕《胡先驌全集》（初稿）第十七卷下中文書信卷，第448～449頁。

〔註1213〕胡宗剛撰《胡先驌先生年譜長編》，江西教育出版社，2008年2月版，第313～314頁。

12月18日，周拾祿致胡先驌信函。

　　函文：查本院農場事業，日漸擴大，所有畜舍及各類牲畜均益增繁，擬請准予分別加聘本院森林系主任教授馬大浦、畜牧獸醫系主任教授盧潤孚、農藝系副教授黃野蘿等兼任農場技師，農藝系講師奚元齡兼任農場副技師，森林系助教黃道年、杜洪作、畜牧獸醫系助教徐帆、農藝系王垠助教田成上、園藝助教唐福圃、張鳳韶、作物助教羅岑等兼任農場技術員，藉收合作互助之效。

　　批辦：准照辦。

　　（鄭瑤先生提供）〔註1214〕

　　12月20日，江西通志館籌備委員會正式成立，由吳宗慈、程學恂、陳仲騫、胡先驌等任籌備委員，會址設在泰和桔園村。不久，吳宗慈被聘任為館長，編撰有《江西通志稿》。

1941年12月20日江西省黨務工作者同志參加中正大學學術研究留念，前排左6胡先驌

12月21日，國立中正大學全體教職員擁護國策並促蘇對日宣戰。

　　【本報訊】國立中正大學全體教職員以世界大戰急速擴展，特與日前舉行反侵略大會，發表擁護國策宣言電呈林主席暨蔣委員長致敬，並電反侵略各友邦速結軍事同盟，促蘇聯即日對日宣戰，以固陣容，而殲頑寇。茲將該校發出電文及宣言採錄如下：

〔註1214〕江西檔案館，檔號：J037-1-00059-0015。

電一

重慶國府主席林鈞鑒，暴日棄信背義，突攻英美，響應軸心，我中央本維護世界和平，爭取人類正義之國策，毅然對日正式宣戰，同時對德意宣戰，正氣仁聲，遍播寰宇，揆諸得道多助，失道寡助之理，勝負之決不待彷徨，同仁等擁護國策，服從領導，願當共矢忠誠，率領諸生為政府之後盾，謹此電文，伏希垂鑒，國立中正大學校長胡先驌暨全體教職員叩寒。〔註1215〕

電二

重慶軍委會長蔣鈞鑒，暴日自九一八以來，奪我東北，擾我平津，七七變起，更展開全面之侵略，幸賴鈞座指揮若定，克奏膚功，抗戰四年餘，原冀膺懲頑寇重建和平，詎其野心益肆，竟突襲我英美友邦，以響應德意之侵略，我中央不計四載單獨抗戰之久勞，發揮維護世界和平之宏願，毅然對日德意正式宣戰，伏讀鈞座告全國軍民書，凡我國人民莫不興奮，本校師生服膺鈞座之訓導，尤切追隨之熱忱，自當砥礪以須，枕戈待命，以共爭取為山九仞之功，完成一勞永逸之計，特電上文，伏稚明察，國立中正大學校長胡先驌，暨全體教職員叩寒。〔註1216〕

電三

重慶外交部譯轉英美荷印澳大利亞加拿大各國大使公使閣下，日本棄信背義，甘為人類蟊賊，既犯我中國，復襲我友邦，貴國毅然對之宣戰，至深欽佩，敝國政府同情義舉，亦同時對日德意三國宣戰，從此信仰民主，愛好和平之民族，並肩作戰，共赴事功，必能消除禍亂，重建和平，惟破壞世界和平，日本實為禍首，殲除日寇，則德意之勢自孤故欲使和平早復，首宜擊敗日本，為欲增強實力，尤宜締結攻守同盟，統一指揮，俾便策應，敝國人民自當盡出人力物力，達成互助之功，尚望轉告貴國人民一致奮起，合各友邦

〔註1215〕梁洪生主編《杏嶺春秋──〈江西民國日報〉有關國立中正大學的報導全匯（1938～1949）》，2010年12月內部印刷。中華民國三十年十二月二十一日週日第三版。

〔註1216〕梁洪生主編《杏嶺春秋──〈江西民國日報〉有關國立中正大學的報導全匯（1938～1949）》，2010年12月內部印刷。中華民國三十年十二月二十一日週日第三版。

締結同盟，共殲頑寇，世界秩序人類和平實利賴之，謹貢所懷，並祝勝利，國立中正大學校長胡先驌，暨全體教職員叩寒。〔註1217〕

電四

重慶外交部譯轉蘇聯大使潘友新閣下，德軍侵犯貴國未逞，日寇復在東方突襲英美，分散其援助貴國之力量，法西集團之有意破壞世界和平，共同威脅貴國，昭然若揭，今敝國暨英美澳荷等友邦，已聯成民主陣線，對之宣戰，貴國為民主陣線之中堅法西集團之死敵，尚望轉請貴國政府，即日對日宣戰，並與敵國及其他民主陣線締結國家攻守同盟，以固陣容，而殲頑寇，世界秩序人類和平實利賴之，國立中正大學校長胡先驌，暨全體教職員叩寒。〔註1218〕

宣言

國立中正大學全體師生擁護國策宣言原文如下：

日本軍閥，兇殘性成，自瀋陽發難，破壞世界和平，我國民為正義犧牲，為競存奮鬥，歷四年餘之英勇抗戰，使其久陷泥淖，自拔無方，原冀彼懲於妄舉，悔禍休兵：乃竟執迷，變本加厲，近更悍然向我英美諸友邦啟攻，而揭開太平洋之戰幕，甘為正義之罪人，文明之公敵，是可忍，孰不可忍？我國民政府，為伸張國際正義，維護人類文明，已對暴日及其惡黨德意兩國，同時宣戰，凡我同胞，自應一德一心，矢忠矢勇，擁護國策，恪遵我領袖蔣公十日告全體軍民之詔示，協同友邦，並肩作戰，以共殲法西斯幫之匪群，而奠定世界和平之基礎，同人深惟此神聖使命，誓當竭罄全力，效忠國家，悉殄兇殘，光吾華夏，邦人諸友，實鑒斯誠！謹此宣言。〔註1219〕

12 月 24 日，淪陷後的靜生生物調查所，慘不忍睹。

〔註1217〕梁洪生主編《杏嶺春秋——〈江西民國日報〉有關國立中正大學的報導全匯（1938～1949）》，2010 年 12 月內部印刷。中華民國三十年十二月二十一日週日第三版。

〔註1218〕梁洪生主編《杏嶺春秋——〈江西民國日報〉有關國立中正大學的報導全匯（1938～1949）》，2010 年 12 月內部印刷。中華民國三十年十二月二十一日週日第三版。

〔註1219〕梁洪生主編《杏嶺春秋——〈江西民國日報〉有關國立中正大學的報導全匯（1938～1949）》，2010 年 12 月內部印刷。中華民國三十年十二月二十一日週日第三版。

　　靜生所在淪陷之後，因各種事由，最終留在北平的人員，不得已而任事於偽職，主要有：壽振黃在偽華北綜合調查所，張春霖、李良慶在偽北京大學理學院，以維持生活，苟全於亂世，當然他們並沒有忘記自己所從事的專業。此有一通壽振黃致日軍篠田信函，為了自己的事業不致喪失，意想從靜生所中取出他所研究的鳥類標本。為達此目的，自甘忍辱。節錄如次：

　　昨蒙雅意，將私人對象發還本人，高情厚誼，銘感五中。靜生生物調查所成立之前，黃即參加籌備工作。因係私立學術機關，個人對象存在所中為數較多，除已經發還者外，尚有下列五項仍在所中。

　　一、有關中國鳥類之資料，歷年所集計二千餘函，分裝於八個大抽屜中，為黃十餘年來精神之所託，亦即中國鳥類誌之基礎也。

　　二、鳥骨二抽屜，係友人贈與，此項論文急待完成，需要此項標本作進一步觀察（並非本所採集）。

　　三、化石標本二箱，係友人委託，代為研究，付有收條，將來必有歸還之日。按本所工作限於現在存在之生物，此項鳥骨之研究全係私人工作。

　　四、尚且有私人信件若干。

　　五、盆花三種，計瑞香二盆、梅花二盆又木香二盆，共六盆。

　　以上所列，均非生物調查所所有之物，黃愚陋無似，從事於東亞文化之協進數十年如一日，不揣冒昧陳諸左右，尚乞詳加考慮，惠允發還，非特個人之幸，亦東亞文化之光焉。閣下明察秋毫，定能洞燭一切。

　　此上

篠田先生

　　　　　　　　　　　　　　　　　　　　壽振黃　拜啟

　　　　　　　　　　　　　　　　十二月二十四日〔註1220〕

12月26日，江西省會各屆在泰和舉辦熊式輝江西從政十年紀念會，各界

〔註1220〕壽振黃致篠田，南京：中國第二歷史檔案館，609（4）。胡宗剛著《靜生生物調查所史稿》，山東教育出版社，2005年10月版，第130頁。

民眾團隊舉行獻匾儀式，省黨部與國立中正大學聯合編寫紀念冊，詳述熊氏「贛政十年」之進展。

12月27日，林伯遵致胡先驌信函。

步曾先生道鑒：

接奉十七日大教，敬悉一是。洪芬先生上月二十九日由此飛昆，本月四日由昆轉港，到港後迄無電信來此。聞港滬船隻月初即已停航，洪芬先生當仍留阻在港。變作後，遵曾多方設法與港滬通訊，至今仍無辦法。任夫人上月二十七日去港，叔永先生尚在昆明。此次事出倉促，公私各方面皆少準備。變作之日，英大使尚在成都，翌日始克趕回，普通人事前更難料及敵方將採此「破腹」舉動也。本年四月中基會在港舉行董事年會，對於應付可能之變局，曾有若干之預防措施，其中一項即為撥款約三十萬元，為必要時結束平滬兩地事業之用。其分配額為：北圖六萬元，靜所六點六萬元，滬平匯水六點六萬元，中基會幹事處六點五萬元，中基會保管部五萬元。最近洪芬先生來渝，執行委員會曾有集會，當時因恐靜生所遭遇特別困難，故執行委員會又推請司徒先生監理所中對外事宜，原以為美日關係或可維持，同時並指定司徒先生為上述所館兩處緊急費用之保管人，渠有權在必要時將款之一部分或全部付出。以遵見聞所及，如太平洋戰事未曾爆發，會中董事對平所及平館事業金主照舊維持。至年會之預防步驟，即中基會幹事處及財務方面之機構亦在結束之列，匪特靜生所而已。

尊示所中高中級人員應加拯救一節，遵個人極表同情。上次年會規定滬港與內地交通中斷後，會務即由國內各位董事所組成之緊急委員會主持，此項委員會已由詠霓先生以副董事長之資格電詢昆明、貴陽各位董事，何時可以來渝出席會議。洪芬先生一時或難脫險返回故國，遵當代其將尊囑各節轉至緊急委員會，請求作一適當之決定。目前重慶與港匯兌不通，上海、北平亦不通匯，將來有無辦法可想，殊難臆測。尊處如得有上海及北平兩處友人之消息，尚祈惠予示及，俾供參考。

昨接鄭萬鈞先生函告靜生所人員有五位在滇，其薪給係按月由劉仲熙兄在滬代領、代匯，遵已口頭商得詠霓、貝克兩先生同意，

由此間照發。貝克先生現在仰光，開年會後即可回渝，屆時當照額
匯去。

初秋習生兄來渝，敬悉校務進展順利，曷勝佩慰。羅容梓、潘
大達兩兄聞已到貴校執教，蔡方蔭、邱大年諸兄近況想必佳勝，見
時統乞代為道意，無任企感。

專肅奉復，敬頌

道安不一

伯遵 敬上

卅年、十二月、二十七日〔註1221〕

12 月，On Some Interesting New Genera and Species of Styracaceae inChina
（中國安息香科的一些有趣的新屬與新種）刊於 New Fl. & Silva（1940 年 12
期，第 146～160 頁）。

12 月，管理中英庚款董事會致國立中正大學信函。

管理中英庚款董事會致函國立中正大學。掌校期間，胡先驌不
僅是向中基會「化緣」求助，還曾於 1941 年左右向管理中英庚款董
事會尋求補助圖書儀器費，雖然管理中英庚款董事會以「物價高漲
支出增加收支相抵頗有不敷，俟明年春收息狀況或銀行借款有圓滿
結果後再作決定」。〔註1222〕

12 月，為了靜生生物調查所的工作，到處求人幫助。

日美交惡，太平洋戰爭爆發，受美國勢力保護的中國文化教育
機構，被視為美國在中國的財產，同樣被日軍強行佔領，燕京大學、
協和醫學院、北京圖書館、靜生生物調查所等皆在此列。此前壽振
黃為保存靜生所曾多次與司徒雷登聯繫。1952 年壽振黃的交代材料
中有這樣的記述：「1941 年秋季，我找過司徒雷登數次，有時出城到
他燕大寓所，有時他來電話，在城內晤談（花旗銀行或大使館），找
他所談的事：1. 偽北大理學院上課事；2. 標本寄存輔仁（後未實行）；

〔註1221〕 胡宗剛撰《胡先驌先生年譜長編》，江西教育出版社，2008 年 2 月版，第 313
～314 頁。

〔註1222〕 鄭瑤著《繼往開來責在斯——國立中正大學農學院研究（1940～1949）》，
2019 年江西師範大學碩士研究生學位論文，第 26 頁。

3. 瞭解戰爭情況及生物調查所安全問題。」〔註1223〕

12月,《三民主義與自然科學》文章在《國立中正大學校刊》(第 2 卷第 9 期,第 4～9 頁)發表。1947 年 1 月,轉載於《四海雜誌》(第 1 期,第 5～ 11 頁)。

12月,張春霖對靜生所經歷諸事作交代。

> 張春霖在北平淪陷後的情況,據其自己後來的回憶,云:「1935 年冬我的愛人舒秀貞故去,1937 年 7 月赴江西籌備魚類研究所,正 遇「七七」事變,因 3 個孩子無人照料,急返北京。又為送孩子至 開封,原擬自己仍返北京,至開封(返回)路已斷。乃在河南大學 教課,不久開封又危急。乃逃駐馬店小孩舅家。明年陳伯康約至華 中大學任課。5 月接北京靜生又開辦,乃繞道香港北京。1941 年靜 生被日本人篠田統侵佔。只賴輔仁大學兼課,維持工作 2 年。1942 年 1 月祁伯文忽來告師大校長欲請作理學院長。乃與傅侗前輩相商, 傅云你有 300 元沒有,我們共作生意;答以連 30 元都沒有。傅長歎 一聲,你只可幹院長了。幹了 3 年,校長換了 3 人,理學院始終未 動。當時北京大學理學院長亦無人,又調我到北大。北大事就複雜 了,北大日本人多,又因都是原院長的人,我駕馭不了。所以不到 3 月辭職 3 次,最後不辭而別。」〔註1224〕

12月,《江西審計分處代處長邱潛夫先生墓誌銘》文章在《文史季刊》 雜誌(國立中正大學印行)(第 1 卷第 4 期,第 60～61 頁)發表。摘錄如 下:

> 民國九年夏,予自南京師範學校來贛,採集植物臘葉標本。既 歷陟吉虔二州群山,將東歸,道出寧都,聞蓮花山之勝,乃偕第九 中學校校長邱先生潛夫往遊。既已辦僧人所矜異之甘露樹矣,返寺 就飯。午後暴雨涼甚,遂各加僧服,對雨燕坐,意到縱談,析經證 史,上下貫串,窮源竟委,主賓相忘,樂且無藝。始稍稍察見先生

〔註1223〕《壽振黃交代材料》,北京:中國科學院動物研究所檔案。胡宗剛著《靜生 生物調查所史稿》,山東教育出版社,2005 年 10 月版,第 127 頁。

〔註1224〕張春霖,《自傳》,北京:中國科學院動物研究所檔案。胡宗剛著《靜生生物 調查所史稿》,山東教育出版社,2005 年 10 月版,第 131 頁。

之淵然，穆然，見面盎背，殆有道之士，蓋不僅博學為鴻儒也。自兹以往，旅外者逾二十年。間一歸省，匆匆輒去，卒未重晤先生，而先生已逝矣。三十年秋，其嗣子家彬、家楷，冢孫訓熾，將葬先生於祖塋，以狀來告，乞為銘墓。予雖不文，感於舊誼，敢謝不敏而吝於言？先生諱璧，字仲和，號潛夫。祖傳業，字吉川；父用章，字偉生，皆碩儒。偉生公與石城黃棟齋先生，同為陳太傅寶琛所拔士，不幸齎志以歿。伯兄果軒先生諱珍，以碩學為名宦，終於江西高等法院院長。先生少於伯兄二歲，以清光緒元年乙亥，誕生於寧都私第。幼而岐嶷，五歲偕伯兄入私塾，十歲同受業於偉生公。十四歲畢五經業，喜蘇洵氏文。十九歲丁偉生公憂，服闋入邑庠。二十九歲鄉試獲雋。三十三歲成進士，以即用知縣分發江蘇。時贛省長吏檄先生任高等農業學堂庶務長兼監學，遂不赴官。嗣膺選為江西省諮議局議員。辛亥改步，任江西審計處科長，翌年任總核，後兼代處長。三年回故里，籌辦省立第九中學任校長。十三年調任教育廳編輯主任。十五年任省立圖書館長。十七年任贛南十七屬中山圖書館長。二十年任江西省政府財政委員會主任。二十一年任江西公路處會計主任。二十四年與友人創辦南州國學專修院，任教員。二十七年任章江中學寧都分校校長。是年九月，李夫人卒；十二月母曾太夫人卒；翌年伯兄果軒先生卒。先生迭遭家難，夙疾漸劇，以民國廿九年六月卒於家，享年六十有六。先生生有異稟，慎思明辨，總角誦經，即喜論難。卒五經業後，肆力注疏，弱冠攻王引之《經義述聞》，故在經訓書院以經解見賞於諸山長。初治《毛詩》《爾雅》《說文》，繼攻《公羊》，最後冥心《穀梁》，以絕學為師友所推服。督學使者吳綱草齋按臨寧都，取先生經學第一，伯兄史學第一，宗兄履蓀先生時務第一，稱為三邱，比之三魏云。晚年喜治音韻訓詁，多所創獲。又治《堯典》《皋陶謨》，亦有發明。蓋湛深經學，雖鮮纂述，其吉光片羽亦足以名世也。先生畢生盡瘁於教育。光緒庚子以後，廢科舉，興學校，先生首創寧都簡易師範學堂，繼創蠡溪小學。宣統間，與黃棟齋先生於南昌創辦章江法政學堂，與熊純如先生創辦女子公學。時省政府議分區設立八中學，以先生力爭，乃因寧都縣立中學而設立第九中學於寧都。先生任校長凡十年，作育

英才，不能縷數，贛寧士子食其賜者夥矣。先生精於計政，聚斂與浪費皆所疾視，握算持籌，備極精覈，任職審計，獻替滋多。民國紀元，僉主免賦，而先生獨否其議以為難行，當道卒從其言，其不阿世取容類如此。平生熱心公益，清理公產，籌劃教育經費，莫不犖然舉而不擾，而每自致負累，當軸欽其公廉，不問也。素習於刻苦，通籍後持身儉約如寒儒，布衣蔬食，至老不衰。晚歲臥屙，簞瓢屢空，泊如也。子三，家森、家彬、家楷，家森早卒。女淑慎、敬慎，孫訓熾，訓焱，訓傑，訓燧，孫女藹倫，篤倫。

銘曰：翠微嶄岩稱易堂，文章爾雅源流長。三邱易代爭輝光，湛深絕學傳穀梁。殫精興學士趨蹌，計政擘畫尤精詳。持身寒素迄老蒼，經師人師鄉里望。蓮花坐雨傾肺腸，一別永訣禁哀傷，敬鑴貞石銘其藏。〔註1225〕

　　冬，中央大學森林系干鐸（1903～1961）教授由鄂西入四川時，路經入四川境內萬縣磨刀溪鎮（1955 年 12 月 20 日，行政區域調整，今湖北省利川市謀道溪集鎮）5 里多的謀道溪，看見路旁有三株與眾不同的奇異大樹，其中最大的一顆樹高達 35 米，胸徑 2.42 米，冠幅 22 米，枝下高 4 米，龍骨虯枝，高大挺拔，直插雲天，迄今樹齡達 500 餘年。惜因當時樹葉均已落盡，但也採到一枝比較完整的木杉標本（僅缺花）時，引起干教授極大關注。

【箋注】

　　干鐸（1903.4.10～1961.8.7），又名干宣鏞，字震篁，湖北廣濟干仕坑人（今湖北武穴市）。1923 年畢業湖北省立外國語專門學校，就讀北京大學外語系，1925 年考取湖北省官費留學日本，東京帝國大學農學部林學實科。1928 年在日本農林省目黑林業試驗場從事研究工作。1938 年後，在湖北農業專科學校、中央大學等高等學校從事林業教育事業。1953 年干鐸任南京林學院林學系主任，1956 年任副院長。

　　是年，日本京都大學教授三木茂經仔細研究，水杉化石有獨有的特徵——小枝和種鱗對生，毬果通過長柄生長在枝上，北美紅杉並不具備上述化石植物的特徵，設立新屬 Metasequoia，即「亞紅杉」的意思，表示此種化石植物既與紅杉有別，又是紅杉的親族。

〔註1225〕《胡先驌全集》（初稿）第十五卷人文科學文章，第 302～303 頁。

是年，胡先驌致朱家驊信函。

函文：騮先先生院長勳鑒……敝校奉總裁之命開創於戰時，建立於戰地，披荊斬棘，倉卒告成，在籌備期間以學校組織人事經制幾經變異，全部經費歲算未能早日擬定依照法定時間提請中央確定，故第一年經（嚼）兩費枕由江西省政府籌撥，學校經創締選需費孔多，加以學生超出原額幾倍，省府所儲雖已應支付，故一切設備不惟簡陋而且顧此失彼，無法按照計劃全部推創，又以外匯雖得而圖書儀器無力充實，多付闕（失？）……學校規模及內部條件均應遠勝尋常大學，會以經費窘迫，事實昭示反不能躋於國內大學之林，無乃與紀念偉大民族領袖之義不相稱，會且更無以現實共理想目標。弟承令斯校，感使命之重大，感施展之艱難，夙應惶恐，除擬具計劃擴大規模及多方設法充實經費，羅致專才外，關於圖書儀器之充實，講座之設立，擬懇請公在中美庚款項內籌撥 X 款以應急需，達成總裁創設大學之期望，樹立民族文化之新基，高義盛懷並垂永久，具體條件為乞貽示。

（鄭瑤先生提供）〔註1226〕

是年，國立中正大學簽訂合約。

國立中正大學簽訂中正大學工程處建築合約及圖樣借款合約副本等文書。在胡先驌的主持下，中正大學農學院對分配到的十七萬元設備費做了如下分配「1. 畜舍建築費三萬元正。包括豬舍牛舍羊舍雞舍隔離畜舍孵化室乳牛室等項工程。2. 家畜家禽購置費約三萬元正。包括牛羊豬鴨雞等項。3. 農場儲藏屋建築費約八千元正。4. 畜牧獸醫系設備費約一萬四千元正。5. 農藝系設備費約三萬元正。6. 森林系設備費約一萬八千元正。7. 生物系設備費約二萬元正。」〔註1227〕

是年，中正大學農學院採用學分制。

除了對課程進行合理編制之外，中正大學農學院還對課程的學習採用了學分制。根據 1941 年修訂的《國立中正大學組織大綱》規

〔註1226〕江西檔案館，檔號：J037-1-00819-0133。

〔註1227〕鄭瑤著《繼往開來責在斯——國立中正大學農學院研究（1940～1949）》，2019 年江西師範大學碩士研究生學位論文，第 23 頁。

定，本科的學制採用學年學分制，所習課程按學分計算。每學期每
週講授一小時或實驗二、三小時為一學分。習滿三十學分者，編入
二年級；習滿七十二學分者，編入三年級；習滿一百零二學分者，
編入四年級。農學院各系學生須按規定學程最少修滿一百三十二學
分。並且，學校允許學生跨學院跨系科選課和選教師，選修學分占
總學分的 20%左右。〔註1228〕

　　是年，寫信給陳果夫、蔣介石要求補助雲南農林植物研究所的經費，軍需
署每年補助兩萬元以解決研究所經費短缺問題。

　　　　後來我請陳果夫、請蔣介石補助雲南農林植物研究所的經費，
蔣介石批軍需署每年補助兩萬元。那時我不瞭解抗日戰爭是共產黨
領導的，而將我的熱情的詩句去歌頌一個反動派的頭子，而且想求
他補助我的事業，在今日看來真是慚愧得無地自容。〔註1229〕

　　是年，胡先驌致林伯遵信函。

　　　　去年弟之薪金增加百分之卅，已逾五百六十元之數，請為出一
月薪五百六十元之證明書寄下，以備報部。如尊處不能出此證明書，
即請以航空函請上海會中出此證明書寄弟為感。（1941）〔註1230〕

　　是年，胡先驌致蔣介石信函。由於物價上漲，要求每年補助提高到 8 萬
元。

　　　　竊查雲南農林植物研究所前蒙每年補助四萬元，現各項調查研
究工作均在努力進行中，研究報告之中文西文刊物亦在刊印中。惟
昆明物價翔漲，員工生活維持極感困難，擬懇自今年起，每年補助
八萬元，俾員工生活得以安定，以利工作進行。

　　謹呈

　總裁蔣

〔註1228〕鄭瑤著《繼往開來責在斯——國立中正大學農學院研究（1940～1949）》，
　　　　2019 年江西師範大學碩士研究生學位論文，第 91 頁。
〔註1229〕胡先驌著《對於我的舊思想的檢討》，1952 年 8 月 13 日。《胡先驌全集》（初
　　　　稿）第十五卷人文科學文章，第 629～640 頁。
〔註1230〕胡宗剛撰《胡先驌先生年譜長編》，江西教育出版社，2008 年 2 月版，第 294
　　　　頁。

胡先驌 謹簽

（1941 年）〔註 1231〕

是年，胡先驌致蔣介石信函。

重慶中央黨部總裁蔣鈞鑒：

五年抗戰，功在生民，中華奠平等之基。德孚海宇，萬國。祝無疆之壽。崇比南山，引領雲天。謹電肅賀。

國立中正大學校長胡先驌暨全體教職員學生同叩（1941 年）〔註 1232〕

是年，楊惟義致胡先驌信函。楊惟義任代理所長期間，除了主持所里正常的事務外，還負責協調中基會給廬山森林植物園麗江工作站和雲南農林植物研究所的經費。在那戰爭年代，交通受阻，郵件時間較長，不能及時到達，款項經費在沒有經過討論的情況下，經常被壓縮、減掉，代理所長要遭到各方壓力，任勞任怨，頗受委屈。在楊惟義致胡先驌的通信中，可以瞭解靜生所及其分支機搆複雜的情形。

夫子大人函丈：

此間對滇匯款自去年九月以來，迄難寄達，三月二十七日曾用航空雙掛將滇所及植物園四五六經費寄去，亦至今尚無回音，以致滇方各員半年來未得分文，困苦萬狀，來函責罵。滇所相責之函上周曾已奉上，今日又接子農來函，亦加責備，但辭氣較滇所更婉，無庸奉上。然該兩處經費此間實已按月寄去，絕未拖欠或移用，何以不能寄達，則誠不明其故。曾由桂先生請郵局根查，但至今尚未接到郵局複音，有謂逐月支票或係被扣，未卜是否屬實。總之，此間想盡方法，無不希望款之早達，其不能達，亦無辦法。茲為穩捷救濟其困厄計，擬請吾師就近竭力設法代所中籌墊植物園二十九年六、九、十一、十二，卅年一月至六月等月經費法幣 4,550 元，直接匯往秦子農君收；又代籌墊滇所二十九年六、九、十一、十二，卅年一月至六月等月經費法幣 3,919.70 元，直接匯往鄭萬鈞君收。此款寄到該兩處後，如該兩處曾已收到所中以前寄出之款，則此項將

〔註1231〕 江西省檔案館國立中正大學專卷。《胡先驌全集》（初稿）第十七卷下中文書信卷，第 448 頁。

〔註1232〕 《胡先驌全集》（初稿）第十七卷下中文書信卷，第 448 頁。

所在下年度,從其經費中扣還;若此項先到,而所中以前寄去之支票後到,則請其將所中支票勾銷後用航空寄還,以免發生意外。如尊處一次未能籌足上述之數,則請立即先寄若干,以濟其急,其餘續寄所有承墊之款,所中將請基金會劃撥法幣如數寄上付還;如需存放滬行,則請基金會劃撥如數法幣代存滬行以奉還也。總之,除此法外,不能再得更穩妥且便捷之法以濟該兩處之厄也。如此辦法當煩累吾師不少,亦實無可奈何而出此也。至於該兩處下年度之匯款辦法,將必竭力懇請基金會代勞由滬撥寄,否則由此寄去,對方既不能收,而生與桂先生亦將常受無謂之責罵,雙方均無益也。此事即將函陳孫先生,特別拜託。

　　肅此,並叩

鈞安

生　楊惟義　拜

(1941 年)〔註1233〕

解沛基回憶中正大學圖書館、實習工廠、宿舍情形。

　　中正大學在建校時,在當時的困難情況下,還是努力為學生學習創造條件的。我還記得學校有一座還算不錯的圖書館,藏書比較豐富,各種中英文書籍、刊物不少,很多影印的外文書,紙張低劣,字跡不清,但總算滿足了學生讀書的需求。儘管圖書館在一座危樓上,同學還是很有興趣去那裏。每天吃過晚飯後,不少同學第一件事就是去圖書館排隊,爭取一個座位,享受一個寧靜的讀書夜晚。

　　學校還建立了金工實習工廠,有一位個子不高,衣著整潔的朱開誠老師帶我們做實習,車、銑、刨、鑄,金工木工十八般武藝一一上陣。我是很不善於動手的,但一次鑄工實習,從翻砂到澆注,居然做出了很合規格的鑄件,讓我高興了好幾天。普通物理實驗室也在一位物理老師的努力下建立起來了,設備十分簡陋,但畢竟能做幾個實驗。

　　當時的學生宿舍,學生住得很擠,每間房間8~10人,但是有電燈,房間裏有很大的書桌,保證每人有固定念書的座位和放書的

〔註1233〕柳志慎、胡啟鵬著《楊惟義傳》,江西教育出版社,2015 年 11 月版,第 92 頁。

抽屜。每到晚上，大家都能很安靜地念書，有時累了，放下書本出去走走，整個校園十分安靜。望著學生宿舍的點點燈光，在月光下慢慢散步，此時此景，也是很值得回憶的。〔註1234〕

是年，楊惟義致胡先驌信函。

　　年來因多忌諱，每遇困難，未敢詳陳，茲值 B. Becquart 神父返滬之便，煩帶此訊。文化協會過去在平曾開會議三次，初兩次師曾在此親見，得文範村先生之助，幸能安然過去。客秋九月為第三次，某邦評議員中井猛之進及松村松筆曾建議，謂吾所為其敵對機關，應由該協會會同當地軍憲武力接收，亦賴範村先生從中周旋，且獲彼邦之諒解。〔註1235〕

初見胡校長。

　　1941 年暑期，我考入國立中正大學。她是一所抗日戰爭時期的流亡大學，有以校長胡先驌博士為首的許多來自京滬等地的學者、名流，彙集了許多流亡學生。校舍座落有序，竹筋泥牆、綿紙桐油窗戶的簡易建築：大禮堂、教室、實驗室、宿舍和教授住的小樓，有的位於馬路兩旁，有的伴山而立，還有農場、苗圃、大操場……除了辦公樓和圖書館是租借的以外，都是新建的，一種硝煙壓頂、民族不屈的精神，感染著我們年青的心靈，甚至蘊育了我們一生對待生活、工作和學習的堅韌氣質。往事萬千，縈繞於懷，最難以忘懷的是我們的老校長胡先驌先生。

　　初次看到胡校長。還在南昌女中就讀時，我就認識了胡昭文和符式佳。她們是在抗戰爆發前後南遷的名流世家的後代，能歌善舞，一口流利的北京話。有關胡校長的生平軼事有所傳聞，令人仰慕。進入中正大學後，我希望盡早見到胡校長。說也巧，一個晴朗的下午，我在從劉百萬家門前通向大禮堂去的馬路上遇到了一位老師，身著白紡綢長衫，戴了一副黑邊眼鏡，留一撮小鬍子，有點像魯迅，

〔註1234〕解沛基著《杏嶺絃歌》，江西師範大學校慶辦秘書處編《穿過歷史的煙雲——紀念江西師範大學建校六十週年》，江西高校出版社，2000 年 10 月版，第 100 頁。

〔註1235〕柳志慎、胡啟鵬著《楊惟義傳》，江西教育出版社，2015 年 11 月版，第 93 頁。

他手中拿了幾支魚腥草和菖蒲類的植物。這位學者和詩人相融合的風度翩翩的教授是誰？我在想，突然腦子裏閃電似地冒出了答案：是胡校長。我深深地鞠了一個躬後，往前走。我看到了胡校長了！十分興奮，心情久久未能平靜。〔註1236〕

彭立生回憶初見胡校長的情形。

第一次是 1941 年。那時家父彭程萬任江西省臨時參議會議長。臨參會由遂川遷至泰和黃岡三羅村。一日胡校長來看望我父親，兩人相談甚歡。父親命我拜見胡校長。由於家庭關係，我見的「聞人」雖不少，但一見胡校長便肅然起敬。他老人家兩目炯炯有神，有一種威懾人的力量。胡校長親切地問我在什麼學校讀書。我畢恭畢敬地回答在南昌二中讀高一。他聽了點點頭說：「南昌二中辦得不錯，是個好學校。好好讀，畢業後考我的大學。」我當時真是受寵若驚。胡校長當時以傲視國民黨黨政人士著稱，有一次熊式輝舉行宴會，胡校長應邀出席。席上民政廳長王次甫給胡校長點煙，胡校長昂然吸之，連身都不抬一下，依舊侃侃而談，當時在知識分子中傳為美談。胡校長與家父相處甚得，除家父參與正大籌建並一度任基金會主席外，還因胡校長的大哥胡先驌與家父系滿清江西武備學堂同學。所以胡校長見到家父時說：「凌老，你我關係不同，你和我大哥是同學。」〔註1237〕

是年，秉志、錢崇澍聯名致蔣介石信函。

中國科學社生物研究所所長秉志、代所長錢崇澍也聯名致函蔣介石，以增加申請力度。其函有云：竊抗建偉業得委座領導於上，全國追隨於下。志等委身科學，效力尤不敢後人。委座於謀國之餘，倡導科學有年，已為中外同欽。憶民國二十三年夏，本社在盧山舉行年會，曾寵荷招待，志等幸得與會，既獲瞻仰風采，復得恭聆教誨。而委座對於發展中國科學之殷切期望，尤令人感奮，不能去懷。中日戰起，時機更形迫切，委座倡導國防科學化之名論，全國響應。

〔註1236〕尹長民著《懷念胡先驌校長》，江西師範大學校慶辦秘書處編《穿過歷史的煙雲——紀念江西師範大學建校六十週年》，江西高校出版社，2000 年 10 月版，第 12～15 頁。
〔註1237〕彭立生著《兩次見到敬愛的胡先驌校長》。胡啟鵬主編《撫今追昔話春秋——胡先驌學術人生》，北京燕山出版社，2011 年 4 月版，第 285 頁。

高瞻遠矚，尤為志等報國之南針。惟茲事體大，非賴群策群力及，科學團體之研究及推動，難以圖效。國內科學家集團，其歷史最久、人數最眾者，首推中國科學社。本社成立至今，已近三十年，社員已達三千人，此時社員服務後方者，指不勝屈。本社向在南京、上海兩地設立科學圖書館、生物研究所、編輯部、博物館，以傳播科學，推進研究為志。七七變作，研究所匆促遷渝，南京社所則全部被毀，上海部分及圖書館尚未遭意外，仍照常編印《科學畫報》與《科學》雜誌，雖因交通阻梗，運至後方，較為困難；而銷行上海、南洋及淪陷區者，以《科學畫報》言，月至一萬數千份，影響於推進科學者當勝巨。上海科學圖書館，藏科學圖書數萬卷，戰後各處之大中學校遷避上海者，其數甚多，單就大學言，已有十一所之多，而大中學教員及高年級之學生所需教學上之參考及作科學研究者，惟本社碩果僅存之圖書館是賴。惟本社經費向不充裕，平時圖書館購置書報費預算每年一萬元，約合美金三千元，已屬拮据異常。年來外匯昂貴，物價暴漲，即此區區之數，亦已難於籌措。本年所添購者，僅平時之什一。夫學術界需要圖書之殷切如彼，而本社經費之窘促如此，殊無以副全滬各學校及研究者之期望。因之本社曾呈請教育部補助圖書館經費，每年六萬元。上海各大學校長鑒於本社真實困難情形，亦為本社聯名呈請教育部補助。惟是教育部事業浩繁，能否如數補助，難以預言。竊仰委座對於科學之重要獨具卓見，全國科學界均在委座領導之下，埋頭苦幹，以期報答於萬一。惟圖書為研究科學必不可少之工具，本社有此現存之圖書館，似宜扶助之，使盡其用，為敢冒昧陳詞，懇請轉知教育部，如所請之數補助之，藉資維持斯，不特本社之幸，全滬學人實均受委座之賜也。迫切陳辭，伏乞鑒核，並致最崇高之敬意。

該函被國民政府軍事委員會抄送於教育部。經多方努力，教育部予以一次性補助一萬元。〔註1238〕

是年，中正大學農學院籌設畜牧場。

〔註1238〕 胡宗剛著《秉志、錢崇澍為明復圖書館申請補助致函蔣介石》，公眾號註冊名稱「近世植物學史」，2021 年 10 月 23 日。

中正大學農學院為充實實驗設施起見，籌設了一所畜牧場，內設乳牛舍、乳羊舍、豬舍、雞舍、鴨舍、牛乳房、隔離畜舍、家禽孵化室、及家畜解剖室等大小共九幢。又擬於本年度分別成立動物、植物、作物、造林、昆蟲、寄生蟲、園藝、植物病理、土壤肥料等研究室。〔註1239〕

是年，中正大學出臺基金委員會章程。

1941年，中正大學出臺《國立中正大學基金委員會章程》。「基金委員會」（簡稱「基委會」）是「經費管理委員會」的延續。僅從名稱看，基委會較經管會責任更加顯現、明確，更能突出蔣介石個人地位及其先後劃撥該校200萬元作為建校基金的初衷。基委會章程就規定：「本會以管理及擴充本校基金並監督其用途為宗旨」。章程同時還指出，該會職權在於基金的保管、募集、整理、出納、稽核、歲計會計及其與基金有關事項。〔註1240〕

編年詩：《桂林祝聖寺品茶》《題張廣仁女士畫蟬冊》（二首）《月夜閒步》《初眺玩桂林郭外諸峰》《七星岩》《龍隱岩》《招隱山六洞》《花橋縱眺》《獨秀峰》《佛光》《連宵有雨偶成》《歲月》《寄行嚴》（二首）《周憲民郵示文信國畫像影片屬題》《步月偶成》《挽四川大學教授周公岸登》《兀坐》（雨過涼從枕簟生）《園》《故國》《與黃野蘿夜話有感》《骨肉》《雨止》《兀坐》（兀坐情無那）《朔方》《南雲》《百城》《柏》《雞樓》《立身》《得仲通消息》《泰和雜詠》（二十首）《快閣》《朝樓》《暑中》《李村踏勘結屋地址》（二首）《大覺》《孤芳》《雲》《閒玩月色有賦》《皓月》《被酒偶書》《陽曆重九客居感賦》《金風》《殘月》《閉門》《秋宵》（燈火相親夜有痕）《與客談時事有感》《歸鳥》《九月十八日感賦》《海外》《壙琅》《斷續》（刁調眾竅風）《對雨》《可在泰和境內見日全蝕而陰雨有感》《開緘》《翹首》《宴鄧槐庭在坐皆東南大學農科諸舊生也有賦》《宰木》《定回》《草堂》《自簡庵宅歸途口占即以寫似》《秋宵》（秋晚宵

〔註1239〕《農學院近訊》，《國立中正大學校刊》，1941年第2卷第2期，第13頁。鄭瑤著《繼往開來責在斯——國立中正大學農學院研究（1940～1949）》，2019年江西師範大學碩士研究生學位論文，第27頁。

〔註1240〕《國立中正大學基金委員會章程》（1941年），江西省檔案館藏，檔號：J037-1-00919-0088。高志軍著《政治與教育的互動：國立中正大學研究》，2021年12月華中師範大學博士學位論文，第128頁。

寒玉露侵)《中秋玩月感賦》《秋晴》《生意》《題吳天聲詩卷》《答某君》《經營》《和陳孝威將軍酬羅斯福總統詩》《再訪月牙山有賦》《詣良峰雁山公園廣西大學》《周憲民先生錄似先曾大父致勒少仲太姻丈書感賦》（附懺庵自跋）《熊天翼主席治贛十週年紀念》。

民國三十一年壬午（1942） 四十九歲

1月1日，《一年來之國際形勢》文章在《國立中正大學校刊》雜誌（第2卷第11期，第2～6頁）發表。摘錄如下：

一

上次世界大戰以前，國際上有所謂「有的國家」和「沒有的國家」，大戰以後，又有所謂「滿足的集團」和「不滿足的集團」，其實這些名詞都是野心的國家製造的。所謂「有，沒有」，所謂「滿足，不滿足」，並沒有什麼客觀的事實根據，亦不是有什麼絕對不可忍受的情勢。歸根一句話，還是近世資本主義發達的結果。近代的工業需要大量的原料，近代工業的生產品需要廣大的市場，自然會促進殖民帝國的發展。但是殖民帝國的成就有先後，原料市場和商品市場的佔有有多寡，自然會引起帝國主義的火拼。若說真正「沒有的」和「不滿足的」國家，應該是產業落後的，被侵略、被榨取的弱小民族，然而這些野心的帝國主義者卻剽竊了去作為他們攻擊先進資本主義國家的武器了。上次大戰沒有使這些野心國獲得滿足，所以戰後無時不想興風作浪，再來一次火拼。自從巴黎和會告終以後，國際杌隉不安的局面，骨子裏還是這些野心家在作祟，這是談國際問題的人不可不注意的。第一個發展這種野心的就是我們東鄰的倭寇。他遠在上次大戰期間，乘袁世凱想做皇帝，歐洲列強無暇東顧的當兒，壓迫袁世凱承認了他的二十一條件。大戰以後，由於一九二一年華府會議所產生的九國公約，暫時拘束了他的野心。但到一九三一年，他就製造了「九一八」，一手將九國公約撕毀了。第二個便是黑衫宰相墨索里尼，他利用意大利人民對於倫敦密約失望的心理，一九二二年就取得他的法西主義政權，無時不想在國際上搗亂，看到日寇的「九一八」成功，他便在一九三五年發動侵阿比西尼亞了。第三個便是魔王希特勒，他利用德國人民痛恨凡爾賽條約束縛

的心理，在一九三三年取得納粹主義的政權，便接二連三的退出國聯，恢復軍備，一手將凡爾賽條約撕碎了。到了今天，他成了這三個打劫強盜的頭兒。這三個大野心家為了貫徹他們的野心，不惜犧牲本國人民的幸福，剝奪本國人民的自由，集中權力，集中財富，努力擴軍，以求一逞，於是不約而同走上反動、腐舊，違反時代精神的法西主義之路。凡是代表前進思想的民主國家都是他們的敵人，凡是產業落後而資源豐富的地方都是他們心目中的俎上肉，凡是擁有相當原料市場與商品市場的先進資本主義國家自然都是他們直接要得而甘心的死敵，他們早已存心聯合與世界為敵了。凡是肯留心國際問題的人士都知道這一法西集團終久會在世界的任何角落放一把火。凡是信仰民主，愛好和平的人士也莫不希望有一天民主勢力會聯合起來予這反民主的法西集團以制裁。於是法西斯陣線與民主陣線兩個名詞已經成了近年國際上流行的術語了。自然老牌的民主國家如英、如美、如法，奉行三民主義的國家如中國，奉行社會主義的國家如蘇聯，應該是民主陣線的中堅。自從一九三七年日寇發動了侵華戰爭，一九三九年希特勒發動了歐洲大戰，東西兩戰場烽煙四起，大家都期待著這兩個陣線速來一個陣容井然的決鬥。然而意大利雖已參加軸心作戰，法國卻在磔字旗前崩潰了，蘇聯既和納粹攜手，促成這次歐戰，美國卻遲遲不願參戰。一直中日戰爭打了整四年，歐洲大戰也快整兩年，終不見民主陣線的完成，一般國際觀察家不免感覺迷惑。但是人類的活動逃不出歷史的因果律，事實演進到某一階段自然會水到渠成，大家所期望的民主陣線終於在一九四一年的冬季告成了。從此地球上絕大多數的國家都站在民主陣線一邊，狼奔豕突的法西斯國家必將在民主勢力前面一齊崩潰。世界秩序，人類和平，必可在不久的將來重新建立起來。一九四一年真是可紀念的一年！當這除舊布新的元旦，來檢討過去一年的國際形勢，自然更感興趣。

檢討過去一年國際形勢的演變，約略可分為三個階段：自開年至蘇德戰爭發生，可算第一階段；蘇德戰爭發生以後，至日本突襲英美，可算第二階段；自從美國宣戰，自然又轉入第三階段了。第一階段的國際問題仍以英德戰局為中心，第二階段則以蘇德戰爭為

中心。第三階段則以英美日戰爭為中心，抓住這三個中心，則一九四一年的國際形勢便可窺其眉目了。

二

一九四一年元旦國際新聞上第一件禮物就是美總統羅斯福在除夕發表的「爐邊閒話」。其實這並非「閒話」，而是民主陣線將告完成的信號，因為他表示美國有參戰的決心了。羅氏獲得第三次當選後，他的政權已經穩定，他不怕孤立派的掣肘，他可以發抒他偉大的抱負，領導全美走上正義之路。他在這篇「閒話」中認清了德、意、日，同為世界的惡勢力，他知道前年九月三國同盟成功後，東西兩戰場已經聯為一體，不可分開，因此他已將大西洋與太平洋等量齊觀，他願意同時援助中、英、希三民主國，他不再避免兩洋作戰的艱巨責任。因為他深知道德國正在西方準備春季攻勢，同時日寇必在東方響應之，英國一旦失敗，不獨大西洋上失去了有力的屏障，太平洋上的遠東利益亦將不保，正義與利害逼迫他不能不出來說這番負責任的話。

自從一九四〇德國對英的空中攻勢失敗以後，希特勒知道進攻英倫不容易，速戰速決不可能，於是他採取迂迴截擊的戰略，想用所謂「反封鎖」的方法餓死英國人，支解英帝國。他的第一步驟就是發動廣泛的潛艇戰，以封鎖大西洋，截斷美國援英的道路。第二步驟便是壓迫貝當與佛朗哥，企圖假道法、西，以攻直布羅陀，關閉地中海的西門；同時策動墨索里尼一面侵希臘，一面侵埃及，由此會攻近東，發動所謂蘇彝士爭奪戰，以截斷英帝國本部與東方屬領的聯絡。但是這個如意算盤並沒有成功，因為美國援英的態度日見加強，英國消滅潛艇的對策也日趨嚴密，大西洋的潛艇攻擊並未能收得大效；佛朗哥經濟上尚須依賴英美，內部也多矛盾，並沒有爽快地做他的幫兇；至於意大利，更被希臘人和英國印度軍打得落花流水，所以到了一九四一年，不能不發動新的「春季攻勢」。他眼見意軍在希臘與北非的慘敗，奪取蘇彝士計劃的渺茫，不能不親自出馬。他現在有兩大問題待解決，第一如何阻止美國援英？第二如何達到蘇彝士運河？關於第一個問題，他可運用不久成立的三國同盟，壓迫日本在東方響應以牽制美國；關於第二問題，只有努力爭

取近東，所以一九四一年春季的歐洲戰場已經由西歐移向東南歐了。當英軍總攻巴第亞的第三天，報上便傳出德將越保援意的消息。果然一月七日英宣布佔領巴第亞時，德亦以和平方式進攻保加利亞，同時羅馬利亞亦在其操縱壓迫之下，製造成安多尼斯哥之傀儡政府。羅保既入掌握，自可發動重兵，長驅南下，以援意攻希。不過巴爾幹向來是歐洲最複雜的地方，英國不消說劍及履及，外交軍事並進，以與相持；利害關係最為密切的蘇、土兩國也側目相視，使他不能不頓兵待時，轉用外交手腕以緩和形勢。所以在二月中旬，希特勒一面勸誘南國加入軸心，一面促成土保成立互不侵犯協定。但到三月一日保國正式加入三國同盟，土耳其即陳兵保邊，大有一觸即發之勢；三月二十三日報傳南國有加入軸心傾向，次日蘇、土即發表聯合宣言，同時美國除一月間已一再提出國防建設法案，二月十一日眾院通過六百五十萬萬美元之公債最高額法案外，又於三月十日由參院最後通過軍火租借法案，援英之勢，咄咄逼人。是以荊棘載途，希特勒的春季攻勢，蹉跎三月還沒有什麼成就。英國此時外交活動亦頗收效。土耳其態度之強硬自為艾登東遊之結果，三月二十日南國反軸心革命，自亦受英方的策動。四月初英意地中海戰，又大敗意軍，毀其主力艦三分之二。希特勒至此再不能忍受了，四月六日遂大舉進攻希臘與南斯拉夫。南、希小國，當然不敵他雷霆萬鈞之勢，不出一月，南國首趨瓦解，雅典亦遂陷落。但是希臘人苦鬥數月，正在勝利中，忽遭此攻擊，自然不肯輕易屈服。英人亦知此為在歐洲大陸最後根據地，不惜重師馳援，直到五月二日始行退出，所以希特勒在東南歐便沒有獲得預期的成功。至於進兵近東，土耳其態度如此強硬，和平假道已不可能，希特勒只有另找新出路。所以在英軍退出希境地次日，伊拉克政府忽向英下最後通牒，要求其撤軍，這當然是希特勒的策動。但是英國自印度調援甚易，德國援伊卻難，土耳其既不允假道，只有壓迫維琪政府，許其在敘利亞登陸。幸而英人應付敏速，其計終不得逞。希特勒黔驢之技既窮，乃忽捨英而作更大的冒險，故敘利亞事件未結束，歐洲戰局又轉入一新階段矣。

三

這次歐洲大戰的發生，許多人都說是斯丹林放的一把火。因為

沒有德蘇互不侵犯協定，希特勒是不敢輕易舉動的。不想這位玩火
的聰明人被火燒上自己的眉上來了。自從巴爾幹問題緊張，蘇土聯
合宣言，蘇、美、英同時保證援南，這些事實發生以來，世人都知
道德蘇關係漸漸現出裂痕。果然，六月二十二日德竟對蘇宣戰了。
宣戰前二十二天晚上，國社黨的要角，希特勒的第二繼承人赫斯，
忽然坐飛機逃到英島去，落在蘇格蘭某爵士的別墅中。這件稀奇的
消息傳出後，世人揣測紛紜。英方消息說：他是反對希特勒黷武主
義的政治犯，跑來英國求她庇護；德方消息說：他是患了神經病；
重慶傳來消息說：半年內國際局勢將有大變化。明眼人可以想像這
變化或與此君有關，因為這樣重要的政治犯，輕易逃不出網羅四布
的納粹魔王之手，神經病患者未必知道坐飛機，而且飛到敵人的家
裏去。不過變化的方向究竟若何，不是幕中人，誰也不知道。直待
六月二十三日世人才恍然大悟，但是直到今日，尚沒有確實的消息
洩露出來，此事真相只有等待戰後讓這位「神經病患者」自己來告
訴我們。

　　本來，納粹主義是與共產主義不兩立的，一九三九年八月德蘇
訂立互不侵約，誰都知道出於一時的利害結合，終久是不免一戰的，
所以德國對蘇宣戰並不算稀奇，所怪的是希特勒在沒有擊敗英帝國
的時候遽行攻蘇；因為兩線作戰是一件最危險的事，上次大戰德國
就是吃了兩線作戰之虧，此次希特勒在西歐的勝利，就因他免去了
東顧之憂。他自己當然很明白這道理，因為他叫囂多少年，從不敢
實行動手，蘇德協定一成功，馬上就進攻波蘭，不惜與英法一戰，
這不是很顯明嗎？

　　然則他何以要選定這個攻英正棘手的機會，自己開闢一個東戰
場呢？我以為他過去的舉止都是謀而後動，理智頗為發達，所以獲
得成功，這次卻不免有些感情用事了。他向來不認識上帝，對蘇宣
戰時，居然高呼上帝佑我，這不是有些像逼上梁山的窘態嗎？民主
陣線從此又加入一個中堅份子。蘇聯被納粹打上門來，使他不能不
死心塌地向與英美合作。英亦欣喜得此實力雄厚的夥伴，替他抵上
一陣，他當然樂於和蘇訂同盟，但也乘此喘了一口氣，所以西歐互
相轟炸的消息反而很少見了。美國自然願意以援英的方法同樣援蘇，

但他除開物質援助外，只能在東方牽制日本，使他不能北進。此次希特勒之侵蘇，當然是傾全力而為之。戰場北起波羅的海，南達黑海，陣線延長數千里，出動飛機坦克車動輒以千計，再加上匈、羅、保三個幫兇，芬蘭又懷夙怨，蘇聯自然是很窘的。所以不出一月，所有新近得來的波蘭東部，立、愛、拉三國，以及比薩拉比亞，均告不守。到九月二十一日基輔亦陷，納粹鐵騎直搏莫斯科，列格勒久困重圍，敖德塞要港且告不守。科斯多夫為入高加索之門戶，曾一度陷納粹之手。德若佔領高加索，則軍略方面，北可侵蘇心臟，南可犯中東印度，資料方面，巴庫、伊拉克、波斯諸油田，均可囊括無遺，攻英與攻蘇又可聯成一體了。此時世人都為英蘇捏一把汗，英亦倉皇準備進兵高加索，斯丹林卻成竹在胸，默調中路司令提摩盛科經營南路，果然在一月前收復科斯多夫，戰局日見好轉，冬雪降臨，納粹只有抱頭鼠竄。目今不獨莫斯科之危險已過，且反攻追擊有如破竹之勢了。

四

暴日本以投機發跡，上次大戰，受惠實多，此次歐戰發生又復勃勃欲試。無奈侵華三載，深陷泥淖，不能自拔。而且南進則美之監視甚嚴，北進則蘇之餘威可畏，所以蹉跎年餘，終未敢在侵華以外更有所舉動。直迨一九四〇年九月二十七日在柏林簽訂德意日三國同盟條約以後，以為西方得有力盟友，便可放膽南進，投機之心更如火炙了。察其詭計，無非一方企圖藉希特勒之力拉攏蘇聯，去其北顧之憂；一方運用軟硬並用之外交方式緩和美國，懈其助英之力，然後逐步布置南進路線。故積極挑撥泰越情感，引起泰越衝突，然後從中調停操縱，獲取若干特殊利益，以為南進之礎石。至一月三十一日果在日艦談判，獲得初步之成功。至對我國，欲罷不能。我抗戰之志既堅，英美援助之心益切，使其無可如何。曾數度發動所謂攻勢，企圖獲一小勝以為收場。然上高會戰、湘北會戰，均丟臉而去。甚有主張放棄侵華，一心南進者，如白鳥敏夫在《現代》雜誌一九四〇年十二月號所發表之廣播詞，其南進野心，急不及待，可謂毫無隱諱了。

然而美國政治家決不受其欺騙，羅斯福的爐邊閒話已經給了他

一當頭棒,海軍改組時亦使他震慴不安。但為響應希特勒的春季攻勢,松岡不得不大放厥詞,並集中大批艦隊於臺灣,不意反招致美派艦駐澳,增兵阿拉斯加之答覆。日寇不得已派一所謂親美派之野村使美,以謀緩和。二月十二日到了華盛頓,這是異日美日談判的伏根。三月中旬,松岡忽然訪歐,柏林羅馬遨遊一遍後,忽在莫斯科訪問起向被視為洪水猛獸之共黨領袖來。不久蘇日中立協定消息便傳播於世,他的南進野心益急了。英美對他的答覆是會商太平洋防禦計劃,對華簽立平準基金協定。而五月二日蘇聯禁運軍火過境,又予他一叫苦不出的打擊。

德蘇戰啟,倭寇更彷徨於南進北進之歧途,蘇、倭協定已成一張廢紙,松岡不得不低頭引去。近衛三度組閣,乃掉轉頭來向美乞憐,親筆致書羅斯福表示誠意,以為山姆大叔可欺。其實他包藏禍心已久,絕不甘放棄其南進政策與所謂東亞新秩序。美亦深知其奸,姑且虛與逶迤,所以試探性談話毫無進展,不過美之國防計劃至一九四二年始可完成,誠不願即啟戰端。故一面積謀完成 ABCD 封鎖線以範圍之,一面亦當略施顏色以籠絡之。日寇至此亦知太平洋封鎖線告成,必將窒息以斃,遂於七月梢,假希特勒之助,壓迫維琪,許以越南駐兵權。日寇方大壓其南進勝利,不意英美毅然封存其黃金以報復之,日寇在此真要窒息死了。近衛倒臺後,東條繼起,派了一位法西色彩很濃的來棲飛美,協助野村,再開談判。世人當時即覺其不倫不類,不知這群倭寇用的是「明修棧道,暗渡陳倉」之計,正在華府談話之際,竟於十二月八日上午十一時對英美宣戰,而在宣戰前夕已經突襲香港、新加坡、馬尼剌了。現在除集團已正式對德日意宣戰外,繼起對軸心宣戰者已逾二十國。民主陣線在東方只差蘇聯一環,預料不久必可對日宣戰。法西集團之喪鐘響了,民主和平的福音將傳播人間。本年八月梢的羅邱聯合宣言就是重建和平的福音,我大中華民族首先抵抗侵略,捍衛和平之豐功偉烈定可永耀於人寰。〔註1241〕

1月1日,《民國三十一年之展望》文章在《國立中正大學校刊》雜誌(第

〔註1241〕《胡先驌全集》(初稿)第十五卷人文科學文章,第 304～309 頁。

2卷第11期，第7～8頁）發表。摘錄如下：

　　民國卅一年的元旦，是我們歷史上最值得紀念的一個元旦，因為不但是我們抗日勝利的開始，而且是我們自鴉片戰後一百年來雪恥的時候。去年是英國向我們取得香港的一百年紀念，而去年十二月卻是我軍與英軍並肩作戰，保衛香港的日子——我軍攻擊佔領九龍的日軍背後以救香港。一百年前的英國相信帝國主義，為侵略我們的敵人，而現在英美兩大國卻是我們民主陣線反抗法西斯國家的盟友。我們之取得保衛世界人類之自由與正義的領導地位，是由於我們五年來犧牲奮鬥的結果。我們放眼一觀世界這十年來的歷史，軸心國家蓄意侵略，用不著說，便是英、美、蘇俄都不免有養癰貽患噬臍不及之悔。當日寇用暴力奪取瀋陽的時候，倘若英國肯主張正義，響應美國國務卿司丁先生之宣言，制裁日本，便不會有意大利侵略阿比尼西亞，及德意援助佛朗哥的一串二次歐戰的前奏，而世界和平便可保；倘若美國對日本禁運汽油、廢鐵、飛機等軍用品，而肯以軍火援助中國，日本便早被中國打敗了，更不致用美國的汽油、飛機去轟炸珍珠港、菲律賓、香港及馬來西亞等地；倘若蘇俄不與德國訂不侵犯條約，德國亦不敢向英法發動侵略戰爭，而蘇俄亦不會受到德國這次慘酷的蹂躪。只有中國自七七事變發生以後便不畏強暴，艱苦抗戰到第五年。有友邦的援助固要抗戰，沒有友邦的援助也要抗戰，而且五年來越戰越強，並且一面抗戰，一面建國。到了今日，在日寇突然攻擊英美友邦的時候，我們的軍隊還要幫助英美水兵，並肩作戰；重慶的工人，還要到紐約去幫助美國人挖防空壕。我們的抗戰精神，可謂世界第一，無怪英美各國，交口稱頌了。

　　今年的元旦另一個值得紀念的原因，是日本失敗的命運，已經是不可避免的了。日本是以侵略中國為國策的，美國是以維持中國領土完整保障東亞和平為國策的，兩國的國策根本不相容，所以無調和的餘地。日本既已發動侵略中國的戰爭，便不能得英美兩國的諒解，因而不得不投入軸心國家的懷抱中。英美過去對日本雖不免有姑息之錯誤，但到了今日，日本既不能退出中國，脫離軸心，則彼此勢不能不出於一戰。日本是一個無資源，而且科學與工業都落後的國家，在與中國開戰四年半以後，還要同環繞太平洋的二十幾個國家作戰，膽

敢與中、英、美、蘇幾個大國為敵，他失敗的命運是注定了的。

我們試一觀今日世界的形勢。在歐洲方面，墨索里尼的新羅馬帝國已經崩潰了，阿比西尼亞已恢復國土了，利比亞的全部也快要為英國佔領了，地中海艦隊已被英國摧毀了，本國全境已完全為納粹的軍隊所統治了，意大利人的生活，比法國人民好不了什麼，名為友邦，實際上已變成德國的附庸了。德國雖以空前的龐大武力及驚人的戰術，征服了大半個歐洲，然而除羅馬尼亞外始終沒有佔據一塊油田。德國雖佔據了羅馬尼亞的全部油田，加以其本國自煤中提煉的，尚不能供給平日每日所消耗之量，要維持龐大機械化部隊之汽油消耗，更是岌岌不可終日的。不能獲得油田便要失敗的。第一次歐戰有句話說：聯軍是浮在油上獲得勝利的。希特勒不得不孤注一擲去侵略俄國，便是想打敗蘇聯取得高加索的油田。但是他這空前的大規模的侵略戰，已敗於蘇俄之手，一退千里，大有當年拿破崙退出莫斯科的姿態；而士兵損失至少在四百萬人，武器資源至少消耗了一半，歷年所積存的汽油快要用盡了，而不曾獲得一畝新的油田。他說今年春天再要攻打蘇俄不免大成問題，既是要奪伊朗的油田，也是毫無可能了。在這種情態之下，向任何方面發動龐大的攻勢，似都不可能；而美國的龐大機械化部隊到今年也要訓練完成。自美艦隊護航後，英國可以獲得美國的巨量租借軍火的全部。則今年秋冬間，英美大可向歐洲大陸發動攻勢，那時被德國征服的人民便要同時揭竿而起，加以蘇俄的夾攻，希特勒的第三帝國便要崩潰了。到了那時，意大利的軍隊便要維護國土，革墨索里尼一個人的命，其餘的軸心國家，英美大可以傳檄而定，歐洲的侵略團體，便如此瓦解了。

在東亞的日本，雖有相當強大的海軍與空軍，但不能製造優良飛機。而去除歷年購囤的汽油以外，靠撫順與庫頁島所生產的油是極有限的。至於陸軍已為中國與蘇俄所牽制，是不足怕得了。現在他趁著英美防禦沒有完成的時候，對新加坡取積極的攻勢，將英國兩支主力艦擊沉，一時取得制海權，但終不能奪得新加坡，因為有幾十萬精銳的印度兵同中國兵在那裏防禦。同樣亦不能佔領菲律賓與爪哇，因為美、菲、荷、印都有龐大的軍隊可以抵抗的原故。香港的得失是無關重要的，攻擊珍珠港，本是日寇聲東擊西的策略，是值不得注意的。

日寇倘若不能佔據新加坡，一俟英國的主力艦隊開到，便只有著著失敗，一直往西退，終於被困在日本海之內。那時蘇俄早已開闢了東戰場，而我國的精兵，也就要由綏遠、察哈爾與山西、河北分兩路夾攻長城內外之敵，而中、美、俄三國的空軍，可由中國、呂宋、海參崴、河留仙群島四路轟炸東京、大阪、左世保、橫須賀，則日本未有不崩潰的。大約到今年年底，我們可以痛飲黃龍府了。

我們試一想戰後的結果，我們真可以覺得是無限的欣快。第一，日寇已逐回三島了。不但自九一八以來被日寇所佔領的土地要完全恢復，臺灣也要交還中國，朝鮮是要獨立的，越南也有獨立的可能，日本的海軍是消滅了，一切不平等條約都要取消了，我們中國要與英、美、蘇俄及其他國家共同負起重建世界和平的責任。英美兩國必能以其資本與技術開發中國的富源，建立中國的重工業，以後中國便自日本取得東亞盟主的地位，而成為奠定世界和平的柱石，那時才能達到國父「以建民國，以進大同」之理想。而這些空前偉大的事業，都在三十一年元旦的展望中我們應當服從我們崇高領袖的指導：「各竭其能，各盡其責，不辭一切艱苦，不惜任何犧牲，絕對掃除苟安自私之心理，共作最大最後之奮鬥」。〔註1242〕

1月1日，國立中正大學《三民主義文藝季刊》創刊，由本刊編委會編輯，主編胡先驌。停刊日期不明，刊載有關文學、詩歌、戲劇研究方面的文章。

1月1日，《〈三民主義文藝季刊〉發刊辭》文章在《三民主義文藝季刊》雜誌（第1卷第1期，第3～4頁）（創刊號）發表。摘錄如下：

精神與物質之背道而馳也，非一日矣。歐美科學發達，人慾橫流，物質絀於供應，故不免於爭。爭之大者，舉國以殉，今且流血遍全球矣。識者歸咎於物質文明之畸重，非過論也。我中華為世界文明古國，承三代之化，孔孟之教，崇禮讓，尚仁義，戒競爭，薄勢利，彬彬君子之風矣。顧末流之弊，士習浮華，不務實學。迄於晚清，外侮紛乘，無以相抗。此又精神文明偏勝之果，而識者之所與歐美同類而並譏者也。

吾總理盱衡時艱，奮起革命，推翻滿清，建立民國，且首創三

〔註1242〕《胡先驌全集》（初稿）第十五卷人文科學文章，第310～312頁。

民主義，以為立國之科律。揆其涵義，則民族主義，注重精神之建設；民生主義，注重物質之支配；而民權主義，則求精神與物質之合理應用。救弊補偏，斟酌至當，冶中外古今聖哲之學說於一爐。巍巍乎！誠世界最完善而偉大之主義也。惜夫國人瞢焉罔覺，權利是競，天下紛紛，內則軍閥割據，戰伐連年；外則強敵迭乘，國恥日增。岌岌乎！誠有不可終日之勢矣。

幸我總裁，誓師北伐，完成統一。繼復提倡新生活，以恢復八德四維為訓；而於三民主義之推行，尤不遺餘力。誠有鑒於精神與物質之宜平衡也。蓋無精神，則物質失其用，而不免以養人者害人；無物質，則精神無所麗，而終至以救國者誤國。必也精神為體，物質為用，以精神駕馭物質，以物質充實精神，則善成美彰，無往而不利矣。

自抗戰軍興，吾華以積弱之國勢，窳陋之武器，與強敵周旋，卒能支持逾四年之久，且愈戰愈強，陷敵泥淖，此無他，主義與精神之效也。顧當此紛擾之秋，異黨邪說，乘機構扇，國人思想，不免動搖，而青年為尤甚，此當前之隱憂也。同人為擁護三民主義，及指示國人迷途計，特發行《三民主義文藝季刊》，冀以文藝之陶冶，求主義之實行，俾主義與文藝，融浹無間，主義藉文藝以顯，文藝賴主義以行。且以主義之實，救文藝之虛；文藝之體，宏主義之用。則精神文明，資文藝以發揚；物質文明，共文藝以建設，抗當前之大難，奠弈世之宏基，胥利賴焉，此同人之所馨香禱祝者也。〔註1243〕

1月1日，《建立三民主義文學芻議》文章在《三民主義文藝季刊》雜誌（第1卷第1期，第11～17頁）（創刊號）發表。摘錄如下：

時代之思潮，每反映於文章，若影之隨行，響之隨聲，推之於藝術音樂，莫不皆然。當一民族之勃興也，其始雖文化苟簡，然其勇往邁進奮發有為之朝氣，常能自然流露。故發為歌謠，形諸吟詠者，雖技術不精，而其氣磅礡，必非叔世頹廢哀傷之作可比也。及其文化已孕育至一相當程度，則內蘊既富，葩發自呈，其光彩乃絢爛，可遍視焉。又或民族間交通既頻，不同之文化，相互影響，激

〔註1243〕 《胡先驌全集》（初稿）第十五卷人文科學文章，第313頁。

蕩啟發，新機驟增；於是或介紹，或傳譯，或創作，或發揚；能使
因襲陳舊之文壇，頓陳革新之氣象；名世之著，遽如春筍怒發，其
興也勃焉。又或途窮則變，變而後通，苟有命世之才，必求自立之
道；每能化腐朽為神奇，振庸俗為風雅，於是燕樂拔為雅奏，方音
變為雅言；斯固一時風氣之潛移，然亦由於三數雋才所提倡。之四
途者，蓋有價值之文學創造光大之所由，准諸古今中外，莫不皆然，
而要以國民之文化與思想為其基礎也。故欲窮究其原委，必先鈎稽
其文物與思潮；欲有所因革建樹，亦必導源其星宿海，斯本末終始，
因緣業報，犖然畢陳。探討則如網在綱，創作亦有根斯茂。必如此，
方能紹述；亦必如此，始能創造。昧於此理而妄談著作，則徒災梨棗，
而飽蠹蟫；在個人為徒勞，在國家為蠹賊；鳴鼓而攻之可已。

今試舉古今中外之事實，以證吾言。吾國文化創自黃炎，然邃
古無徵，苟簡可想。吾初民文藝之表現，首在成周，故孔子有郁郁
乎文之贊，斯期之美文，以詩三百篇為首屆。……蓋文體之創造，
雖肇始於一時之風氣，而尤賴十數傑出之文豪，以其天縱之聰明，
建神奇於臭腐。此固騖新者所豔稱，然其果能化鄭為雅與否，尚賴
文學天才之黽勉，非盡人皆能率爾操觚者也。

既知文學因襲創造之原因，乃可語於三民主義之文學之建立。
國父之創三民主義、實淵源於吾國固有之文化。……故吾人如欲建
立三民主義之文學，必先恢復吾國民族之自尊心，決不可自暴自棄，
謂他人父。否則在思想上已為他人之奴隸，其建樹之文學，亦只稱
為奴隸文學，與三民主義已背道而馳矣。

夫欲研究一國之文學，必先研究其語言文字，皆有獨特之性質，
與其他文化系統迥異。盡人皆知，中國語之特質，為單音而有五聲。
然非特中國語言然也，所謂緬甸印度語系，莫不皆然。……而吾族
則以為單音語之故，一音每代表若干不同之字，雖繁衍聲調之區別，
猶不足以濟辨別之窮，故其文字之發達，乃趨於衍形之一途。故六
書雖有諧聲之法，然終不能完全廢棄象形指事會意各法，而完全創
造用字母以構成之拼音文字也。然吾族之所以能成為世界上第一偉
大之民族者，則惟此衍形之文字是賴。即吾族文學所特有之優美要
素，為他種文字所無者，亦基於此焉。

今試一究吾國古代之歷史，則知自黃炎下逮商周、諸夏各部落，皆與異族雜處。……

讀者幸勿輕視此衍形之文字也。吾嘗考與諸夏雜處或鄰近之民族，凡習吾衍形文字者，莫不與吾同化。而苟創用衍音之字母者，則雖因襲吾國之文化，而終不能完全與我同化焉。……吾國既以創造衍形文字之故，而得形成四百兆之偉大民族，保持五千年不絕之文化，是吾文字乃吾族無上之瑰寶也。既言民族主義，而欲創立三民主義之文學，則此衍形之文字，首須保存，凡創拉丁化之謬論者，皆吾民族之罪人，必須投諸四裔不與共中國者也。

復次因漢字衍形不衍音之故，其形與音無絕對之聯繫，驟視之似足以增加記憶之困難，然習漢字所需者為目而非耳的記憶，童而習之，甚為容易。……於是中國始大統一。秦始皇與李斯在吾族之豐功，所以永垂不朽者，統一文字，亦其一端也。

吾國衍形文字，除能統一吾族同化他族外，尚有其他特具之優美性質，為他種文字所無者，研究文學者，不可不知之。一則其字之構成，基於象形指事會意諧聲諸法，故其意義易於表現，且諧聲之法即兼會意。……二則以漢語音外有聲，遂能增加語言之音樂性。……三則以字形不變而以鑄辭為文字增長之法門；故文化能獲得永久繼續性，其內函之意義亦與年俱長。……

建立三民主義文學，尚有一先決問題，即文體是也。語體文之創用，始於胡適氏。其立論之基礎，則為吾國文言不合一。文言文為死文字，語體文為活文字，用死文字決不能寫活文學。其謬誤予早已著論斥之。實則語體文言本無絕對之區別，而胡適與現時一般人通用之語體文，已非大眾之口語；而胡適且主張創造文學的國語，國語的文學，則其目的已不在絕對的通俗化大眾化可知矣。吾國之文字衍形而不衍音，故只有蛻嬗而無絕對之死亡。……吾輩如欲創建民族文學，豈可盲從此輩鄙棄吾國文化之叛徒乎。

且文語差異，無國不然。在衍音之民族尤甚。若國家趨於統一，則文字亦趨於從同，若國家分裂，則文字每趨於歧異。……故寫作文字必視其性質而有用俗語與雅言之殊。如法令公牘哲學政治，或取體制之堂皇，或因函義之邃密，俗語必不能盡其用；故必用雅言

方能表現之而無遺憾。至若小說戲劇則取口吻情態之逼真，不以傖荒為失體，則不防儘量採用俗語。通俗與典雅各有其用。若專持一端，苟非膠柱鼓瑟，則必別有用心矣。故作公牘報章學術文字，則清暢之文言，已為適當之利器，至少亦必運用文學的國語。彼高唱大眾語言運動者，其識見之淺近與動機之不純良，與主張拉丁化者如出一轍，皆須大聲呵斥不容其鴟張者也。

復次：一國有一國之文法，不能削足就屨，斷鶴續鳧，在昔翻譯佛典，即有直譯意譯兩派主張。……與今日之青年文人談文章義法，桐城文派，殆莫不嗤之以鼻。亦知歐西各國之名家亦再三著力於修辭琢句之功乎。吾嘗譏徐志摩之詩為材料，以其質雖美而不加琢磨，不得稱為完美之產品，蓋雖有詩意而不知琢句鍊字也。世有精於琢句而不能名世之著作，未有文字蕪雜而能垂之久遠者。魯迅之書，雖然傳誦一時，將來必有覆瓿之一日。今日號稱名作家者，十九皆難逃此命運。有志寫作之人士，其瞿然引為戒懼乎？〔註1244〕

1月1日，《〈元旦慶祝歌〉詞》，程懋筠曲，文章在《三民主義文藝季刊》雜誌（第1卷第1期，第75頁）（創刊號）發表。摘錄如下：

坤輿廣容，寰瀛棣通。皇哉吾華，馭外宅中。三靈耀景，九州攸同。表於東亞，泱泱大風。

義師雲蒸，共和日升，鍾山龍蟠，大業肇興。五權各執，三民是承。垂之萬古，昭若準繩。

惟聖傳心，惟哲嗣音。威邁漢唐，化洽黎黔。大同奠石，一德斷金。永維邦本，共沐春霖。

（注一）元旦慶祝，古云元會，亦云正旦，元正歲朝，其歌皆屬燕饗樂雅之類也。詞尚莊雅，體以四言為宜，但長篇則節奏難安，故當分章而疊奏之。此篇三章，章四句，取鹿鳴之體。慶會歌詞欲其鏗鏘鼓舞，故三章用韻皆陽荒（接之段氏音韻表，首章九部，次六部，末七部）。句詞平仄略同。

（注二）譜用五聲音階，並仿崑曲及雅音之遺韻，以表現東方

〔註1244〕張大為、胡德熙、胡德焜合編《胡先驌文存》（上卷），江西高校出版社，1995年8月版，第369～380頁。

大國之風。〔註1245〕

1月3日，三民主義文運會敦請羅廷光講演，題為「三民主義與教育學」，本日下午二時在省黨部舉行。

【本報訊】本省三民主義文化運動委員會，自三十年十一月起，於每星期六，舉行三民主與學術公開講演一次，業經敦請省內外名流學者葉青，胡先驌，程時煃，馬博庵，王易諸氏，先後在省黨部建設廳兩處講演，聽講者俱極踴躍，茲悉該會定於今日（三日）下午二時，在省黨部大禮堂，繼續舉行第六次學術公開講演，敦請國立中正大學教務長羅廷光講演「三民主義與教育學」，歡迎各界人士臨聽云。〔註1246〕

1月8日，周拾祿致胡先驌信函。

函文：查本大學農學院前為便利研究江西柑橘類果樹起見，擬在贛南設立果園，惟目前物資困難，籌設新園殊屬不易，茲悉貴廳在南康縣設有贛南果園一所，所栽種果木多係國內外優良品種，規模已具，正適合本大學農學院研究之需要，茲經一度商准貴廳願以該果園讓歸本大學辦理，但須歸還籌設資金三萬兩千元。本大學現可照辦，擬請貴廳將該果園價讓與本大學接辦，俾利研究，該園創辦資金三萬二千元當次數歸還，相應函達即希查照辦理，見復為荷。

（鄭瑤先生提供）〔註1247〕

1月9日，中正大學致教育部信函。

1942年中正大學因1941年11月貸金及補助費尚未匯到，故請教育部下撥。〔註1248〕

〔註1245〕《胡先驌全集》（初稿）第十五卷人文科學文章，第321頁。

〔註1246〕梁洪生主編《杏嶺春秋——〈江西民國日報〉有關國立中正大學的報導全匯（1938～1949）》，2010年12月內部印刷。中華民國三十一年一月三日週六第三版。

〔註1247〕江西檔案館，檔號：J037-1-00701-0034。

〔註1248〕《急需款卅萬元，乞火速電匯》（1942年1月9日），《中正大學工程處建築合約及圖樣借款合約副本等文書》（194112～194211），中國第二歷史檔案館藏，全宗號五，案卷號5912，第104頁。高志軍著《政治與教育的互動：國立中正大學研究》，2021年12月華中師範大學博士學位論文，第120頁。

1月10日，胡先驌致教育部陳立夫信函。

　　正題名：令仰就原有經費中注重水利工程教學研究由。

　　（鄭瑤先生提供）〔註1249〕

1月12日，胡先驌致江西省建設廳信函。

　　胡先驌致函江西省政府建設廳。中正大學農學院為便利馮言安教授及院內同人研究起見，打算在贛南設立果園一座，但是因物資困難，籌設新園之行動遲遲未能拍板。農學院院長周拾祿得知江西省政府建設廳在南康縣設有贛南果園一所，便致函胡先驌希望能夠接辦該果園，胡先驌當然知道現在農學院內部研究場所匱乏，倘能接手贛南果園，對江西柑橘類果樹分類研究、果品改良研究，均極為有利。於是在1942年1月12日，胡先驌便致函江西省政府建設廳廳長楊綽庵，函稱「函文：查本大學農學院前為便利研究江西柑橘類果樹起見，擬在贛南設立果園，惟目前物資困難，籌設新園殊屬不易，茲悉貴廳在南康縣設有贛南果園一所，所栽種果木多係國內外優良品種，規模已具，正適合本大學農學院研究之需要，茲經一度商准貴廳願以該果園讓歸本大學辦理，但須歸還籌設資金三萬兩千元。本大學現可照辦，擬請貴廳將該果園價讓與本大學接辦，俾利研究，該園創辦資金三萬二千元當次數歸還，相應函達即希查照辦理，見復為荷」。〔註1250〕

1月13日，教育部致中正大學信函。

　　對於校方請求，教育部予以適當回應，如1942年1月，教育部續墊該校該年度臨時費並「飭庫劃撥」。〔註1251〕

〔註1249〕江西檔案館，檔號：J037-1-00700-0001。

〔註1250〕江西檔案館，檔號：J037-1-00701-0032。鄭瑤著《繼往開來責在斯——國立中正大學農學院研究（1940～1949）》，2019年江西師範大學碩士研究生學位論文，第28頁。

〔註1251〕《復中正大學本年度臨時費十六萬元己飭撥其餘並經速撥該校》（1942年1月13日），《中正大學工程處建築合約及圖樣借款合約副本等文書》（194112～194211），中國第二歷史檔案館藏，全宗號五，案卷號3763（2），第109頁。高志軍著《政治與教育的互動：國立中正大學研究》，2021年12月華中師範大學博士學位論文，第119頁。

1月14日，楊綽庵致國立中正大學信函。

　　楊綽庵致函國立中正大學。楊綽庵對省內新生大學所請十分理解，兩日後便回覆胡先驌「可將贛南果園讓與接辦，希即派員前往接收」。〔註1252〕

1月14日，胡先驌致真民信函。

　　真民先生道鑒：

　　展誦手教，敬悉一是。先生履行夙約、信義為懷，至深佩慰。下學期所授課程，承囑請人庖代，自可准行，即祈商諸羅容梓先生辦理為荷。

　　專此並項

　近祺

　　　　　　　　　　　　　　　　　　　胡先驌 啟

　　　　　　　　　　　　　　一月十四日（1942年？）〔註1253〕

1月15日，江西省戲劇學會在泰和成立。

1月17日，胡先驌致江西省政府建設廳信函。

　　函文：案准貴廳三十一年一月十四日覆函允將贛南果園讓與本大學接辦，囑即派員前往接收等由，至為感激，茲請本校馮言安教授前往接收，即希惠予轉飭該園知照，至創設費三萬二千元一俟本校領到教育部本年度經費即行奉上。

　　（鄭瑤先生提供）〔註1254〕

1月20日，管理中英庚款董事會致中正大學信函。

　　1月20日，中英庚款會致信國立中正大學：「為貴校請補助圖書儀器十萬元及設置講座等費俟明春視收息狀況或銀行借款有圓滿結果再作決定由」。〔註1255〕

〔註1252〕鄭瑤著《繼往開來責在斯——國立中正大學農學院研究（1940～1949）》，2019年江西師範大學碩士研究生學位論文，第28頁。

〔註1253〕《胡先驌全集》（初稿）第十七卷下中文書信卷，第453頁。

〔註1254〕江西檔案館，檔號：J037-1-00701-0036。

〔註1255〕張建中著《一而再再而三，鍥而不捨寫申請，這位校長到底為了什麼？》，公眾號「江西檔案」，2019年10月30日。

1月22日，行政院致電教育部，要求各團體及學校嚴禁遊行。

　　1月22日，行政院去電教育部要求各團體及學校嚴禁遊行：「我國自對暴日與軸心國宣戰以來，責任愈加重大，事業益為艱巨。凡我全國國民，均應刻苦沉著，嚴守紀律。各在本位加倍振奮，克盡職責，發揮整齊嚴肅之戰時精神，決不可再有任何粉飾虛嬌之無味鋪張，及影響後方社會秩序之行動，免使敵謀漢奸混入為祟。嗣後各省市及其所屬地方，無論任何團體及學校學生與一般民眾，概不得假借任何名義，集眾遊行，應由當地各級軍政機關負責取締，嚴切禁止。如有故違禁令者，不問何人，即以擾亂治安論罪。此實戰時必須樹立之紀律，亦即倡導人們力崇篤實之要圖。除分令外，合行令仰格切奉行轉飭，所屬一體遵照，並將奉令日期具報為要。」〔註1256〕

1月25日，熊式輝向蔣中正請示中正大學學研究經費。

　　午謁見總裁，報告不日返贛，請示中正大學學研究經費，又報告葉青在贛努力情形，承示即贈葉三千元，以示鼓勵。余與葉君等原擬組織「三民主義研究會」，研究三民主義之制度化、學術化等等問題，希望我們國家在一切政治上之法制等，俱能表現出不與資本主義共產主義等國家所有者相同，可能一望而知是真正屬於三民主義的。可惜余將遠行，暫不能躬余其事，只有屬望於葉君等之繼續努力。〔註1257〕

1月27日，胡先驌致管理中英庚款董事會信函。

　　事由：為檢送本校前請撥款補助購置之儀器清單（工學院所請）及擬聘請之講座潘大逵嚴楚江履歷二份，請察核備查由。

　　（鄭瑤先生提供）〔註1258〕

1月30日，共商中正大學為反孔運動而舉行遊行事情。

　　晚消息傳來，中正大學將於明日為反孔運動而舉行遊行消息，乃往省府與省黨部馮委員崎、程廳長時煃、胡校長步曾、朱訓導長、羅

〔註1256〕高志軍著《政治與教育的互動：國立中正大學研究》，2021年12月華中師範大學博士學位論文，第174頁。

〔註1257〕熊式輝著《海桑集——熊式輝回憶錄》，星克爾出版（香港）有限公司，2009年8月版，第259頁。

〔註1258〕江西檔案館，檔號：J037-1-00819-0098。

教務長、馬院長等共商處置，在中正大學發生此事，殊出意外。〔註1259〕

1月31日，熊式輝在中正大學講演。

在中正大學與全校師生講「平洋形勢」，注重精神總動員，發揮中正大學民族精神堡壘作用，努力做好肅反工作。〔註1260〕

1月，《一九四三年之展望》文章在《國立中正大學校刊》雜誌（第3卷第8期，第4～8頁）發表。摘錄如下：

國抗戰至今，已經過五週年半，以年份論，已跨入第七個年頭，我們經過這樣長期的苦鬥，有了什麼成就？是否今年便能獲得最後的勝利？獲得最後勝利後，我們中國在將來的世界上能取得怎麼一個地位？將來的世界會演變成什麼樣子？總而言之，今年開歲後的展望如何？是我們大家都希望知道的，我們應該仔細研究一番。

自從前年十二月八日倭寇掀起了太平洋戰爭，在東亞我們之神聖抗日戰爭，便成為世界反侵略戰爭主要的一部分。接著我們便與德意兩國宣戰，中國便成為反侵略同盟四大強國之一，這在我國近代史上是最可紀念的事件。在太平洋戰事之初期，同盟軍方面是失利的。敵寇以欺騙的方式偷襲珍珠港，使美國太平洋艦隊遭受重大損失，接著奪取了香港、菲律賓、新加坡、荷屬東印度，最後襲取緬甸，攻入滇西，截斷了滇緬路，幾乎是所向無敵。實際上日寇這初期的勝利是不穩固的，盟國此期失敗的原因，是英美人士認定日寇當局假如稍有一點政治眼光，是決不會出向英美兩大強國挑釁的剖腹自殺下策，故在太平洋方面疏於防禦。再則英美兩國認定同盟國最可怕的敵人仍是德國，德國失敗後，以同盟國的綜合力量擊敗日本是易於反掌的，所以在太平洋一帶英美的陸空軍的實力都很薄弱，看見眾寡不敵，也就不肯死守作無謂的犧牲。我們在這裡應認清事實，對於英國軍隊不可過於輕視。因為英國軍隊在保衛英倫三島，在克利特、馬耳他，尤其在非洲作戰，都是很勇敢的。

〔註1259〕熊式輝著《海桑集——熊式輝回憶錄》，星克爾出版（香港）有限公司，2009年8月版，第259～260頁。

〔註1260〕熊式輝著《海桑集——熊式輝回憶錄》，星克爾出版（香港）有限公司，2009年8月版，第260頁。

在這時期我們中國在同盟國中爭得許多光榮。第一是英美對日本宣戰後，我們立即向德意宣戰，毫不遲疑，以視蘇俄至今尚未向日本宣戰，有上下床之別，這是英美兩國所感激我們的。第二香港保衛戰、緬甸保衛戰，我國軍隊作戰之英勇、犧牲之精神，使英國朝野一致欽佩，使歐美人士深切體認中華民族之風度。這種精神上之收穫，是難以估計的。第三是總裁的訪印，在太平洋戰事初起的時候，印度少數國家主義者，因為急欲掙脫帝國主義的束縛，竟有歡迎日寇攻取印度的傾向。自總裁同蔣夫人訪印，與印度各黨派領袖晤談後，遂使印度全國對於日寇都有深切之認識，一致有抵抗暴日之決心，這是與同盟國反侵略戰有莫大關係的，遠勝過派遣百萬大軍去防衛印度。這種政治上的功勳只有總裁同蔣夫人才能建立，其後果且將影響到世界將來的和平，與全人類的解放。這是我們最高領袖的光榮，也是我中華民族的光榮。

在過去一年中初期是同盟軍在太平洋節節失利，到夏季德國又發動第二次攻蘇戰爭，來勢極猛，直指高加索，幾乎有與在北非所向無敵的隆美爾會師的可能，而埃及的首都開羅與蘇彝士運河亦幾乎在隆美爾掌握之中。假如日寇那時能侵入印度與德軍在中東會師，則大英帝國的命運便岌岌可危了。然而下半年來，局勢便迥然不同。第一在南太平洋方面，中途島、珊瑚島、所羅門群島、新幾內亞的幾次海戰，使日寇的海軍及航運船隻大受損失，至今敵人自香港至大連要利用中國的航船來供運輸之用。美國空軍之轟炸東京，使日寇朝野已認識厄運即將來臨。英國之佔領馬達加斯加，及以大量海軍防衛錫蘭，與太平洋中美國無限制之潛艇政策，已使日德海軍在太平洋印度洋無用武之地。而英美中三國軍隊同駐印度，對於印度之陸上防禦已增強多倍。在中國方面，夏間日寇在浙贛的蹂躪，除掠取大量物資外，並無戰略上的成就；三次湘北會戰的失敗，至使敵人不敢作第四次攻擊湘北的企圖；而我空軍轟炸南昌漢口以及開灤煤礦，已使淪陷區的敵人軍心動搖。攻雲南的敵軍始終不能渡過怒江，而我空軍時時出動轟炸駐緬甸的敵軍，予以重大的打擊。故至最近雖敵酋寺內到滇邊視察，對雲南緬甸印度發動攻勢，然毫無進展；滇緬路雖尚未復，然美國的大批運輸機使我們能繼續獲得所

需的物質與軍火。現英軍已開始攻緬甸,滇緬路的重開,亦不過是時間的問題。此外尚有一重大事件即阿拉斯加公路的完成,此路一通,美國接濟俄國與攻擊日本俱容易多多,日本重要城市,都在以阿拉斯加為根據地的美國轟炸機射程之內了。

在歐洲方面,德國以百萬大軍數千架飛機與坦克車竭全力以攻史塔林格勒數月不下,以視前年攻勢之成就,相去遠甚,所有其陸軍的精銳在第一年已犧牲殆盡。去年攻蘇之大軍多是後備軍與附庸國家的客軍,士氣與戰鬥力都甚薄弱。故自北非第二戰場開闢而被迫由東戰場抽調援軍後,德軍乃節節敗退,損兵折將不可數計,恐不久便要蹈拿破崙的覆轍了。在北非方面雖以德潛艇戰之激烈,英美仍能將大軍及大量軍火運到北非,開始第二戰場的閃擊戰。不但意軍全部被俘,蒙特哥麥雷將軍率領的第八軍,且把隆美爾打得落花流水,無喘息的工夫,眼見得軸心軍要全部被驅出非洲。尤以達爾朗與吉羅德之領導北非法軍以抗軸心軍,及土倫港法海軍的自行毀滅,致德意受到致命的打擊,不但墨索里尼想把地中海變成「羅馬內海」的夢想已歸幻滅,既盟軍攻擊意大利的時機亦將成熟,致使希特勒已預備將轟炸殘餘的意大利工廠搬往德國,其形勢岌岌可危已可想見了。

經過去年一年的演變,今年世界大局的展望,我們可以預測,軸心國的實力已日趨於衰減。在歐洲,同盟軍在克服全部北非後必北向以大軍在意大利登陸。登陸之後,必所向無敵,而意國將迅速崩潰,因為意國人民因生活艱苦而疾視納粹,對同盟軍必不肯堅強抵抗。且意國陸軍向來是擁護意王的,意王與英王是親戚,將來意國陸軍必起而推倒墨索里尼,而擁戴意王以與同盟軍單獨媾和。同時盟軍今年的歐洲春季攻勢,除攻意大利外,亦許同時自法屬北非攻法國南部,自英倫海峽攻法之西部,而在北歐東歐亦發動戰爭。略地之後,既以大量軍備供給當地民眾,使組織抗德軍隊。在東戰場方面蘇軍則由烏克蘭進軍波蘭,由波蘭而攻德國本土,德國到那時將四面受敵。加以國內有戰俘或強徵的七百萬外國工人,時謀掙脫殘酷的奴役,一旦革命發動,則必群起響應,那時希特勒的第三帝國,必至完全崩潰。崩潰之期,大約在盟軍春季的全面攻勢發動

幾個月內。歐美消息靈通人士的估計在今年的秋間，大約差不多。
南非聯邦內閣總理斯末資將軍說納粹的總崩潰也許要較我們預料的
迅速。這句話我們是要深切體認的，因為德軍的士氣已頹廢極了。
糧食缺乏，汽油缺乏——希特勒作戰三年半始終沒有佔領一塊油田，
羅馬尼亞的油田，全部不足供德國平時之用，高加索的油田，雖被
暫時佔領亦不能守，這兩椿便足以致德國的死命。同時德國反納粹
黨人的地下工作，勢力十分龐大，時機成熟，革命一定會爆發起來。

　　歐戰結束後，英美必以全部海陸空軍以泰山壓頂的力量來攻擊
日本，那時日本自無幸理。海軍方面，盟軍將逐漸收復安南、新加
坡、馬來荷屬東印度、菲律賓、香港各地，自東西南三方面襲擊日
本本土。日本海軍的命運不是為英美海軍所擊毀，便是如法艦隊在
土倫港自行擊沉。同時盟軍的陸軍——以中國軍隊為主，自中國全
面反攻，將中國淪陷區的日軍全部殲滅，俄國那時則自東海濱省協
同中國自內外蒙古華北三方面出擊的軍隊，不難一鼓而收復東四省。
同時俄國的空軍，必協同英美的空軍自海參崴襲擊日本的心臟。這
樣一來，日本的崩潰，也不過幾個月期間的事。日本是否在今年年
底便會總崩潰，固未可知，然在今年冬季——或者以前——必將呈
現初期崩潰之象，如放棄華南華中據守黃河以北，繼而自華北撤退
至山海關外，據守東四省為最後之掙扎等等。去年十二月二十七日
東條對眾議院的戰況報告，等於默認大禍之降臨，他說：「序戰時完
全敗北的敵方，刻正企圖奪回南方佔領地，增強中國之抵抗力，自
所羅門新幾內亞及阿留申方面從事反攻。具有極重大意義之作戰，
正在各方面進步，或即將展開。」他報告道：「緬甸方面，目下在印
度的敵軍，號稱陸上兵力百萬，飛機六百架，且在逐次增強中；所
羅門方面敵軍有整備之航空基地，在其制空權下，陸上及從事海上
補給，殊非易易。」又說：「將來敵航空勢力之增加，及其不遜之企
圖時，則我方對敵之空襲我國本土，實須作充分之準備。」又說：
「滿洲方面，茲正日夜默默為防禦警戒而邁進，注意變幻莫測之世
界情勢，鞏固北方之守衛，於我東亞戰事之進行上，奠定安若磐石
之基礎。」日閥的首領對於戰局發表如此焦慮戒慎的論調，十餘年
來，還是第一次。我們尤須注意他關於滿洲的一段話，他不肯明說

防備俄國來攻擊他，且預備以滿洲為他的最後根據地。在敵寇發動太平洋戰爭時，想一舉即摧毀美國太平洋艦隊，而席卷南洋群島，東襲澳洲，西襲印度，與德國會師中東，取得東亞惟一霸權。及至戰事逆轉，則知戰勝已無希望，但願英美德蘇在苦戰之後，德雖崩潰，而英美亦疲憊不堪，那時他可以取得較有利的媾和條件。及至英國首相丘吉爾宣稱即使歐戰先結束，英美亦必以其全力擊敗日本，必使之無條件降服而後已。英美人士且強調主張會師東京，作為征服的象徵，日寇始明瞭他將來不可避免的命運。

照以上所說，今年必可看見軸心國的崩潰與盟軍的最後勝利，即使日本在今年未必完全崩潰，亦將開始崩潰了。我們政府宣稱今年的主要工作為作復員的準備，便可以知道勝利在望了。

同盟國勝利以後，我們中國在世界上的地位如何？這是我們最關心的事，同時世界變成什麼樣子，也是我們所要知道的。這裡讓我也作一個預測。

自我國而言，我們的失地，必能完全恢復，不但要恢復九一八事變以前的疆土，且要恢復甲午以前的疆土。子文部長已經宣稱我們必須收回臺灣與琉球。宋部長是不輕於發言的，以他在此次世界戰爭中的地位，他說的話，必定要實現的。所以臺灣琉球的收回，絕對無問題。而外蒙古與新疆的問題，亦已解決，領事裁判權已經英美宣布取消，直到那時，我們的領土才算完整，不平等條約才算廢除了。那時朝鮮可以獨立，安南大約也可以獨立，至少可以如緬甸印度一樣取得自治領的地位。總裁已宣布中國對於東亞弱小民族，只有義務沒有權利，並不要在東亞取得領導地位，這便是三民主義的民族主義的真精神，與帝國主義不同的地方。所以中國雖為將來世界四大強國之一，我們並不要東亞的弱小民族做我們的藩屬。至於香港，本彈丸之地，我們既有了臺灣與海南兩大島，將來又要開闢南方大港，英國雖不歸還香港，在我國亦無足輕重了。

戰後中國地位之崇高，自不待言。侵略主義的國家既已解除武裝，將來為防止侵略主義再生，必須組織國際武力以供警察之用。英外相艾登已經說過將來有武力的國家，只有英美中蘇四國。我們有安定東亞和平的義務與權利，所以在東亞只有中國能保有適當的

武力。日本解除了武裝,英美保有龐大的海空軍,中國與蘇俄保有相當的陸軍,東亞與世界五十年至百年的和平,是可以保障的,而中國將成為保障東亞與世界和平之一重要角色,這是我們最值得興奮的事。

同時英美必能幫助我們開發我國的資源。戰後歐洲已破產,俄國已精疲力竭,英美兩國亦極度疲乏。世界的復興,一方需要開發資源以調整世界上之重工業,一方需要廣大之市場以救濟工業國戰後之危機,則英美兩國,必須幫助中國開發資源,建立重工業,毫無疑義。所以拉鐵摩爾說現在中國要美國的幫助,戰後美國要中國的幫助。這就是說美國需要開發中國的資源以消納其過分發達的重工業,要發展中國的市場,以為貿易的尾閭。我們的利害既與英美相同,則我們的建國計劃是容易完成的。美國人說二十一世紀中國將為世界上至少東亞的第一個工業國家,這是毫無疑義的事。

至於東亞其他各國,日本雖失敗,英美中蘇四強仍會扶助他能立足於新世界。他的「八紘一宇」的幻夢是覺醒了,將來他在四強善意的卵翼之下,可以發展為一二三流的輕工業國家,那時他將遇事仰仗中國,不敢再存侵略的野心了。其他如朝鮮、安南、泰國,雖為獨立國,亦將以中國為重心。荷屬東印度必能取得自治領地位如荷蘭女皇所宣布者,菲律賓當能獲得完全之獨立,印度緬甸至少可獲得自治領地位,是東亞各民族都可以得到解放,皆大歡喜。

歐洲方面,大西洋大憲章必可實現。那時德意悔禍,縱被解除武裝,英美必能扶助他,使能逐漸恢復其經濟力。其他為德意所蹂躪殘破的國家,英美尤須使之恢復。美國此時已組織一國外復興委員會,便是為戰後歐洲復興而設的。戰後的俄國,亦將賴美國以恢復他的瘡痍。那時世界雖盡力企圖實現民族自決之精神,幾個重要的聯邦是會在歐洲產生的。現在已知波蘭同捷克正議組織聯邦,希臘與南斯拉夫也有組聯邦之議。我以為斯干丁拉維亞半島三國與芬蘭有組織聯邦的可能,荷蘭比利時與英法是否能組織西歐聯邦,或尚待將來的發展。歐洲各國組成幾個聯邦,便是組織世界聯邦的前奏。

戰後的世界整個要成為一個甚麼模樣呢?我們雖然不可過於樂觀,然而帝國主義侵略主義是要趨於消滅,這是毫無疑義的,原因

是在今日政治經濟及科學的環境之下，國與國間，民族與民族間，互相仇視猜忌戰爭，必使人類趨於自殺，文化趨於毀滅。造物宰使人類主宰這個世界，可以說是一種試驗。這個試驗失敗，他會另作一個試驗的。人類不服抬舉，自取滅亡，他會令別種動物在人類文化廢墟上另建一個更好的文化。軸心國此次的失敗，將使人類得到一最寶貴的教訓，同時中國與蘇俄的民族戰，與馬來緬甸殖民地人民對於抗日戰爭之袖手旁觀，會使帝國主義者了然於殖民地政治之無前途。而且現代的經濟是有餘的經濟，不是不足的經濟；是分配的經濟，不是生產的經濟；是互助的經濟，不是競爭的經濟，這是英美兩強國有識人士所深切認識的。美國所以在此時便要組織國外復興委員會，英國國會在十二月二日舉行辯論會時，工黨領袖格林武德所以強調聲明經濟合作之重要，主張以國際合作來建立國際貿易，便基於這種基本的原理。英國在去年已經在中東實行了國際經濟合作政策，使中東地方的人民與盟邦獲得互助的利益。戰後以英美為領袖，這種經濟合作，必能推及於全世界，將來開發未開的資源的權利必須付託於全人類，而不能委之於以牟利為目的之財團，重工業必收歸國有，關稅壁壘必可消除，以全人類之幸福為目的之統制經濟必須建立。如此則可到達共存共榮家給人足的目的，和平始可保障，戰爭始可消除。同時英美兩資本主義國家因此次抗戰的需要，在其國內已起了不流血的革命，他們已經變成社會主義國家了，至少英國是如此。羅斯福總統宣言作戰之四大目標：一為廢除貧乏，英國以比韋律己爵士（Sir William Beveridge）為主席的社會保障委員會所發表的報告，也以廢除貧乏為最大目標。此報告所主張在一九四四年七月一日開始實施之政策，官稱凡是英國的國民都應當享受十項權益：1. 失業殘廢與訓練期內之利益，2. 退休養老金，3. 婦女生產期內之補助金，4. 寡婦之利益，5. 保護人之利益，6. 家屬或倚賴人之利益，7. 兒童之用款，8. 全體殘廢工人之企業養老金，9. 結婚補助金，10. 喪葬補助金。此種社會政策如能施行，則英國已變成理想的社會主義或三民主義國家了。老大之大英帝國，已經如此進步，美國亦必起而仿傚，而蘇俄不能專美於前，中國對於實現三民主義尤當具有信心而格外努力了。

以上所陳，證明今年～一九四三年——實為人類歷史上最有希望之一年。不但同盟國神聖之反侵略戰勝利即在目前，而戰後我們且可以獲得一徹底改造的康樂幸福新世界。我們中國不但領土可以完整，不平等條約可以廢除，且可以建設為東亞一大強國。在人類歷史上，可謂千載一時之機會，在我們中國也是千載一時之機會。然而欲獲得最後勝利，與戰後建立一理想之國家與世界，尚賴我國人加倍努力。將來的福利愈大，現在的負荷愈重，願國人群策群力以完成此神聖之事業。〔註1261〕

1月～2月間，胡先驌向管理中英庚款董事會提交申請。

胡先驌並未氣餒，他於1942年一二月間再次向中英庚款會提交申請，請求後者補助正大購買儀器費10萬元，並呈交了購買儀器清單三份；同時還呈交了正大工學院教授潘慎明和農學院教授嚴楚江兩人的中英文履歷一份，懇請中英庚款會為潘、嚴二人設置庚款講座教授。〔註1262〕

國立中正大學修建的禮堂，取名為「天翼堂」。撰寫「天翼堂奠基文」。原藏江西省檔案館所藏中正大學檔案。

熊公天翼治贛十秩，政通人和，周澤既洽，復為實現我總裁之理想教育計，苦心孹畫，不憚艱阻，於戰時戰地，創立中正大學，加惠士林，協助建國，卓識豐功，金石並壽。聿構堂宇，俾永欽崇，邦人君子，尚其念旃。

胡先驌 敬題〔註1263〕

2月6日，國立中正大學嚴禁學生集眾遊行。

教育部接獲電令後，於1942年1月24日下發各校。中正大學2月2日收到部令：「行政院機字第一四〇二號密令以我國自對暴日與軸心國宣戰以來，責任重大，事業益艱。全國國民均應刻苦沉著。嗣後無論任何團體及學校學生與一般民眾，概不得假借任何名義，

〔註1261〕《胡先驌全集》（初稿）第十五卷人文科學文章，第336～341頁。
〔註1262〕張建中著《一而再再而三，鍥而不捨寫申請，這位校長到底為了什麼？》，公眾號「江西檔案」，2019年10月30日。
〔註1263〕《胡先驌全集》（初稿）第十五卷人文科學文章，第325頁。

集眾遊行。應由當地各級軍政機關嚴切取締禁止。令仰轉飭切實遵辦等因。自因遵辦，除呈覆並布告本校學生一體遵照」。〔註1264〕

2月10日，中正大學致教育部信函。

2月，江西物價不但依舊飛漲，而且物資開始匱乏。在此情況下，校方請求教育部將1942年該校年度預算列支辦公費悉數匯寄，以赴金華購置必需品之用。〔註1265〕

2月10日，教育部致中正大學信函。

2月，校方復因「急迫」，請教育部速核准請款。〔註1266〕

2月10日，中正大學請求教育部轉呈行政院核撥。

此種「拆東牆，補西牆」之法，折射出先修班經費緊張態勢。奉蔣介石之命設立的行政管理專修科，也是該校經費支出路徑之一。1942年，本已擬具詳細計劃的行政管理專修科，因第三次全國財政會議有關規定，原由省政府撥助的月經常費9000餘元無著，中正大學請求教育部轉呈行政院核撥。〔註1267〕

〔註1264〕《國立中正大學校長室關於嚴加取締任何名義的集眾遊行的通告》（1942年2月6日），江西省檔案館藏，檔號：J037-1-00288-0001。高志軍著《政治與教育的互動：國立中正大學研究》，2021年12月華中師範大學博士學位論文，第174頁。

〔註1265〕《請特准匯寄本年預算列支辦公費144000元》（1942年2月10日），《中正大學工程處建築合約及閣樣借款合約副本等文書》（194112～194211），中國第二歷史檔案館藏，全宗號五，案卷號3763（2），第80頁。高志軍著《政治與教育的互動：國立中正大學研究》，2021年12月華中師範大學博士學位論文，第141頁。

〔註1266〕《電懇速核准前請臨時費53萬元》（1942年2月10日），《中正大學工程處建築合約及圖樣借款合約副本等文書》（194112～194211），中國第二歷史檔案館藏，全宗號五，案卷號3763（2），第81頁。高志軍著《政治與教育的互動：國立中正大學研究》，2021年12月華中師範大學博士學位論文，第120頁。

〔註1267〕《為呈送本校附設行政管理專修科經常費概算書及編製表擬請准予轉呈行政院迅賜照數核發是否有當乞鑒核示遵由》（1942年2月10日），《中正大學工程處建築合約及圖樣借款合約副本等文書》（194112～194211），中國第二歷史檔案館藏，全宗號五，案卷號3763（2）第95頁。高志軍著《政治與教育的互動：國立中正大學研究》，2021年12月華中師範大學博士學位論文，第122頁。

2月10日，胡先驌致若岩局長信函。

　　函文：臺從主辦浙贛路政卓著，賢勞仰企……茲有懇者，敝校創辦伊始，各種儀器極感不敷應用，擬請公惠借經緯儀、水準及平板儀器各二套，暨應教學需要，如將來貴局須用，必隨時奉還……

　　（鄭瑤先生提供）〔註1268〕

2月10日，熊式輝對胡先驌在中正大學用人不滿。

　　胡校長步曾來談，此君對靜生生物學造詣甚深，但於學校用人行政，為人所非議，恐於人情事理不甚留心，可惜。見胡、王、文各委員：囑擬定八十萬元作研究政治經濟基金，建立江西政教一體之學術研究基礎。〔註1269〕

2月12日，胡先驌致熊式輝信函。

翼公主席勛鑒：

　　本校為紀念我公治贛十週年政績，特建立天翼堂一所，永資瞻仰。茲定於本月十三日舉行斯堂奠基典禮，並同時舉行歡送我公赴美大會及中山室落成典禮，敬請屆時寵臨為盼。

　　專此敬頌

勛祺

胡先驌 拜

二月十二日（1942年）〔註1270〕

2月12日，中正大學邀請熊式輝出席典禮。

　　2月12日，中正大學邀請熊式輝13日出席該堂奠基禮，「永資瞻仰」。〔註1271〕同日，中正大學打出六標語以紀念熊治贛十年及歡送其赴美。標語內容為「一、熊主席是江西民眾的救星。二、熊主席是中正大學的創建人。三、紀念熊主席治贛十週年要努力實行政教合作！

〔註1268〕 江西檔案館，檔號：J037-1-00719-0106。

〔註1269〕 熊式輝著《海桑集──熊式輝回憶錄》，星克爾出版（香港）有限公司，2009年8月版，第260頁。

〔註1270〕《胡先驌全集》（初稿）第十七卷下中文書信卷，第406頁。

〔註1271〕《胡先驌關於舉行斯堂奠基等三典禮的函》（1942年2月12日），江西省檔案館藏，檔號J037-1-00935-0018。

四、紀念熊主席治贛十週年要努力建設新江西！五、發揚三民主義之學術思想。六、建立民族復興之精神堡壘」。〔註1272〕「救星」說實指熊在江西清除中共力量的努力。第二、三、五、六條則意在陳述熊與正大的關係及今後大學發展方向。第四條則在響應熊提出的「贛人治贛」理念。上述標語大體反映出中正大學試圖表明其與熊式輝的特殊關係。2月13日，在奠基典禮上，胡先驌稱熊式輝「治贛十年，多所建樹，其貢獻不僅限於本省，全國人民實均蒙其利，蓋吾國今日各項重要政治設施，多由江西創始」。此次赴美「厥功尤偉」。其後熊式輝「訓話」，要求學生除努力學知識外，尤其強調信仰三民主義。〔註1273〕

2月13日，國立中正大學基金委員會嚴格管理資金。

　　2月13日，召開的基委會第一次會議即指出：「本校基金應以不能動用為原則，但得以基金半數投資於生產事業以求擴充」。雖然如此，會上還是嚴格規定：「本校基金之出納，應根據該會決議，並須經常務委員會會計簽字」。〔註1274〕

2月13日，胡先驌為國立中正大學基金委員會次常委委員。

　　2月13日，基委會召開第一次會議，選舉出彭程萬為副主席，胡先驌、文群（江西省財政廳廳長）、程時煃（江西省教育廳廳長）為次常委委員。〔註1275〕

2月20日，國立中正大學校務會議通過「國立中正大學舜生、才琳史理

〔註1272〕　《國立中正大學關於敬請蒞臨剪綵的函》（1942年2月12日），江西省檔案館藏，檔號：J037-1-00935-0014。
〔註1273〕　《本校舉行三大典禮記盛》，《國立中正大學校刊》第2卷第15期，1942年3月1日，第10頁。高志軍著《政治與教育的互動：國立中正大學研究》，2021年12月華中師範大學博士學位論文，第182頁。
〔註1274〕　《國立中正大學基金委員會第一次全體大會議事錄》（1942年2月13日），江西省檔案館藏，檔號：J037-1-01001-0001。《本校基金委員會舉行第一次全體大會》，《國立中正大學校刊》第2卷第15期，1942年3月1日，第9頁。高志軍著《政治與教育的互動：國立中正大學研究》，2021年12月華中師範大學博士學位論文，第131頁。
〔註1275〕　《本校基金委員會舉行第一次全體大會》，《國立中正大學校刊》第2卷第15期，1942年3月1日，第9頁。高志軍著《政治與教育的互動：國立中正大學研究》，2021年12月華中師範大學博士學位論文，第129頁。

獎學金辦法」。

　　2 月 20 日，國立中正大學校務會議第三十七次常務會議通過「國立中正大學舜生、才琳史理獎學金辦法」。姚顯微父姚舜生，母徐才琳先後去世，即以所遺房產捐作基金，並自今年 2 月份起按月捐贈姚顯微每月薪金 10% 為獎金，獎給文法學院文史系成績最優者。暫定每年四名，每名一百元。〔註 1276〕

2 月 22 日，胡先驌致陳立夫信函。

　　胡先驌頗感欣慰的告知陳立夫：「年內昆明、遵義發生之學潮，曾波及東南各省，本校亦有二三不明事理之學生，企圖響應。然多數學生皆明大義，故不但未發生風潮，且全校師生皆主張全國發起積極肅奸運動，此可以告慰者也」。如胡先驌所說，在胡致函電陳立夫之時，中正大學確未發生學潮。〔註 1277〕

2 月 25 日，周拾祿關於聘任周楨及薪俸的信函。

　　周拾祿聽聞森林系新聘教授張靜甫先生因湖南農專待遇優厚，有不願來校消息，立馬致函胡先驌希望能「函文：查本院森林系尚需教授，茲有周楨先生歷任國內各大學教授有年，學問道德均極優良，擬請即聘該員為本院森林系教授，月薪四百元，並請自本年一月起支，可否之處，敬乞核示。」胡先驌收函後即刻批覆照辦。〔註 1278〕

2 月 25 日，胡先驌致任鴻雋信函。

　　叔永吾兄惠鑒：

　　接奉二月十日手書，祗悉一是。得鄭萬鈞函，云中基會已舉兄

〔註 1276〕《國立中正大學校刊》，第 2 卷第 21 期，1942 年 5 月 1 日。姚國源執行主編《浩氣壯山河——原國立中正大學抗日戰地服務團紀實》（上冊），江西高校出版社，2010 年 11 月版，第 51 頁。

〔註 1277〕《年內昆明遵義學湖曾波及東南各省本校師生皆主張全國發起積極肅奸運動》（1942 年 3 月 7 日），《中正大學工程處建築合約及圖樣借款合約副本等文書》（194112～194211），中國第二歷史檔案館藏，全宗號五，案卷號：3763（2），第 72 頁。高志軍著《政治與教育的互動：國立中正大學研究》，2021年 12 月華中師範大學博士學位論文，第 174 頁。

〔註 1278〕江西檔案館，檔號：J037-1-00062-0067。鄭瑤著《繼往開來責在斯——國立中正大學農學院研究（1940～1949）》，2019 年江西師範大學碩士研究生學位論文，第 61 頁。

為總幹事，至以為慰。中基會自兄辭職，洪芬繼任，大不如前，得兄返任，乃中基會之幸也。頃得秉農山兄來函云，查嘯山對於靜生同人之狼狽，漠不關心，此種無毅力、無主張、無同情心、無勇氣之人，有何用處？彼即陷滬不能內遷，自可舉林伯遵以代之，弟知若非洪芬而為之，兄必不可用此類之人也。

電匯之兩萬元已收到，匯劃之事須待桂君返贛面商。弟盼能促農山、劉重熙諸人內渡也。現聞日人對在港之華人甚為寬大，或洪芬與尊夫人不難出險，如有消息盼為告知。靜所弟決在敝校科學館內設立，不問中基會緊急委員會之決議如何，大約不設靜生機構之議，必創自周寄梅，農山亦有此認識。果爾，弟將遍函全世界學術機關團體，申訴周寄梅與孫洪芬破壞或貽誤靜生所之經過，同時訴諸國內輿論，則彼二人將無地自容矣，吾兄何以告我。

鄭萬鈞君為滇所主幹人物，本在靜生任兼職，今以滇所經費困難，請改在靜生領全部薪津，請告知伯遵（自一月份起）照發為感。王宗清之薪津亦請自一月份起寄泰，陳封懷弟亦將命其來贛也。現在貨幣購買力日落，而生產事業之需要極大，滇所擬在滇中種蔗，需要資金卅萬元，而年獲利卅萬元。弟擬請中基會將靜生所之基金卅萬元取出，以作此項生產事業之用，不知吾兄贊成否？如蒙贊許，弟將提案至中基會，以便在五月開大會時核准開辦。乞兄為主張，無任感禱。

滇所研究刊物名為 Yunania，即土將在泰和付印。敝校生物學研究刊物 Chiangkaishekia 不久亦將付印也。

專此敬頌

春安

弟　胡先驌

二月二十五日（1942年）〔註1279〕

2月26日，胡先驌致陳立夫信函。

本年二月二十三日奉鈞部三十一年一月二十一日高字第〇二七七二號訓令，以奉行政院院長蔣電令各校教務長、總務長應由校長

〔註1279〕胡宗剛撰《胡先驌先生年譜長編》，江西教育出版社，2008年2月版，第320～321頁。

選薦二人，經部核定一人後聘任。茲規定自三十一年度起，應一律遴薦教務長、總務長各二人，呈部核定，再行由校長聘任，令仰遵照等因。奉此，遵經遴選教授羅廷光、羅容梓二員為教務長，鄒邦珏、王修寀二員為總務長。惟查本校教務長現由羅廷光兼任。羅教授人格高尚，學術湛精，著作豐富，歷任各大學教授，不憚煩勞，尤能以身作則，感化學生，且治事嚴謹，鉅細無遺，自任教務長以來，悉秉中央意旨，用能使初創學校確立堅固基礎，成績卓著，為眾欽服。教授羅容梓端莊持重，學驗均豐，歷任各大學教授，積有年資，聲譽卓著，擬核定一員為本校教務長。再查鄒邦珏，歷任行政交通機關要職多年，學識高深，經驗宏富，本年一月兼任總務長以來，對於學校行政，主持擘畫，井井有條，凡百措施，納入正軌，本校行政機構，日趨健全，均由鄒教授策劃所致。至教授王修寀曾任專科以上學校科主任及工程機關重要職責，上年執教本校兼代總務長，並兼工程處主任，處理庶政，倍感繁勞，始於上年十二月辭去兼代總務長職務，其才幹雖不及鄒教授，亦為次選，用敢羅列實情，擬請核定一員為本校總務長。奉令前因，理合繕具選薦各員履歷一份，具文呈請鈞部俯賜鑒核，伏乞指令祗遵。

　　謹呈
教育部部長陳

　　　　　　　　　　　　國立中正大學校長　胡先驌
　　　　　　　　　　　　三十一年二月二十六日〔註1280〕

2月27日，中央大學江西同學會致陳立夫信函。

　　但據中央大學江西同學會的觀察，該校實則暗流湧動。該會上書陳立夫說：「國內近有少數反動份子組織所謂民主陣線大同盟，平教會亦其中之一份子。其目的在奪取政權，推翻國民黨及現在政府，曾以香港為根據地，近則在各地秘密活動。教會份子馬博庵者，江西中正大學布置黨羽勾引學生，積極秘密工作、平教會曾秘密開會擬擁晏陽初為教育部長等。查此種不法行為，大則危害黨國，小則敗壞風氣，應當立即防範消禍於無形，以免蔓延難除。實國家教育

〔註1280〕《胡先驌全集》（初稿）第十七卷下中文書信卷，第439～440頁。

之幸。肅此敬呈」。〔註1281〕

2月28日，國立中正大學胡先驌致江西省通志館函復推薦本校生物系主任張肇騫先生擔任貴館特約協纂請查照辦理。

> 事由：貴館三十一年二月二十二日總字第 371 號，函以生物調查事項亟待進行，囑指派專門負責人員擔任以便聘為貴館特約協纂等由，准此自應照辦，茲推薦本校生物學系主任張肇騫先生擔任貴館特約協纂。

> （鄭瑤先生提供）〔註1282〕

2月28日，胡先驌致江西省通志館信函。

> 貴館三十一年二月二十二日總字第 371 號公函，以生物調查事項亟待進行，囑指派專門負責人擔任，以便聘為貴館特約協纂等由，准此自應照辦。茲推薦本校生物學系主任張肇騫先生擔任貴館特約協纂，相應復請察照辦理為荷。

> 此致
> 江西省通志館

> 校長 胡先驌
> 卅一年二月廿八日〔註1283〕

2月，胡先驌與鄒秉文等 14 位共同擔任中華林學會名譽理事。

> 抗日戰爭開始後，中華林學會中斷活動，在姚傳法等的倡議下，在大後方的林學界人士在重慶召開中華林學會第五屆理事會，姚傳法為第五屆理事會理事長；梁希、凌道揚、李順卿、朱惠方、姚傳法為常務理事；傅煥光、康瀚、白蔭元、鄭萬鈞、程復新、程躋雲、李德毅、林祜光、李寅恭、唐燿、皮作瓊、張楚寶為理事。中華林

〔註1281〕《平教會參加民主陣線大同盟秘密作反動工作馬博庵並在中正大學布置黨羽待機而動請防範》（1942 年 2 月 27 日），《國立中央大學江西同學會關於平教會在江西中正大學活動的函呈》（194202），中國第二歷史檔案館藏，全宗號五（2），案卷號698，第 3 頁。高志軍著《政治與教育的互動：國立中正大學研究》，2021 年 12 月華中師範大學博士學位論文，第 174～175 頁。
〔註1282〕江西檔案館，檔號：J037-1-00979-0008。
〔註1283〕《胡先驌全集》（初稿）第十七卷下中文書信卷，第 450 頁。

學會名譽理事長：蔣委員長、孫院長、孫副院長、陳部長伯南。名
譽理事：於院長、戴院長、翁部長詠霓、張部長公權、陳果夫先生、
陳部長立夫、吳一飛先生、朱部長騮先、吳鼎昌先生、林次長翼中、
錢次長安濤、鄒秉文先生、穆藕初先生、胡步曾先生。〔註1284〕

2月，雲南農林植物研究所致雲南省教育廳信函。

　　雲南農林植物所致教育廳函，即希望教育廳增加經費，云：「敝
所自創辦至今，均賴貴廳扶持與經濟上及人事上補助，四載於茲，
規模粗具，惟事業無窮，而經費有限，兼之近年工價、物價增長數
倍，至數十倍不等，以舊有經費維持開支，且感不足，建設發展，
更為困難。為此即懇請貴廳將三十一年度補助費酌為增加二倍至三
倍，以利研究事業之進展。」〔註1285〕

2月，基金另作他用。

　　1942年2月，該校因經費周轉不靈，後以基金為擔保，向銀行
短期透支20萬元。〔註1286〕

3月1日，國立中正大學《正大農學叢刊》（季刊）創刊，由農學院編輯，
主編周拾祿。1943年6月1日停刊，刊載農學研究論文。

　　3月1日，《〈正大農學叢刊〉發刊詞》文章在《正大農學叢刊》
雜誌（第1卷第1期，第1頁）（創刊號）發表。摘錄如下：

　　中正大學為紀念總裁而設，奉總裁之名而名之，其宗旨在闡揚
總理之三民主義及實現總裁政教合一之理想，故除文法學院外，復
設有農工兩學院。蓋在抗戰至四五年之日，裕後方之資源與改善民
生，實為今日最急之務也。

〔註1284〕 王希群、傅峰、劉一星、王安琪、郭保香編著《中國林業事業的先驅和開拓
　　　　　者——唐燿、成俊卿、朱惠方、柯病凡、葛明裕、申宗圻、王愷年譜》，中
　　　　　國林業出版社2022年3月版，第017頁。
〔註1285〕 農林植物所致教育廳函，1942年2月，雲南省檔案館藏教育廳檔案，1106-
　　　　　004-00399-004。胡宗剛著《雲南植物研究史略》，上海交通大學出版社2018
　　　　　年7月版，第106頁。
〔註1286〕 《國立中正大學基金委員會第二次全體大會議事錄》（1942年2月），江西
　　　　　省檔案館藏，檔號：J037-1-01001-0005。高志軍著《政治與教育的互動：國
　　　　　立中正大學研究》，2021年12月華中師範大學博士學位論文，第132頁。

《正大農學叢刊》（季刊）創刊

　　農學院之同人，頗多老師宿儒，其學術經驗，每為農林學界所稱道，用能在草創之始，圖書儀器極度貧乏之狀況下，即開始或繼續其研究工作，其努力進取之精神，殊足稱道也。

　　農學院同人不以教課及埋頭研究為已足，乃有《正大農學叢刊》之編輯，蓋欲以其研究調查之結果公之於世，且以就教於同業與舊友，意至善也。在今日研究與印刷均甚困難之際，吾知此刊問世之後，必多聲氣相求之感。在抗戰建國之今日，百廢並舉，問題繁多，如同好能不時惠寄論文稿件，以收切磋之效，則不但農院同人馨香禱祝之不暇，擬亦以為國家社會謀無限之福利也。〔註1287〕

3月4日，胡先驌致陳立夫信函。

　　鈞部本年二月五日高字第〇七一八號指令，以本年三十年十二月三十日呈一件為送三十年度教職員名冊請鑒核由，節開「查該校長室職員過多，除秘書外，准設書記一人，其餘各員應予裁撤「等因。奉此，理應遵辦，惟查本校校長室為推進全校之樞機及聯繫各行政部分之主體，凡由校長直接應行之事權及機要事項與具有全校一致之性質者，概由校長室負責辦理。在人事方面：有教職員之聘任、考績、晉級、遷調、退職、人事調查、登記、統計、呈報及人事

〔註1287〕《胡先驌全集》（初稿）第十五卷人文科學文章，第322頁。

異動之通知，教員資格之送審，教職員名冊之編制與服務證明書之核發。在督導與稽核方面：有物品之驗收與登記、經濟稽核、工作事務會議及其常務會議之準備與記錄、議案之整理與實施之通知及考查。又以國父紀念周、學術講演及其他集會約請校外人士或本校教授講演，影響全校員生思想甚巨。本校極為重視，故咸抱有一定目標，每年立有一度計劃，不僅講演者須預為選擇，即講題亦必審慎商定，期在消極方面，無背本校之教育方針；在積極方面，能闡揚三民主義及適合本校之特殊需要，故各種講演亦經校務會議規定，概由校長室負責辦理。此外凡屬機要事項，以及印信及鑒用及典守，全部公文之拆閱、電報之譯述、新聞之發布、經辦文件檔案之管理，及臨時事項等皆須分別處理。益以本校倡導政教合作，與外界聯繫及內部工作之配備，特別繁劇，悉由校長室負推動之責，此又有異於其他大學者。以上諸端，事物之繁重，實非秘書及書記各一人所能勝任，且查現有職員均各負有固定任務，其工作之緊張，已居全校各部分之最，若令裁撤，則原有工作無法進行，似或以之移入他部，該員等亦必隨之轉移，以司其事。而校長室既為總攬全校行政事宜，對於上述所有工作，仍不得不分別審慎處理，亦非秘書書記各一人所能應付，況衡以本校實際情形，惟在校長室直接辦理，始能收指臂之效，奉令前因除遵將現有員數設法勉為宿減外，理合縷陳實況，呈請鈞部俯察下情，准予因事制宜，維持相當員額，以利工作進行。仰祈鑒核示遵。

　　謹呈

教育部部長陳

　　　　　　　　　　　　　　　國立中正大學校長　胡先驌

　　　　　　　　　　　　　　　三十一年三月四日〔註1288〕

3月13日，吉安記者團昨訪中正大學，胡校長談該校擬創辦新聞系。

　　【本報訊】吉安記者訪問團昨晨（十二日）由建廳楊秘書暨本報同仁陪同專車赴國立中正大學學校參觀，當由胡校長馬院長接談，胡氏對該校創辦經過及設施情形，敘述頗詳，並告記者團該校注意新聞事業人才之培養，將來擬創辦一新聞系，記者團對該校在物資

〔註1288〕《胡先驌全集》（初稿）第十七卷下中文書信卷，第440～441頁。

困難之戰時，一切設備，均稱完整，良表歡愉，至九時余始畢，楊廳長於中午設晏招待，該團全體均出席，席間交談極歡，又該團定今日返吉，據談，該團此行收穫甚多，尤以泰和各種建設，突飛猛進，印象頗深云。〔註 1289〕

3 月 13 日，周拾祿致胡校長信函。

函文：查本院技術員周紹模現已改入本校先修班肄業，茲據該員面請辭職，擬予照准，惟該員所司之螟蟲過冬及發生之調查統計報告等工作尚未結束仍須繼續進行，為此准將該員薪津發至三月底止，以資酬勞。

批辦：照准辦。

（鄭瑤先生提供）〔註 1290〕

3 月 14 日，熊式輝電告中正大學。

另外，隨著通貨膨脹日益嚴重，臨時費用逐漸具有「經常性」臨時費用的特點。如 1942 年 3 月，熊式輝電告中正大學該校臨時費為 53 萬元。〔註 1291〕

3 月 15 日，王子玕致胡先驌信函。

函文：步曾吾兄校長惠鑒，接奉三月五日惠書敬悉，種切軍醫學校所借敝院之顯微鏡，該校見還業經派人往接，運費誠屬不貲，惟所派接運人員尚滯途中，未見返院，俟運到後當即分借兩架，以應貴校急需。

（鄭瑤先生提供）〔註 1292〕

〔註 1289〕梁洪生主編《杏嶺春秋——〈江西民國日報〉有關國立中正大學的報導全匯（1938～1949）》，2010 年 12 月內部印刷。中華民國三十一年三月十三週五第三版。

〔註 1290〕江西檔案館，檔號：J037-1-00080-0029。

〔註 1291〕《乞速撥臨時費行政管理專修科經費應急》（1942 年 3 月 14 日），《中正大學工程處建築合約及圖樣借款合約副本等文書》（194112～194211），中國第二歷史檔案館藏，全宗號五，案卷號 3763（2），第 70 頁。高志軍著《政治與教育的互動：國立中正大學研究》，2021 年 12 月華中師範大學博士學位論文，第 119 頁。

〔註 1292〕江西檔案館，檔號：J037-1-00719-0049。

3月16日，中正大學社會教育學系學生致陳立夫信函。

　　中正大學社會教育學系學生41人上書教育部部長陳立夫，請求將該校社會教育系學生與國立社會教育學院學生同等待遇，自1941學年度起一律公費待遇。按政府所訂養老金恤金條例規定，國立社會教育學院、國立師範學院學生予以公費待遇。然而，社教系學生卻未能享受到上述待遇。學生認為「論學校既同屬國立，論學系亦並無他別」，中正大學應時代要求而產生，社會教育系乃奉教育部令適應實際需要而設，「則生等與國立社會教育學院學生，自無軒輊之分」。自費與公費之間，何以有懸殊之別？「教育制度與國家獎進青年之德意，豈能似此歧異偏廢？」〔註1293〕

3月18日，胡先驌致教育部長陳立夫信函。

　　函文：案奉鈞部三十一年一月二十日訓令，飭就原有經費中劃撥款項辦理水利工程教學研究工作等由，自應遵辦，查本校工學院關於辦理水利工程教學研究工作已決定下列三項：（一）下學年擬於土木工程系設置水利衛生組，（二）下學年擬設立水利實驗室，（三）與江西省水利局合作研究江西贛江之水利。

　　（鄭瑤先生提供）〔註1294〕

3月21日，教育部派員視察國立中正大學。

　　3月21日，教育部派員視察國立中正大學後指出，中正大學為「新辦之學校」，其設備文法學院所需圖書可「勉強敷用」，農學院、工學院的設備「甚形缺乏」。江西省政府曾撥專款50餘萬元作為農、工兩院購置設備儀器費用，「惟以運輸不便，一時無從購置」。〔註1295〕

〔註1293〕《為呈請援照社會教育學院成例准予一律公費待遇，乞鑒核示遵由》（1942年3月16日），《中正大學戰區生自費生請領補助膳食貸金名冊及相關文書》（194202～194402），中國第二歷史檔案館藏，全宗號五，案卷號3777（2），檔號：五-3777（2），第19～21頁。高志軍著《政治與教育的互動：國立中正大學研究》，2021年12月華中師範大學博士學位論文，第143頁。
〔註1294〕江西檔案館，檔號：J037-1-00700-0003。
〔註1295〕《為提示視察報告要點令仰遵辦舉辦由》（1942年3月21日），《教育部派員視察國立武漢大學中正大學校務的有關文件》（194105～194711），中國第二歷史檔案館藏，全宗號五，案卷號1994，第32頁。高志軍著《政治與教育的互動：國立中正大學研究》，2021年12月華中師範大學博士學位論文，第154頁。

3月，教育部派員視察了中正大學。

　　教育部派員視察了中正大學。視察報告指出：「該校人事上略有問題，常有某某派與某某派之暗鬥。此種不良風氣，殊與學生訓育上不無影響」，「該校學生中受此種人事問題之影響略有風潮」，「竊維此種不良學風，若不亟予糾正，恐今後該校訓育頗難辦理，本部應予以懲戒」。〔註1296〕

春，胡先驌幫助胡獻雅在泰和設立立風藝術研究館，並聘其為中正大學名譽美術教授。胡獻雅為中正大學繪製兩幅國畫，由胡先驌題詞，分贈美、英兩國首腦。

春夏，中正大學文法學院院長馬博庵煽動學生上街遊行，暑假被解聘。

　　一九四二年文法學院院長馬博庵鼓動風潮，迫得訓導長朱希亮辭職。我到了暑假使馬博庵及政治系其他兩位教授也解了聘。這時熊式輝已到美國去了，他派在大學裏的親信人物大部分都離開了。〔註1297〕

春末夏初，中正大學校區爆發痢疾疫情，感染者百餘人，死亡3人。中正大學因此停課數月。

4月6日，中正大學增加職員薪俸。

　　中正大學開出救濟「方子」是，從1942年4月起增加該校職員薪俸三成。不過，據該校稱，原有預算經費均有固定開支，提出增加費用請部另撥。〔註1298〕

4月7日，管理中英庚款董事會婉拒胡先驌的請求。

　　4月7日，中英庚款會再次婉拒了胡先驌關於購買儀器、聘請

〔註1296〕《為提示視察報告要點令仰遵辦舉辦由》，《教育部派員視察國立武漢大學中正大學校務的有關文件》（194105～194711），中國第二歷史檔案館藏，全宗號五，案卷號1994，第32頁。高志軍著《政治與教育的互動：國立中正大學研究》，2021年12月華中師範大學博士學位論文，第177頁。

〔註1297〕胡先驌著《對於我的舊思想的檢討》，1952年8月13日。《胡先驌全集》（初稿）第十五卷人文科學文章，第629～640頁。

〔註1298〕《為據本校全體教職員函稱目前泰和百物飛漲薪入不敷維持生活請急轉呈鈞部援照西南西北兩聯大例准予自本年四月份起增加薪俸三成以資救濟等情函請核辦由》（1942年4月6日），江西省檔案館藏，檔號：J037-1-00664-0107。高志軍著《政治與教育的互動：國立中正大學研究》，2021年12月華中師範大學博士學位論文，第142頁。

正大工學院教授潘慎明和農學院教授嚴楚江的請求。〔註1299〕

4月8日，國立中正大學基金委員會增聘席熊式輝為永久委員。

　　4月8日，基委會第一次常務會議又決議通過增聘《江西省政府前主席熊式輝為永久委員》。〔註1300〕

4月8日，國立中正大學募捐函。

　　中正大學募捐聲勢浩大，江西政界彭程萬、程時煃、文群、楊綽菴4人發起募捐啟：「國立中正大學敬奉總裁之名以為名，負有實行三民主義復興中華民族之特殊使命，創立年餘，賴胡校長之領導與全體員生之努力，慘淡經營，成績斐然。舉凡校舍之建築，圖書儀器之購置，以及其他一切設施，均具規模。此不僅為該校員生所欣慰，亦為全省人士所欽佩者也。茲惟以該校校務進展甚速，開支浩繁，去秋既已增學系，下學期復次續加班級，添招新生。原有校舍及設備不敷應用，而該校經費限於預算，對於此項鉅款，無法籌措。同人等為愛護吾省唯一之最高學府，而鞏固此精神堡壘，促其及早實現總裁教育理想起見，特發起為該校募捐事，經商承熊主席亦表贊同。此項捐款總額共計三十萬元，內以十萬元為建築補充費，以二十萬元為圖書儀器補充費」。〔註1301〕

4月8日，國立中正大學將所撥基金用於生產。

　　4月8日，召開的基委會第一次常務會議議決定，撥用半數基金投資生產，以50萬經營贛南果園，40萬與復興公司合辦油脂裂餾廠等。〔註1302〕5月30日，召開的基委會第二次常務會議，卻將

〔註1299〕張建中著《一而再再而三，鍥而不捨寫申請，這位校長到底為了什麼？》，公眾號「江西檔案」，2019年10月30日。
〔註1300〕《國立中正大學基金委員會第一次常務會議議事錄》（1942年4月8日），江西省檔案館藏，檔號：J037-1-00995-0168。高志軍著《政治與教育的互動：國立中正大學研究》，2021年12月華中師範大學博士學位論文，第129頁。
〔註1301〕《程時煃等4人關於為國立中正大學募捐的函》，江西省檔案館藏，檔號：J037-1-00753-0059。高志軍著《政治與教育的互動：國立中正大學研究》，2021年12月華中師範大學博士學位論文，第133頁。
〔註1302〕《國立中正大學基金委員會第一次常務會議議事錄》（1942年4月8日），江西省檔案館藏，檔號：J037-1-00995-0168。

投資贛南經濟園經費減縮至 20 萬，油脂裂餾廠乾脆緩辦。〔註1303〕

4 月 13 日，中正大學消費合作社籌備會召開。

4 月 13 日，消費合作社才廣而告之決定發起組織消費合作社。〔註1304〕13 日舉行的這次會議，為消費合作社第一次籌備會議。蔡方蔭、王修寀、吳華寶、鄒邦珏、余永年等出席籌備會。報告事項有三、一為報告成立的必要和根據；二為報告籌備經過情形；三為報告正大基委會借用基金 20 萬元，充實合作社情形。籌委會決定，合作社名稱為「有限責任泰和國立中正大學消費合作社」，擇定工友食堂為社址，業務範圍以正大學校區域內為準，開辦費、經常費分別以 1 萬元、5000 元為限，「以置辦生活必需品，供給社員日常需要為目的」。會後，籌備會開始向全校教員、學生、工警徵集基本會員，以期正式成立。〔註1305〕1942 年 5 月 2 日，消費合作社第二次籌備會議決定，5 月 10 日舉行創立會，擬討論該社章程、選舉理事監事等事宜。〔註1306〕

4 月 21 日，竺可楨建議胡先驌幫忙解決秉志、劉咸的困頓。

竺可楨雖此時在貴州湄潭擔任浙江大學校長，不能常常參加重慶中國科學社活動，但其日記對之還是有相當份量的記載：1942 年 3 月 17 日開理事會，到任鴻儁、翁文灝、周仁等，討論生物所請政

〔註1303〕 《本校基金委員會舉行第二次常務會議》，《國立中正大學校刊》第 2 卷第 25 期，1942 年 6 月 11 日，第 11 頁。高志軍著《政治與教育的互動：國立中正大學研究》，2021 年 12 月華中師範大學博士學位論文，第 131 頁。
〔註1304〕 《本大學消費合作社籌備會議議事程序》（1942 年 4 月 13 日），江西省檔案館藏，檔號：J037-1-00332-0010。
〔註1305〕 《本大學消費合作社第一次籌備會議記錄》（1942 年 4 月 13 日），江西省檔案館藏，檔號：J037-1-00332-0012；《本校籌設消費合作社》，《國立中正大學校刊》1942 年第 2 卷第 21 期（1942 年 5 月 1 日），第 8 頁；《泰和國立中正大學關於檢送合作社章程草案及志願入社通知單的函》（4 月 21 日），江西省檔案館藏，檔號：J037-1-00332-0018。應是 1942 年。
〔註1306〕 《本大學消費合作社第二次籌各會議記錄》（1942 年 5 月 2 日），江西省檔案館藏，檔號：J037-1-00332-0015；《泰和國立中正大學合作社關於舉行本大學消費合作社創立的函》（5 月 7 日），江西省檔案館藏，檔號：J037-1-00332-0046，應是 1942 年。高志軍著《政治與教育的互動：國立中正大學研究》，2021 年 12 月華中師範大學博士學位論文，第 211 頁。

府撥米貼救濟問題。4 月 21 日偕任鴻雋到吳稚暉處，談中國科學社在上海社所停頓後如何遷移入內地及籌款問題。竺可楨主張立即發電報與胡先驌轉秉志來北碚，因為當時聽聞秉志、劉咸將入贛就聘胡先驌任校長的中正大學。11 月 18 日接任鴻雋和楊孝述兒子楊臣華函，知中國科學社險被日本人接收，「但迄至目前還能保持社所組織、社所照料委員會及交誼會，將圖書館及演講室開放，並收新社員云，秉志則在復旦大學教化學」。12 月 19 日開理事會，決定翌年年會各地分別召開，通過新社員 126 人。〔註 1307〕

4 月 25 日，中大學生自治會籌備慶祝青年節，聯合全省中等學校電總裁致敬，並籌募學生號滑翔機。

【本報訊】國立中正大學學生自治會，以五四青年節轉眼即屆，現正積極著手籌備慶祝，決定分函本省中等以上學校學生自治會聯名於五四青年節電總裁致敬，同時為發起籌募學生號滑翔機，決定於四月二十八九卅號三天，在泰和建藝劇場公演話劇云。〔註 1308〕

4 月 25 日，三民主義青年團正大分團為慶祝青年節。

【又訊】三民主義青年團正大分團為慶祝青年節，特聯合泰和分團，主辦青年杯籃球公開錦標賽。錦標為特製銀盃，價值四百元，又為表示隆重起見，更敦請梁主任委員、曹主席、程廳長、楊廳長、邱委員、劉社長、黃處長、胡校長、及蔣主任經國等為贊助人，並向各界徵募獎品甚多，凡與賽單位均有獲得機會，聞昨日已舉行裁判會議，決定比賽辦法要點如次：報名時間：即日起至三十日止，報名地點：中大分團，比賽地點，社會服務處球場，比賽時間，五月四日下午二時。〔註 1309〕

〔註 1307〕 竺可楨日記》第二冊，第 584、595、624、630～631 頁。張劍著《科學社團在近代中國的命運——以中國科學社為中心》，山東教育出版社，2005 年 10 月版，第 96 頁。
〔註 1308〕 梁洪生主編《杏嶺春秋——〈江西民國日報〉有關國立中正大學的報導全匯（1938～1949)》，2010 年 12 月內部印刷。中華民國三十一年四月二十五日週六第三版。
〔註 1309〕 梁洪生主編《杏嶺春秋——〈江西民國日報〉有關國立中正大學的報導全匯（1938～1949)》，2010 年 12 月內部印刷。中華民國三十一年四月二十五日週六第三版。

4月25日，國立中正大學學生自治會為慶祝青年節暨籌募學生號滑翔機公演，陽翰生編四幕名劇「前夜」。

　　日期：二十八，二十九，三十，每晚七時

　　地點：建藝劇場

　　售票時間：每日上午九時起至下午七時

　　票價：二元至三元（對號入座）

　　（江西省圖書雜誌審察處製本准演證贛劇字第一號）

　　演出者：胡先驌

　　緊張！熱烈！悲壯！興奮！

　　贊助人：彭程萬　程時煃　梁棟　曹浩森　楊亮功　胡德馨　楊紳菴 文群　王有蘭　周拾祿　馬博庵　王次甫　劉己達　黃光斗　鄒季穆　蔡方蔭　胡家鳳　羅廷光。〔註1310〕

4月29日，教育部致中正大學電函。

　　4月29日，教育部擬向中正大學發出如下電稿：

　　電悉。該校擬向江西殷實商戶捐募款項卅萬元，興建教職員住宅一節，核與專科以上學校建築校舍暫行規定，第三條及第四條之規定不合且該校校址亦非永久設於泰和，更無籌措鉅款建築教職員住宅之必要。所請未便照准。又募捐五萬元償還建築費超支款項一節，應將詳細用途報核。又捐募十五萬元購置圖書儀器一節，姑準照辦，仍應依照行政院公布之統一捐募運動辦法第三條之規定，先將計劃用途及募集方式詳呈本部核轉社會財政兩部核定後，再行開始募捐。〔註1311〕

4月，中正大學為遷校作準備。

　　浙贛會戰爆發。後因贛東局勢緊張，為慎重起見，校方將各項工程暫停，積極準備疏散，將重要公物圖書儀器整理裝箱，一面派員赴

〔註1310〕梁洪生主編《杏嶺春秋——〈江西民國日報〉有關國立中正大學的報導全匯（1938～1949）》，2010年12月內部印刷。中華民國三十一年四月二十九日至三十日週三第一版。

〔註1311〕《國立中正大學有關遷校及借用校舍的文書及農學院儀器標本目錄》（194206～194508），中國第二歷史檔案館藏，全宗號五，案卷號5330，第23～24頁。高志軍著《政治與教育的互動：國立中正大學研究》，2021年12月華中師範大學博士學位論文，第133～134頁。

贛南察勘適當校址地點，一面請示教育部撥疏散經費。〔註1312〕

5月1日，胡先驌致中央衛生署信函。

　　胡先驌致函中央衛生署。胡先驌致函中央衛生署為農學院請求惠賜：「函文：為本校農學院現需獸醫所用之藥品及儀器多種，特託本校教授胡祥璧先生前來貴署商購，函請查照惠賜接洽由」。〔註1313〕

5月2日，胡先驌為國立中正大學學生自治會題特刊名。

　　5月2日，江西民國日報載，國立中正大學學生自治會《國立中正大學學生為發起籌募學生號滑翔機特刊》。有胡先驌《滑翔機運動與近代戰爭》，馬博庵《國人速起建立空軍》，謝渭川《滑翔運動與航空建設》，楊亮功《壯志凌雲》，羅廷光《滑翔運動與國防教育》，學生自治會《為籌募學生號滑翔機告全省同學書》等文。胡先驌題特刊名。〔註1314〕

5月12日，當選中正大學消費合作社監事。

　　該社創立會召開時間實為5月12日。會議有181人參加，首先由余永年報告了合作社籌備過程及基本社員人數，後通過了合作社章程，同時還決定理監事選舉若干方法。會議選出吳華寶、鄒邦珏、蔡方蔭等15人為理事；余永年、桂子豐、方應堯3人為候補理事；胡先驌（250票）、馬博庵（232票）、謝兆熊（224票）等7人為監事；陳天印、張聞駿2人為候補監事。〔註1315〕

〔註1312〕《奉令以據本校費送三十一年度校舍建築費預算准先核轉撥款並示遵照等個因，謹將經費不敷借款彌補及因辦理疏散移用建設費情形連同借款合約呈覆鑒核由》（1942年7月24日），《中正大學工程處建築合約及圖樣借款合約副本等文書》（194112～194211），中國第二歷史檔案館藏，全宗號五，案卷號：3763（2），第43頁。高志軍著《政治與教育的互動：國立中正大學研究》，2021年12月華中師範大學博士學位論文，第234頁。
〔註1313〕江西檔案館，檔號：J037-1-00693-0183。鄭瑤著《繼往開來責在斯——國立中正大學農學院研究（1940～1949）》，2019年江西師範大學碩士研究生學位論文，第24頁。
〔註1314〕姚國源執行主編《浩氣壯山河——原國立中正大學抗日戰地服務團紀實》（上冊），江西高校出版社，2010年11月版，第51頁。
〔註1315〕高志軍著《政治與教育的互動：國立中正大學研究》，2021年12月華中師範大學博士學位論文，第212頁。

5月中旬，由於浙贛戰役戰況激烈，正在泰和籌設的中央廣播電臺江西電臺遷贛縣，重慶派來中央電臺工程人員前來協助遷臺，在搬遷中不幸遭遇颱風外圍所引發的暴雨，工程師候恩銘為保護機器掉入贛江中殉職。

5月17日，省臨參會六次常會昨隆重舉行開幕式，到來賓梁主委暨曹主席等會場布置簡單壯麗，胡校長致詞。

> 復由胡校長致詞，略謂：江西糧食與物價較他省為低，實為政府與參議會共同努力之結果，今後職員法已頒布施行，願諸君領導民眾，求其徹底實現，過去之動員工作，農民已有所反響，商人則仍未覆其職責，請諸君參與領導，以期全部動員起來，且中國之抗戰，在求三民主義之實現，其中最為一般民眾所理解者，為民權主義，教育待於諸君今日成立一良好基礎，樹立民意機關之楷模，大戰結束後，必將有一完善之國際組織，中國將為其中之一重要份子，願諸君此時，都從事準備工作，以期中國能以於他負擔此重大任務云。〔註1316〕

5月18日，當選中正大學消費合作社監事長。

> 該社又於5月18日舉行成立以來第一次社務會議，決議如下：（一）推定胡先驌為監事長；（二）推定吳華寶、蔡方蔭、鄒邦珏為理事長；（三）推定吳華寶為經理，周宗璜為司庫；（四）決議社務計劃交由常務理事會擬訂；（五）議決本社開辦費及本年度經常費概算，交常務理事會編造；（六）議決擴大徵求社員，交理事會辦理，等九項內容。〔註1317〕通過徵求社員活動，第一次徵求共計435人。

〔註1316〕 梁洪生主編《杏嶺春秋──〈江西民國日報〉有關國立中正大學的報導全匯（1938~1949）》，2010年12月內部印刷。中華民國三十一年五月十七日週日第三版。

〔註1317〕 參見《有限責任泰和國立中正大學消費合作社創立會決議錄》（1942年5月12日），江西省檔案館藏，檔號：J037-1-00332-0047；《泰和國立中正大學合作社關於告知選舉理監事結果的函》（5月12日），江西省檔案館藏，檔號：J037-1-00332-0081，應是1942年；《有限責任泰和國立中正大學消費合作社理事會關於舉行社務會的函》（5月16日），江西省檔案館藏，檔號：J037-1-00332-0087，應是1942年；《本校消費合作社舉行創立會》，《國立中正大學校刊》1942年第2卷第23期（1942年5月21日），第9頁。合作社章程詳見：《有限責任泰和國立中正大學消費合作社章程》，《國立中正大學校刊》1942年第2卷第25期（1942年6月11日），第8頁。

其中，其中，校長室 9 人，教務處 19 人，訓導處 19 人，總務處 28
人，會計室 7 人，工程處 8 人；文法學院教員 37 人、學生 77 人，
工學院教員 22 人、學生 27 人，農學院教員 27 人、學生 27 人；研
究部 19 人；工警 109 人。〔註 1318〕

5 月 21 日，胡先驌致陳立夫信函。

　　本年五月十二日奉鈞部三十一年四月二十八日高字第一六〇四
〇訓令，開「關於該校解聘副教授燕夔一節，前據電呈，以該員學
術平凡，所任課程無法繼續，請准予中途解約，當經電覆，准予備
案在卷。茲據該員呈稱，所任會計學課程並非不能勝任，因校方迫
令辭職，未遂終至，中途解聘，請予查究等情。前來合行令仰將解
聘該員前後情形，從速聲復，以憑核辦。此令」等因。奉此伏查本
校文法學院經濟系副教授燕夔上年擔任經濟系二年級會計學課程，
兼任工學院化工系二年級工業管理會計課程授課以來，對於此項學
程、原理、原則，缺乏明確啟示闡述，亦無系統，東扯西拉，條理
不分，令學生意興索然，影響上課秩序，其本身常覺機陘不安，因
之益事因循，敷衍拖延，時至上學期此項學程舉行試驗，秩序欠佳，
該副教授亦無法執行考試規則，尤足反映其平時授課未能引起信仰，
學生既感不能受益，成績又乏正確考查，若不予以措置，勢將影響
學風。比經託其友好勸其自動辭職，未允照辦，迫不得已，乃電請
鈞部准予解約，奉復准予備案在卷。茲奉前因，理合遵將經過情形
具文呈覆鈞部，俯賜鑒核。

　　謹呈

教育部部長陳

國立中正大學校長 胡先驌

三十一年五月二十一日〔註 1319〕

5 月 21 日，《對於三民主義青年團之希望》文章在《國立中正大學校刊》

〔註 1318〕《有限責任泰和國立中正大學消費合作社各單位社員名單》（無時間），江西
　　　　　省檔案館藏，檔號：J037-1-00332-0044.高志軍著《政治與教育的互動：國立
　　　　　中正大學研究》，2021 年 12 月華中師範大學博士學位論文，第 212 頁。
〔註 1319〕《胡先驌全集》（初稿）第十七卷下中文書信卷，第 441 頁。

雜誌（第 2 卷第 23 期，第 4 頁）發表，此為胡先驌在中正大學「國父紀念周」上的講詞，由何國棟記錄。摘錄如下：

諸位同學：

今天我所要講的，是「對於三民主義青年團之希望」。本校的三民主義青年團已經成立了，各種工作，正待努力推進，所以今日我即就青年團這方面，提出一點意見，向諸位講一講。

三民主義青年團，是全國的優秀青年，在一個主義、一個政府、一個領袖的領導之下，組織成功的。團長在《告青年書》中已說明了本團產生的意義：（一）求國民革命新力量之集中；（二）求抗戰救國之成功；（三）求三民主義之具體實現，並對一般青年生活散漫，思想分歧，意志矛盾，行動浮躁的毛病，都有剴切詳盡的指示與糾正。青年人最富有朝氣，富有奮發的精神的。一個國家的盛衰，都可以從青年人本身看出來：青年人朝氣蓬勃，這個國家就會強盛；如果萎靡不振，這個國家就會衰弱，甚至滅亡。俗話說：「長江後浪推前浪，一代新人換舊人。」西諺又說：「誰有青年，誰有明天。」這樣看來，青年人所處之地位，何等重要。尤其是我國以黨治國，在這非常時期，更需要多量的優秀青年，集中力量，來負起抗戰建國的使命。蘇俄共產黨也有青年團，意大利墨索里尼和德國希特勒更注意訓練青年，早有少年團青年團等組織。世界上無論那個強國，可說是沒有一個不重視青年的。我國是以三民主義立國，當然不是如意、德等軸心國家之窮兵黷武，侵略人家，而是負有闡揚三民主義的使命，打倒獨裁制之國家，解放所有被壓迫的弱小民族，而求世界大同之實現。本校以團長之名為名，大家更應當踴躍加入三民主義青年團，在團長領導下，充實自己的能力，修養自己的品行，鍛鍊自己的體格，抱定犧牲小我，效忠黨國的決心，把三民主義發揚光大起來。總理說：「人生以服務為目的。」我們切實遵行這寶貴的訓言，而努力為大眾服務。宋范文正公為秀才時，便以天下為己任。這種懷抱，何等偉大。我們希望諸位都要以范文正公的志願為志願，幹出轟轟烈烈的事業來，這才不愧為三民主義青年團的忠實團員。嘗見有些青年，缺乏自信心，妄自菲薄，甚至悲觀厭世；有些青年，則慣唱高調，不務實際，遇事妄加批評。這兩種態度，都

為青年人不應當有的。關於前者，我以為青年人，應有自信心，不要輕視自己。昔成（目間）謂齊景公曰：「彼，丈夫也，我，丈夫也，吾何畏彼哉？」顏子又云：「舜何人也，予何人也，有為者亦若是。」古今來大英雄大豪傑，都是由於自己奮鬥出來的。至於後者，我以為青年人應明辨是非，遇事要沉著實幹，做了再說，不宜袖手旁觀，更不應該說風涼話。以上兩點，希望諸位切實注意，自己尊重自己，勉勵自己，為三民主義而努力奮鬥。中國前途的好壞，都寄託在你們身上。青年中國，需要諸位青年來創造的！本人對於三民主義青年團的將來，實抱有無限的希望。〔註1320〕

5月22日，陳立夫致胡先驌信函。

步曾先生大鑒：

接誦四日佳電，敬悉一一。查貴校以總裁之名為校名，今向殷實商戶捐募款項，不無上瀆尊嚴，有失崇敬領袖之原旨，且手續稍一不慎，弊端不易防弭，遠道傳聞，恐轉多淆誤觀聽之處，此舉還宜緩議，倘贛省有殷實商戶為贊助教育起見，自動樂助款項，尚無不可，並希飭屬依照有關法令辦理會計手續是荷。

專此，順頌

教祺

陳立夫 拜復

三十一年五月廿二日〔註1321〕

5月22日，教育部致中正大學信函。

5月22日，教育部正式向中正大學發出一電，該電措辭較前嚴厲，並予校當局以當頭棒喝，認為募捐有失領袖尊嚴，應停止募捐：

步曾先生大鑒：接誦四月佳電，敬悉一一。查貴校以總裁之名為校名，今向殷實商戶募捐款項，不無上瀆尊嚴，有失崇敬領袖之原旨。且手續稍一不慎，弊端不易防彌，遠道傳聞恐轉多淆誤觀聽之處。此舉還宜緩議，倘贛省殷實商戶為贊助教育起見，自動樂助

〔註1320〕《胡先驌全集》（初稿）第十五卷人文科學文章，第326～327頁。
〔註1321〕《胡先驌全集》（初稿）第十七卷下中文書信卷，第441～442頁。

款項，尚無不可，仍以用於務妥圖書農器方面為限，並希飭屬依照有關法令辦理會計手續時荷。〔註1322〕

5月24日，給胡校長拜壽。

1942年農曆五月二十一日，先父帶我去給胡校長拜壽。胡校長在先父面前誇我聰明。他強調我家是業餘京劇世家。他又考慮到我是學土木工程，要我必須向前輩詹天佑工程師學習。他最後還說：「play while you play, work while you work.」他說不知道娛樂的人是不能讀好書的人。

我這一生就是遵照胡校長這個教導去做的。結果雙豐收，既唱好了戲，又做好了土木工程工作。

我畢生為弘揚國粹，振興平劇，盡力而為。今年重陽要獻演六場《徐母罵曹》，四場《望江亭》，詳情請看南昌校友會第九期《校友通訊》。我也盡力做好了江西兩山——廬山與井岡山——登山公路工作。〔註1323〕

5月30日，胡先驌致江西郵政管理局信函。

胡先驌於5月30日致函江西郵政管理局請其轉告杏嶺郵局遷讓原來佔用的正大房屋，打算以此作為消費合作社倉庫之用。〔註1324〕為求社員福利起見，合作社受校方委託，將該校供應社業務悉數接管，並於1942年12月2日開始營業，發售米鹽。據悉，該社一經成立旋即派員赴江西各地採辦日用生活必需品。〔註1325〕1943年1

〔註1322〕 《函知捐募款項興建校舍應從緩議》（1942年5月22日），《國立中正大學有關遷校及借用校舍的文書及農學院儀器標本目錄》（194206～194508），中國第二歷史檔案館藏，全宗號五，案卷號5330，第19頁。高志軍著《政治與教育的互動：國立中正大學研究》，2021年12月華中師範大學博士學位論文，第134頁。

〔註1323〕 陳文木旅著《胡校長對我的影響》。胡啟鵬主編《撫今追昔話春秋——胡先驌學術人生》，北京燕山出版社，2011年4月版，第312～313頁。

〔註1324〕 《為本校需用杏嶺郵局原址為消費合作社倉庫另闢房屋為郵局辦公室函請查找轉知遷讓由》（1942年5月30日），《江西郵政管理局關於各單位的來往文件》（1942至1942），江西省檔案館藏，全宗號J022。目錄號6，案卷號00015，第16、17頁。

〔註1325〕 《本校消費合作社正式開始營業》，《國立中正大學校刊》1942年第3卷第6期（1942年12月16日），第11頁。

月 11 日消費合作社正式營業。〔註1326〕

5 月，中正大學準備遷校計劃。

第一次遷校是 1942 年 5 月。「贛東北敵寇侵擾，泰和地方震驚萬分」，教育部為此前後撥款 10 萬元應變，不敷之數中正大學則向江西裕民銀行息借計 20 萬元。這一數額當不是遷校費準確數字。〔註1327〕

5 月，基金幫助中正大學渡難關。

5 月，贛東北局勢不穩，泰和震動。中正大學曾將一部分學生遷往湖南茶陵。時局稍定後，乃在贛縣龍嶺開闢分校。此次應變費，教育部僅撥 10 萬元，不敷之數由基金作抵，該校復向江西裕民銀行息借 20 萬元。〔註1328〕1943 年，該校又以資金周轉之名，借得基金 20 萬元。〔註1329〕

5 月，中正大學因搬遷購買卡車。

5 月，「贛東北敵寇侵擾，泰和地方震驚萬分」。經數次校務會議決議，學校「應急遷赴零陵以防萬一」。學校方面「曾將一部分可能遷移之校產疏散，全體學生則運送湖南茶陵，並購買卡車一輛，以

〔註1326〕《本校消費合作社收集股金》，《國立中正大學校刊》1943 年第 3 卷第 8 期（1943 年 1 月 16 日），江西省檔案館藏，檔號：J037-1-00716-0412，第 14 頁。高志軍著《政治與教育的互動：國立中正大學研究》，2021 年 12 月華中師範大學博士學位論文，第 212 頁。

〔註1327〕《三十年五月贛東北敵寇侵擾奉撥遷校費十萬元不敷支配經基金委員會決定以基金作抵向江西裕民銀行息借二十萬元乞》（1944 年 10 月 11 日），《中正大學現金出納表領款收據經費累計表等各類會計表文書》（194205～194504），中國第二歷史檔案館藏，全宗號五，案卷號 3763（1），第 65 頁。高志軍著《政治與教育的互動：國立中正大學研究》，2021 年 12 月華中師範大學博士學位論文，第 124 頁。

〔註1328〕御任國立中正大學校長胡先驌（1944 年 10 月 11 日），《三十年五月贛東北敵寇侵擾奉撥遷校費十萬元，不敷支配。經基金委員會決定以基金作抵向江西裕民銀行息借二十萬元乞》，《中正大學現金出納表領款收據經費累計表等各類會計表文書》（194205～194504），中國第二歷史檔案館藏，全宗號五，案卷號 3763（1），第 65 頁。

〔註1329〕《國立中正大學校務會議第二十四次會議議事錄》（1943 年 4 月 30 日），江西省檔案館藏，檔號：J037-1-00565-0054。高志軍著《政治與教育的互動：國立中正大學研究》，2021 年 12 月華中師範大學博士學位論文，第 132 頁。

供運輸之用」。〔註1330〕

5月，中正大學搬遷遭到反對。

學校部分遷湘之舉引起地方震動，遭江西地方各界反對。〔註1331〕遷湘不能，正大將往何處？官方的記載甚簡：「嗣以日人侵佔高安，近迫上高，復作南移贛縣之準備」。〔註1332〕

5月，正大先後邀請農學院昆蟲學家何琦作《瘧蚊與瘧疾》的演講。〔註1333〕

5月底，贛中告急，中正大學提前放暑假。

4月，美國空軍借助中國浙贛邊界機場，成功實施對日本東京、名古屋、橫濱等城市的空襲。為了保障日本的本土安全，5月中旬，日軍發動浙贛會戰，旨在摧毀浙贛邊界機場和削弱中國第三戰區戰鬥力。會戰開始後，日軍攻勢非常猛烈，中國第三戰區主力被迫退守至浙贛鐵路線兩側山區。日軍趁機迅速攻佔崇仁、宜黃、南城等地，贛中告急。此時，江西戰時省會泰和，人心惶惶，很多人都開始躲避逃難。位於泰和杏嶺的中正大學也因此決定放棄學期考試，提前在六月十一日放暑假。〔註1334〕

6月3日，教育部吳俊（世瑞？）轉《秉志由滬來正大》送達胡先驌函。

〔註1330〕 《三十年五月贛東北敵寇侵擾奉撥邊校費十萬元，不敷支配。經基金委員會決定以基金作抵向江西裕民銀行息借二十萬元乞》（1944年10月11日），《中正大學現金出納表領款收據經費累計表等各類會計表文書》（194205～194504），中國第二歷史檔案館藏，全宗號五，檔號五，案卷號3763（1），第65頁。此文中有「查三十年五月贛東北敵寇侵擾」等字句，應為1942年。高志軍著《政治與教育的互動：國立中正大學研究》，2021年12月華中師範大學博士學位論文，第164頁。
〔註1331〕 有關正大遷湘風波張建中有一定論述，可參見張建中：《關於國立中正大學遷湘風波的幾點辯誤》，蔣鳳池主編：《一枝一葉總關情：江西師範大學史蹟補輯，第十一輯》，南昌：江西高校出版社，2019年，第96～104頁。
〔註1332〕 《中正大學一年來之經過》（1946年），江西省檔案館藏，檔號：J037-l-00281-0108。高志軍著《政治與教育的互動：國立中正大學研究》，2021年12月華中師範大學博士學位論文，第164～165頁。
〔註1333〕 張建中著《那年，這所大學爆發了大規模的傷寒疫情》，公眾號「江西檔案」，2020年05月25日。
〔註1334〕 檔案解密《國立中正大學戰地服務團始末記》，公眾號「江西檔案」，2017年08月15日。

步曾先生道席……秉農山先生此次由滬內移，跋涉險阻，珍念良殷，所需旅費已簽並核准由部補助國幣三千元，該款即匯貴校轉給，敬悉恰收轉交，收據送部為荷，倘有不敷之處，貴校亦可另行補助若干，蓋此項旅費可以列支也……

（鄭瑤先生提供）〔註 1335〕

6 月 9 日，國立中正大學戰地服務團緣由。

「暴日竭其侵略之野心，欲鯨吞我全國，三十一年五月，長驅入贛，妄冀打通浙贛路，側擊粵漢線，以遂其解決中國事件之企圖。贛省人心，頗為震動！本校建立於戰時、戰地，向以民族復興之精神堡壘自命，師生共守『術德兼修、文武合一』之訓。姚故教授名達，一史學家，崇實篤行，素以損己利他自誓，鑒於國難日重，自當以振奮人心、激勵士氣為己任，後發起組織戰地服務團效命疆場，為社會先倡。胡校長先驌深為嘉許，遂定名國立中正大學戰地服務團。」這是江西省檔案館館藏中關於國立中正大學戰地服務團成立的記載。〔註 1336〕

6 月 11 日，中正大學為遷校準備，提早放暑假。

6 月 11 日，正大召開第 18 次校務會議，決定：1941 學年第二學期期末考試推遲到 1942 學年第一學期開學時，學校於 6 月 15 日開始放暑假，暑假期間凡是留校的學生一律加緊軍訓。〔註 1337〕

6 月 11 日，姚顯微發起組織國立中正大學戰地服務團。

6 月 11 日上午，姚顯微為了動員民眾，激勵士氣，特登高一呼，第一個大聲喊出了：「我們衝向前方去」！在舊膳廳的牆壁上出現了一張大紅的布告（周槐庭《戰地第一頁》）。那斗大的標題是——「為組織戰地服務團徵求同志啟事。」末尾署著姚顯微和他聯合學生鄭

〔註 1335〕《中正教職員工非常時期生活補助特別辦公費人員清冊等報表文書》（1942 年 6 月 3 日），中國第二歷史檔案館，檔號：五-3768（1），第 28 頁。
〔註 1336〕檔案解密《國立中正大學戰地服務團始末記》，公眾號「江西檔案」，2017 年 08 月 15 日。
〔註 1337〕張建中著《撥開迷霧，解密國立中正大學遷湘事件中的四大疑問》，公眾號「江西檔案」，2019 年 11 月 27 日。

唯龍、孫結民、晁夢奇、周槐庭、何文錄等十多位發起人的名字。發起組織抗日服務團，學生紛紛響應，並深得校長胡先驌的鼎力贊助，遂定名為國立中正大學戰地服務團，並提請校第 18 次校務會議通過。〔註1338〕

6月12日，國立中正大學戰地服務團於正式成立，通過宣言、團章、團歌、團員公約、團員名單，包括團長、副團長及團員組成人員。名譽團長胡先驌，團長姚顯微，副團長王綸、團附、李劍聲。全團共 40 人。校方撥 10000 元作活動經費，胡先驌個人捐款 300 元。

6月12日，國立中正大學戰地服務團舉行成立大會。敦請胡先驌校長為名譽團長，選舉姚顯微教授、王綸講師為正、副團長，李劍聲團附。還推選團內各方面負責人員，通過王綸起稿的《戰地服務團宣言》，並通過《戰地服務團團章》與《團歌》（王綸作詞，羅光斌作曲）。當晚全體團員舉行篝火晚會，會上即興表演，有歌有舞，曾廣謐「阿米巴」舞令人印象深刻。巴怡南最後唱岳飛《滿江紅》，全體團員都和唱起來，群情高昂。〔註1339〕

6月12日，國立中正大學戰地服務團成立，通過《戰地服務團宣言》。
國立中正大學戰地服務團宣言

自浙東戰事發生以來，暴日竭其最後之狂噬，以圖一逞，深入我腹地，屠毒我人民，妄冀打通浙贛路，以遂其解決中國事件之企圖。幸我前方將士用命，浴血抗戰，前仆後繼，卒能阻其兇焰，戢其野心。惟暴日必秉其困獸猶鬥之志，鏖戰不已。而事變之來，尤難逆睹。故吾人應認識當前環境之嚴重，尤非過去所可比擬。凡我後方民眾，亟應全體實行動員，竭其人力物力，以協助前方將士，予暴日嚴重之打擊，庶使其不敢輕視我民氣，而有所畏忌。此實吾國民人人當前應有之責任也。

〔註1338〕姚國源執行主編《浩氣壯山河——原國立中正大學抗日戰地服務團紀實》（上冊），江西高校出版社，2010 年 11 月版，第 52 頁。
〔註1339〕孫結民《浩氣貫長虹、丹心照千古》中正大學南昌大學校友會《通訊》第 17 期，1992 年 12 月 01 日。姚國源執行主編《浩氣壯山河——原國立中正大學抗日戰地服務團紀實》（上冊），江西高校出版社，2010 年 11 月版，第 52 頁。

本校師生，雖分屬書生，顧平時既以氣節相砥礪，以義相切磋，當此國家危難之秋，愛國豈敢後人。縱不能執干戈以衛社稷，亦當竭盡綿薄，貢獻愚忱，用特組織戰地服務團，前往戰地服務。現已組織就緒，日內即行出發。深冀社會人士，聞風興起，並予資助，俾克鼓前方作戰之士氣，盡國民應盡之天職，所忻望焉，謹此宣言。〔註1340〕

6月12日，國立中正大學戰地服務團成立，通過《戰地服務團團章》。

國立中正大學戰地服務團團章

第一章　總則

第1條　本團定名為國立中正大學戰地服務團。

第2條　本團以動員民眾，激勵士氣，實際參加戰地工作，發揚三民主義之服務精神為宗旨。

第二章　團員

第3條　凡本校師生職工具有愛國真誠及犧牲決心者，皆得為本團團員。

第4條　團員入團，須經團員二人以上之負責介紹。

第5條　團員入團時須填具入團志願書，並當眾宣誓。志願書及誓詞格式另訂之。

第6條　凡本團團員如有違反本團紀律時，得由本團團務會議提請團員大會予以相當處分。

第三章　組織及職權

第7條　本團以全體團員大會為最高權力機關。

第8條　本團設名譽團長一人，由本校校長兼任之。

第9條　本團設團長、副團長、團附各一人。團長對外代表本團，對內綜理一切團務。副團長襄理團長一切事務。團附對內對外負軍事之管理、指揮、交涉之責。其人選均由全體團員大會選舉之。

〔註1340〕本宣言於1942年6月12日，國立中正大學戰地服成立大會第一次團員大會通過。首載江西《民國日報》，1942年06月13日；後載《國立中正大學校刊》，第3卷第1期，1942年10月01日。1942年06月13日，《民國日報》報導了國立中正大學戰地服務團成立，並全文刊載《戰地服務團宣言》。姚國源執行主編《浩氣壯山河——原國立中正大學抗日戰地服務團紀實》（上冊），江西高校出版社，2010年11月版，第80頁。

第 10 條　本團由團長、副團長、團附及各股長、隊長,組織團務會議,籌劃本團一切行政方策。

第 11 條　本團團本部分設文書、會計、庶務、交際、宣傳、慰勞、救護、募捐、組訓、交通、賑濟、通訊十二股。每股設股長一人,掌理各該股事務。股長由全體團員大會選舉之,並得因各該股事務之繁簡,酌請若干團員助理之。

第 12 條　本團為便於工作進行計,得按實際情形,酌分若干區分隊。

第四章　經費

第 13 條　本團事業費除由本團團員自由捐助外,得請本校及地方政府補助,並得以募捐方式向各界募捐。

第 14 條　本團團員以服務為目的,不受任何酬金。

第 15 條　凡募捐所得,全部作慰勞及救護前方將士之用。

第五章　附則

第 16 條　本團團章如有未盡事宜,得由團長召集團員大會修改之。

第 17 條　本團團章由團員大會通過,及呈請本校及有關之黨政軍機關備案後施行。〔註1341〕

6月12日,國立中正大學戰地服務團成立,通過《戰地服務團團歌》。

國立中正大學戰地服務團團歌
王綸　作詞

我將士,冒鋒鏑。我元戎,運籌策。書生報國今其時,戰地服務盡天職。

有敵無我,有我無敵。精神堡壘,堅復堅,是動員民眾的試金石。〔註1342〕

〔註1341〕 本團章於 1942 年 6 月 12 日,國立中正大學戰地服成立大會、第一次團員大會通過。首載江西《民國日報·國立中正大學戰地服務團特刊》,1942 年 06 月 17 日;後載《國立中正大學校刊》,第 3 卷第 1 期,1942 年 10 月 01 日。姚國源執行主編《浩氣壯山河——原國立中正大學抗日戰地服務團紀實》(上冊),江西高校出版社,2010 年 11 月版,第 80～81 頁。

〔註1342〕 本團歌於 1942 年 6 月 12 日國立中正大學戰地服成立大會、第一次團員大

6月12日，國立中正大學戰地服務團成立，通過《戰地服務團團員生活公約》。

<h3 style="text-align:center">國立中正大學戰地服務團團員生活公約</h3>

第 1 條　服從團體決議。

第 2 條　遵守團體紀律。

第 3 條　服從團長、副團長、團附及值日團員之指揮。

第 4 條　出外須著本團規定之制服。（赤足草鞋、打綁腿、束皮帶、佩校徽及團章。）

第 5 條　開飯時，先由值日團員集合整隊入膳廳，聽「開動」口令後再行開動。就食時得小聲談話，飯後自由下膳廳。

第 6 條　就寢後，不得高聲談笑。

第 7 條　行軍時不得任意離開隊伍。有特別原因時，須經領隊人之許可。

第 8 條　早晚點名各一次，聞集合哨音即跑步集合。不得無故不到。

第 9 條　本團提倡戒煙，禁止酗酒及其他不正當行為。

第 10 條　本團禮節悉遵照陸軍禮節之規定。

第 11 條　於情況緊急之時，全團須一致聽團附之指揮。

第 12 條　全體團員須一致遵守本公約之規定。如有違反者，第一次勸告；第二次警告；第三次實行集體制裁。由值日員執行之。

第 13 條　於特別情況下，如有危害本團之行動者，團長得斷然處置之。或由公審後處置之。

第 14 條　本公約自第一次團員大會通過後施行。〔註1343〕

6月13日，擔任國立中正大學戰地服務團名譽團長。

會通過。首載江西《民國日報·戰地通訊》，第 1 期，1942 年 07 月 09 日；後載《國立中正大學校刊》，第 3 卷第 1 期，1942 年 10 月 01 日。姚國源執行主編《浩氣壯山河——原國立中正大學抗日戰地服務團紀實》（上冊），江西高校出版社，2010 年 11 月版，第 82 頁。

〔註1343〕本團員公約於 1942 年 6 月 12 日，國立中正大學戰地成立大會、第一次團員大會通過。原載《國立中正大學校刊》，第 3 卷第 1 期，1942 年 10 月 01 日。姚國源執行主編《浩氣壯山河——原國立中正大學抗日戰地服務團紀實》（上冊），江西高校出版社，2010 年 11 月版，第 82 頁。

國立中正大學戰地服務團正式成立。該團標榜以發揚三民主義服務精神為宗旨，動員民眾，激勵士氣，實際參加戰地工作為嚆矢。選舉姚名達為團長，王綸為副團，校長胡先驌為名譽團長。服務團擬設下六股，即：組訓、宣傳、慰勞、振濟、通訊、救護股。戰地服務團團員共計 34 人。組訓股即組織當地青年戰時服務團。宣傳股即給民眾解釋法令，講解軍民合作之重要。慰勞股即對於忠勇將士給予物質或精神獎勵。振濟股即給民眾贈鹽或免費施診施藥。通訊股即欲組織戰地通訊網，此計劃擱淺。救護股即診治將士、民眾病患。〔註 1344〕

6 月 13 日，江西民國日報社論《文化界急務》稱：「中正大學正在籌組戰地服務團，這是配合戰局發展的最好榜樣。」〔註 1345〕

6 月 13 日，中正大學致教育部信函。

教育部亦似口惠而實不至。及至 1942 年，中正大學向教育部懇請建設費事宜仍然屢見不鮮。如 1942 年 6 月 13 日該校向教育部索要建設費 15 萬元。〔註 1346〕

6 月 15 日，中正大學戰地服務團實行募捐。

戰地服務團經費並不充裕，因此號召募捐。戰地服務團經費共計 23000 餘元。其中包括本校補助費 10000 元，江西省政府補助費 5000 元，江西省黨部補助 500 元，胡先驌捐助 500 元，以及募捐款。〔註 1347〕

〔註 1344〕 參見《國立中正大學戰地服務團工作述要》，《國立中正大學校刊》第 3 卷第 1 期，1942 年 10 月 11 日，第 19～21 頁。高志軍著《政治與教育的互動：國立中正大學研究》，2021 年 12 月華中師範大學博士學位論文，第 85～86 頁。

〔註 1345〕 姚國源執行主編《浩氣壯山河——原國立中正大學抗日戰地服務團紀實》（上冊），江西高校出版社，2010 年 11 月版，第 51 頁。

〔註 1346〕《乞速匯建設費》（1942 年 6 月 13 日），《中正大學現金出納表領款收據經費累計表等各類會計表文》（194205～194504），中國第二歷史檔案館藏，全宗號五，案卷號 3763（1），第 199 頁。高志軍著《政治與教育的互動：國立中正大學研究》，2021 年 12 月華中師範大學博士學位論文，第 122 頁。

〔註 1347〕《國立中正大學戰地服務團工作述要》，《國立中正大學校刊》第 3 卷第 1 期，1942 年 10 月 11 日，第 19 頁；《中大戰地服務團昨開成立大會》，江西《民國日報》1942 年 6 月 15 日，第 3 版。高志軍著《政治與教育的互動：國立中正大學研究》，2021 年 12 月華中師範大學博士學位論文，第 84 頁。

6月15日，中大戰地報務團昨開成立大會，決即日展開募捐運動並選舉姚顯微等為正團長。

【本報訊】國立中正大學師生發起組織戰地服務團，於日前（十二日）下午六時在該校舉行成立大會，計有團員四十餘人。由姚顯微主席，周□之紀錄。除決議敦請該校校長為名譽團長外議決事項如次：（一）募捐款項一律作慰勞及□□前方將士之用，該團事業費與團員生活費，除將參加團員原領教育部之學生□貸金全部移用外，並請該校及地方教育補助。（二）即日展開向該校師生募捐運動，以為社會先□（三）該團□□路線自××地至××地，然後再斟酌實際情形，分赴各戰場工作。（四）選舉結果，姚顯微等當選為臨時正團長，王倫為副團長，並推選各股負責人，名單如下：文書股晁夢奇，會計股何文錄，庶務股蔣獻文，救護股羅光斌，組訓股周槐庭，通訊股易新楣，募捐股鮑良芳、交通股陳結民，賑濟股吳昌達，並聞該團經費，中正大學補助壹萬元，胡校長自捐五百元云。〔註1348〕

6月中旬，中正大學落實搬遷計劃。

中正大學就已開始搬運圖書儀器和其他教育用品。〔註1349〕

原載江西《民國日報·國立中正大學戰地服務團特刊》，1942年06月17日

〔註1348〕 梁洪生主編《杏嶺春秋——〈江西民國日報〉有關國立中正大學的報導全匯（1938～1949）》，2010年12月內部印刷。中華民國三十一年六月十五日週一第三版。

〔註1349〕 《為本校即需大號民船二十艘請惠予照撥伴便雇用由》（1942年6月11日），江西省檔案館藏，檔號：J037-1-00914-0018。高志軍著《政治與教育的互動：國立中正大學研究》，2021年12月華中師範大學博士學位論文，第234頁。

6月17日，江西民國日報刊出《國立中正大學戰地服務團特刊》。

　　6月17日，江西民國日報刊出《國立中正大學戰地服務團特刊》。刊名由胡先驌題字。刊登《戰地服務團宣言》，《戰地服務團團章》，胡先驌《中正大學組織戰地服務團的意義》，王易《戰地服務》，王綸《抗戰與醫藥》；戰地服務團團員白辛（易辛梅）《由憎恨產生的熱愛》，丘登泰《動員民眾與爭取勝利》，一民（孫結民）《青年朋友們，時候到了，拿出我們的行動來》，周槐庭《我們這一群》，符仕儒《離此一步即無死所》，等文章。此外刊有江西省教育廳長程時煃《趕速成立學生戰地服務團》。〔註1350〕

　　6月17日，《中正大學組織戰地服務團之意義》文章在《江西民國日報‧戰地特刊副刊》發表。文中稱頌我將士冒炎暑、攻打敵人的壯烈精神。讚頌這種精神可驚天地而泣鬼神，號召我後方民眾，應激勵愛國愛鄉之精神，為前方將士服務，略盡其綿薄之力。同學們精神抖擻地唱起《戰地服務團歌》：「書生報國今其時，我們是動員群眾的試金石」。摘錄如下：

　　　　暴日軍閥發動太平洋戰事，蓋鑒於在中國作戰五年，深入泥沼，不能自拔，乃不惜孤注一擲，以賭其國運。以吾英美盟邦戒備未周，竟在戰事初期得以囊括南洋群島與緬甸。此後則遠征印度，既為大勢所不許，與蘇聯宣戰亦有所戒懼，遂欲乘機解決中國問題。然其大軍已見阻於滇邊，而西北方面又無進展之希望，乃妄欲打通浙贛粵漢兩鐵路線，使我國不能全面反攻而英美空軍不克利用我東南各省飛機場以為轟炸三島之根據地，此敵寇發動浙西贛東戰事之主要目的也，然敵寇兵源不足，在金衢一帶已遭受我忠勇戰士之壯烈抵抗，死傷枕藉，在贛東亦只能孤軍深入，妄期奇襲我未設防之各城市，行同流寇，至堪髮指。今我軍及時截擊，數日之間，披猖之勢頓挫，而大軍進襲南昌，其老巢且有傾覆之虞，勝券為我所操，行見盡殲群醜，勝負之數不待著龜而決矣。

　　　　我忠勇將士冒炎暑，犯鋒鏑，咸抱有敵無我之心，其壯烈之精神，可驚天地而泣鬼神，我後方民眾，應如何激勵愛國愛鄉之精神，

〔註1350〕姚國源執行主編《浩氣壯山河——原國立中正大學抗日戰地服務團紀實》（上冊），江西高校出版社，2010年11月版，第53頁。

為前方將士服務，略盡其棉薄。我校師生凜於抗戰建國之大義，乃發起組織戰地服務團，誓竭其全力，躬赴前方，為我英勇抗戰之將士，略盡匡囊之責。吾知登高一呼，響應者必蜂起雲湧，有錢者出錢，有力者出力，集腋成裘，或購買食物用品以供將士之需，或製備藥物以為前方醫療之助，或躬任看護之責以救死扶傷，或代表民意以致慰勞之誠意，此皆我後方民眾所不能避免之職責。故吾校師生願為首倡，有志之士，盍興乎來！〔註1351〕

6月17日，胡先驌在江西《民國日報》題「國立中正大學戰地服務團特刊」。

中正大學發起的戰地服務團得到當局支持。江西《民國日報》專闢第4版整版以胡先驌題「國立中正大學戰地服務團特刊」為論說主題，對戰地服務團鼓與呼。特刊上的作者均為中正大學師生，其中不乏上前線的服務團團員。〔註1352〕

6月23日，中正大學請求教育部指定遷校地點。

中正大學以贛東局勢吃緊，「敵如打通浙贛路泰和，安全可慮」為由，請求教育部指定遷校地點。中正大學有遷宜山或入閩或往他處打算。〔註1353〕

6月23日，胡先驌致陳立夫電函。

6月23日請示教育部的「馬電」電文中，胡先驌曾想將正大遷往廣西或福建等省：「陳部長親鑒：東戰場吃緊，敵如打通浙贛路，泰和安全可慮，職校遷何處？可否遷桂宜山，或入閩，或往他處。乞密電示祇遵，並籌給遷校經費，及電贛省府積極協助撥給交

〔註1351〕張大為、胡德熙、胡德焜合編《胡先驌文存》（上卷），江西高校出版社，1995年8月版，第381～382頁。梁洪生主編《杏嶺春秋——〈江西民國日報〉有關國立中正大學的報導全匯（1938～1949）》，2010年12月內部印刷。中華民國三十一年六月十七日週三第四版。

〔註1352〕高志軍著《政治與教育的互動：國立中正大學研究》，2021年12月華中師範大學博士學位論文，第83頁。

〔註1353〕《國立中正大學有關遷校及借用校舍的文書及農學院儀器標本目錄》（194206～194508），中國第二歷史檔案館藏，全宗號五，案卷號5330，第63頁。高志軍著《政治與教育的互動：國立中正大學研究》，2021年12月華中師範大學博士學位論文，第234頁。

通工具。」〔註1354〕

1942年國立中正大學戰地服務團全體成員攝影紀念，前排左5胡先驌

6月24日，國立中正大學戰地服務團舉行授旗及團員宣誓典禮。由胡先驌校長授旗並監誓，慰勉備至，團員莫不感奮異常。〔註1355〕

6月25日，全校師生列隊歡送國立中正大學戰地服務團。

6月25日晨，大雨滂沱。全體團員鬥志昂揚，身著戎裝，頭戴箬笠，足穿草鞋，冒雨出發。胡先驌校長和全校師生列隊歡送。至臨江碼頭乘坐小火輪，沿贛江而下，奔赴前線。隨團出發的團員34人：丁祥徽、丁義為、王綸、平祖培、丘登泰、何文錄、吳昌達、吳蘭英（女）、李劍聲、周槐庭、易新楣（女）、姜闓生（女）、姜照龍、施亞光（女）、施景成、孫結民、姚顯微、晁夢奇、符仕儒、陳效華、陳煜生、曾廣謚、湯道南、楊寶聰、鄭唯龍、螳錦梅、鮑良芳、鍾騰初、羅光斌、王仁有、王希有、沈鴻清、馮才、帥經謨。因病暫留泰和的團員6人：巴怡南（女）、張仁淑、曹榮生、蔣獻文、趙篤慶、魏培德。另有學校委派隨團行動的工友4人。戰地服務團第一階段工作，原定計劃為2個月，工作地區為清江、臨川、南城等22縣，先往贛北、再往贛東。如果敵人打通粵漢線的陰謀計劃得逞，服務

〔註1354〕張建中著《撥開迷霧，解密國立中正大學遷湘事件中的四大疑問》，公眾號「江西檔案」，2019年11月27日。

〔註1355〕姚國源執行主編《浩氣壯山河——原國立中正大學抗日戰地服務團紀實》（上冊），江西高校出版社，2010年11月版，第53頁。

團便將長期轉戰於東南半壁的戰地上。〔註1356〕

6月26日，吉安《前方日報》：中正大學戰地服務團，由團長姚顯微教授率領男女團員等一行38人，於昨（25日）抵吉，並定今（26）晨7時在青年團吉安分團邀請各界舉行座談會，日內即出發臨川前線參加戰地工作。〔註1357〕

6月26日～8月26日，國立中正大學戰地服務團開展主要活動。

服務團先後在吉安、樟樹、新喻、峽江、新淦等地開展活動，主要活動有：

調查報導。在出發前，服務團即向黨政機關取得發送電報的各種便利條件，希望將前方消息迅速報導給後方。服務團每到一地，就深入瞭解當地社會的風土人情，在深入調查和服務前線的過程中，瞭解到軍民隔閡很深、軍隊紀律渙散、傷兵照顧不周、難民轉移安置不到位等問題，團員及時在《泰和民國日報》出版戰時通訊報導問題，發出強烈呼籲。宣傳演出。服務團到達前線後，結合環境採取街頭演講、個別談話、家庭訪問、繪製標語、出版壁報漫畫以及表演歌詠話劇等形式，解釋政府法令，強調軍民合作的重要性，加強民眾「抗戰必勝建國必成之信念」。

賑濟慰勞。由於戰地服務團籌集的經費有限，並且大部分用於購買了藥品，戰地服務團除了在少數醫院為傷兵發放了每人1～3元的慰勞金外，在樟樹為難民贈米，主要是在精神上慰勞安撫傷兵和難民，他們前往137後方醫院，58軍第一、第二、第三野戰醫院，90兵站醫院表演歌詠戲劇、個別談話慰問、代寫家書，共計慰問負傷將士3000餘人，代寫書信三百餘封。

醫療救護。服務團在出發前就購置了大量藥品，對團員進行了救護人員培訓。在樟樹前線，冒著炮火搶救傷員，在前線後方設立了施診施藥處，共診治兵民4000餘人，尤其是副團長王緁自製的瘧疾膏藥，療效顯著，「蜚聲贛江中流」，不少機關團體和軍隊來函索

〔註1356〕姚國源執行主編《浩氣壯山河——原國立中正大學抗日戰地服務團紀實》（上冊），江西高校出版社，2010年11月版，第53頁。
〔註1357〕姚國源執行主編《浩氣壯山河——原國立中正大學抗日戰地服務團紀實》（上冊），江西高校出版社，2010年11月版，第51頁。

藥。組訓民眾。服務團先後在新喻、峽江、新淦三縣發動民眾組訓工作，三縣的知識青年分別組成了戰時服務團，對於各縣已有的民眾組織，例如義務擔架隊等，都對其進行了短期的精神訓練。他們卓有成效的戰地服務工作，深深感動了抗日軍民，稱讚他們是書生救國的模範。〔註1358〕

6月27日，教育部電覆中正大學。

教育部急電該校「望於贛南擇地，準備必要時遷移」，並請省府協助辦理。〔註1359〕

6月27日，省會各校籌組戰地服務團。

【大路社特訊】國立中正大學泰和戰時服務團已敦請該校校長胡先驌氏為名譽團長，並公舉該校訓導長謝□川，軍事管理組主任劉賓為正副團長，內部工作正在積極開展中。茲聞該團為謀群策群力，特於本月二十三日上午九時，假體師會議室召集省會各校代表商討進行籌組省會學生服務團事宜，除請團負責人外，計到醫專、體師、幼師、護士等校代表二十餘人，各校代表對於組織問題均有詳盡之討論，結果甚為圓滿，現正積極籌備，不日即可成立云。〔註1360〕

6月29日，胡先驌致衛生署函。

正題名：為本校農學院需要獸醫應用之儀器、麻藥等，特託胡祥璧教授前來洽購，函請查照惠予發售由。

（鄭瑤先生提供）〔註1361〕

〔註1358〕 檔案解密《國立中正大學戰地服務團始末記》，公眾號「江西檔案」，2017年08月15日。

〔註1359〕 《電覆於贛南擇地遷移由：電覆中正大學遷移由》（1942年6月27日），《國立中正大學有關遷校及借用校舍的文書及農學院儀器標本目錄》（194206～194508），中國第二歷史檔案館藏，全宗號五，案卷號5330，第62頁。高志軍著《政治與教育的互動：國立中正大學研究》，2021年12月華中師範大學博士學位論文，第234頁。

〔註1360〕 梁洪生主編《杏嶺春秋——〈江西民國日報〉有關國立中正大學的報導全匯（1938～1949）》，2010年12月內部印刷。中華民國三十一年六月二十七日週六第三版。

〔註1361〕 江西檔案館，檔號：J037-1-00693-0189。

6 月，作輓聯《挽國立中正大學學生》。

> 天道信難知竟奪英才成大器；
>
> 國憂猶未解頓悲吾黨失中堅。

6 月，為建中正大學分校作準備。

> 當事人胡先驌謂：「迨時局稍定，距開學期間已促，添建校舍，
> 已為時間所不許，經校務會議議決，並商得江西第四行政區蔣專員同
> 意，租借贛縣龍嶺村房屋及廟宇，加以修繕，建立贛分校」。〔註 1362〕

夏，羅自梅聽胡校長《生命的意義》的講演。

> 40 年代初，我在贛州青年夏令營時，第一次聆聽了校長《生命
> 的意義》的講演。他老人家學識淵博、見地精湛、娓娓動人的論述，
> 藹然學者的風度，把我們這一代年輕人的心，像磁鐵般地吸引住了。
> 從此以後，我對校長油然而生仰慕、敬重、愛戴之情，心想能入其
> 門牆，三生有幸，與有榮焉！我高中畢業後被保送交大、浙大。當時，
> 這兩所學校遠在西南（浙大在貴州遵義，交大在貴州平越），負笈三
> 黔，交通不便。考慮到胡校長乃一代名儒、學界泰斗，於是我選擇了
> 正大，專攻文法，欣然就讀於先生門下。1946 年，胡氏離江西赴北平，
> 我根據學習筆記，在伍律教授主編的《自然科學》上，發表了一篇《關
> 於生命的起源》的短文，以表懷念。胡校長光風霽月，令人如坐春風，
> 在雨潤無聲中，使年輕一代沐浴著科學的洗禮。〔註 1363〕

6 月，中正大學成立戰地服務團，胡先驌任名譽團長，姚顯微任團長，上
前線慰問將士。在新淦縣，與日軍搏鬥，姚顯微、吳昌達壯烈犧牲。

> 日寇未退時，歷史系教授姚顯微發起戰地服務團，到前線慰問
> 將士，途中碰到日寇，姚教授與一個學生被殺，五個學生被抓到南

〔註 1362〕《三十年五月贛東北敵寇侵擾奉撥邊校費十萬元，不敷支配。經基金委員會
決定以基金作抵向江西裕民銀行息借二十萬元乞》（1944 年 10 月 11 日），
《中正大學現金出納表領款收據經費累計表等各類會計表文書》（194205～
194504），中國第二歷史檔案館藏，全宗號五，檔號五，案卷號 3763（1），
第 65 頁。高志軍著《政治與教育的互動：國立中正大學研究》，2021 年 12
月華中師範大學博士學位論文，第 165 頁。

〔註 1363〕羅自梅著著《往事回憶》。胡啟鵬主編《撫今追昔話春秋——胡先驌學術人
生》，北京燕山出版社，2011 年 4 月版，第 283 頁。

昌去了。《民國日報》對於遷校與姚顯微被殺兩事，都做了攻擊大學的社論，這便種下二年學生打砸日報的原由。〔註1364〕

6月，《經濟植物與農業之關係》一文發表在《正大農學季刊》（第 1 卷第 2 期，第 2～4 頁）。本文係作者在中正大學農學會的演講，重點講述了園藝中的果樹、蔬菜及花卉和森林。首先舉列子說明植物分類對農業選育、雜交重要作用。他指出，研究植物分類是很重要的。經濟植物學是以植物分類學為根本的。所謂經濟植物學者，即識別植物之種類，以研究其經濟之價值的一種科學。茲就作物園藝及森林方面，為諸同學一述研究經濟植物學的重要。經濟植物學與作物學之關係較少，因為大多數可栽培作作物的植物，已研究得很詳盡，僅有少數未被利用而已；但為增加全國之生產量起見，仍須加以研究。如俄國之黃豆研究所，專以中國之黃豆為研究對象，收集我國黃豆，多至五千多種（我國自己採集者亦無如此之多）。他們又派人至各處搜集可種於寒冷地帶之植物。

接著強調園藝知識。園藝方面範圍頗廣，茲分果樹、蔬菜及花卉三方面來講。果子方面，中國已經利用的種類很多，但尚有很多野生的品種未能好好利用。前幾十年美國的植物學家至中國宜昌，發現一種野生柑桔，名為宜昌檸檬，為柑桔之最能耐寒者，美人視之如珍寶，以與其他之品種雜交而得很好之品種。在蔬菜方面，野生可食者極多。如大黃一物（中國為藥）外國人有以其葉柄和糖煮食之者。中國西北之大黃品類極佳，然無人食其葉柄。在花卉方面，我國種類更多，外國人嘗稱「無中國花不成花園」。外國有專研究杜鵑花者，此屬在中國即有三百多種，花極其美麗。行道樹之最美麗者西洋人推拱桐樹，生於湖北西部及四川，全世界僅一種。

森林方面，中國樹木過多，美國有樹六百多種而中國則有二千種。此外我國尚有很多牧草及殺蟲用之植物未被利用，茲因時間關係，不及細述。我希望大家能多多學得植物學之基礎，多認識些植物，裨將來對於植物之經濟方面有所貢獻。〔註1365〕

〔註1364〕 胡先驌著《對於我的舊思想的檢討》，1952 年 8 月 13 日。《胡先驌全集》（初稿）第十五卷人文科學文章，第 629～640 頁。

〔註1365〕 張大為、胡德熙、胡德焜合編《胡先驌文存》下卷，中正大學校友會出版發行，1996 年 5 月版，第 317～322 頁。

6月，中國科學社主辦《科學》雜誌復刊，盧於道任主編，決定特約各科撰稿員30餘人，通論為任鴻雋、竺可楨、胡先驌等3人。

夏，陳封懷來中正大學執教，為盧山森林植物園復員作準備。

> 胡先驌從雲南昆明調陳封懷來江西泰和中正大學任教，意在泰和地近盧山，將來可由陳封懷主持盧山森林植物園復員。〔註1366〕

7月1日，胡先驌致陳立夫信函。

> 7月1日請示教育部的「豔電」電文中，胡先驌又打算在贛東南覓地設立正大分校，以作為遷校準備：「陳部長親鑒：普密有電奉悉，贛省府準備遷瑞金附近。總校擬另在贛東南設分校，已派員往勘地址，作必要時之退步。當否？乞速密電示遵，並另先電撥遷移費二十萬元。」〔註1367〕

7月2日，中正大學遷校前期考察。

> 中正大學疏散準備委員會報告，總校和分校可能分別擬設於南康縣唐江鎮、雩都縣梓山鎮，並請該校王修案、何正森二教授限期前往覓定房屋。〔註1368〕

7月3日，胡先驌致電教育部。

> 7月3日請示教育部的「東電」電文中，胡先驌還是覺得學校西遷比較穩妥：「贛局危機，全境無安全地帶。校不西遷，恐不保。馮委員琦（即國民黨江西省黨部委員馮琦，——筆者注）即另電詳陳請准遷移並火速電匯遷移費廿萬元。」〔註1369〕

7月3日，中正大學校方作出西遷決定，當與時局有關。

〔註1366〕 胡宗剛編《盧山植物園八十春秋紀念集》，上海交通大學出版社，2014年8月版。第029頁。
〔註1367〕 張建中著《撥開迷霧，解密國立中正大學遷湘事件中的四大疑問》，公眾號「江西檔案」，2019年11月27日。
〔註1368〕 《國立中正大學疏散準備委員會幹事會第二次主幹會議記錄》（1942年7月2日），江西省檔案館藏，檔號：J037-1-00996-0030。高志軍著《政治與教育的互動：國立中正大學研究》，2021年12月華中師範大學博士學位論文，第234～235頁。
〔註1369〕 張建中著《撥開迷霧，解密國立中正大學遷湘事件中的四大疑問》，公眾號「江西檔案」，2019年11月27日。

該校一方面將原定船運的農學院公物駛至萬安，旋因萬安存放不便，遂打算船隻直駛贛縣。〔註1370〕同日，該校擔憂，在贛局極危之下，江西恐全境無安全地帶，學校如不西遷，恐有不保之虞。校方作出西遷決定，當與時局有關。〔註1371〕

7月4日，確定天翼獎學金分配方案。

籌募會結束於1942年7月4日，籌委梁棟、熊在渭、匡正宇、陳際唐、黃光斗、馮琦等10餘人出席結束會議，共籌得獎學金約80萬元。其中，撥助仰公中學10萬元，20萬元為熊式輝自行支配獎學基金，其餘由教育廳撥助江西省高中以上學生獎學基金之用，中正大學得獎學基金10萬元。〔註1372〕從獎學金分配情況看，僅仰公中學與中正大學同時被「點名」，分得數額相當。仰公中學創辦於戰時，熊式輝為紀念乃父熊府山（號仰之），而設。〔註1373〕由此可見，上述二校與熊均有特殊關係。二校的清晰單列與其他各項的模糊處理，映襯出當局十分清楚熊與二校的關係。1943年2月，天翼獎學金分撥至中正大學，撥現金72500元，配券37500元，共計10萬元。〔註1374〕1943年5月15日，中正大學校務會議第77次校務會議決定組織天翼獎學金管理委員會管理之。〔註1375〕

7月4日，中正大學召開全體教授會議商討遷校對策。

該校召開全體教授會議商討對策，會議一致認為，局勢極為緊

〔註1370〕《為本校雇用民船三艘裝運公物駛往贛縣請查照放行並核發通行證由》（1942年7月3日），江西省檔案館，檔號：J037-1-00914-0008。

〔註1371〕《密》（1942年7月3日），（國立中正大學有關遷校及借用校舍的文書及農學院儀器標本目錄）（194206～194508），中國第二歷史檔案館藏，全宗號五，案卷號5330，第60頁。高志軍著《政治與教育的互動：國立中正大學研究》，2021年12月華中師範大學博士學位論文，第235頁。

〔註1372〕《天翼獎學金籌募會開結束會議》，江西《民國日報》1942年7月5日，第3版。

〔註1373〕楊蔭村：《記仰公中學》，政協安義縣委員會文史資料研究委員會編：《安義文史資料第三輯》，1992年，第89頁。

〔註1374〕《國立中正大學校務會議第七十二次常務會議議事錄》（1943年2月16日），江西省檔案館藏，檔號：J037-1-00655-0287。

〔註1375〕《為檢寄校務會議第七十七次議事錄囑查照由》（1943年5月15日），江西省檔案館藏，檔號：J037-1-00634-0213.高志軍著《政治與教育的互動：國立中正大學研究》，2021年12月華中師範大學博士學位論文，第183頁。

迫，應一面先行緊急處置，一面電告教育部報告請示。當經省府主
席曹浩森同意，「將暑假留校學生三百餘人暨教職員家屬，連同圖書
儀器、重要公物，沿贛湘公路，用土車板車先行疏散至湖南茶陵。
以備於萬不得已時，遷湘省擇地開學，藉冊安全」。〔註1376〕

7月4日，國立中正大學戰地服務團姚名達團長率領團員赴前線慰問。

　　7月4日，姚名達率領團員30餘人由樟樹前往最前線橋東，此
時戰局已經迅速惡化，日軍調集五六路人馬，從三個方向對這一帶
作迂迴包圍。服務團趕往前線野戰醫院為傷員換藥包紮，然後隨野
戰醫院轉移。〔註1377〕

　　7月5日，由於遭遇日軍的猛烈襲擊，服務團隨軍渡江向清江
撤退。〔註1378〕

7月6日，胡先驌致電陳立夫。

　　直至7月6日，也許考慮到浙贛戰事惡化以及正大教員心態不
穩，胡先驌等正大管理層通過全體教授會議討論，最終決定把學校遷
往湖南零陵縣，並電告了教育部：「部長陳親鑒：普密豔、東兩電計
達。因贛局吃緊，教員有星散之勢，多數意見倘校不西遷，原有者將
西去，新聘者不願來，必致解體。全體教授會議決議遷湘零陵。已派
員先往布置，應即分批出發，遷移費盡先急電匯五十萬元。」〔註1379〕

7月6日，遷校計劃得到教育部認可。

　　教育部回覆中正大學，對這一做法表示贊許：「可派員勘地，備

〔註1376〕《奉令以據本校資送三十一年度校舍建築費預算准先核轉撥款並示遵照等
　　　　　個因，謹將經費不敷借款彌補及因辦理疏散移用建設費情形連同借款合約
　　　　　呈覆鑒核由》（1942年7月24日），《中正大學工程處建築合約及圖樣借款
　　　　　合約副本等文書》（194112～194211），中國第二歷史檔案館藏，全宗號五，
　　　　　案卷號3763（2），第43頁。高志軍著《政治與教育的互動：國立中正大學
　　　　　研究》，2021年12月華中師範大學博士學位論文，第235頁。
〔註1377〕檔案解密《國立中正大學戰地服務團始末記》，公眾號「江西檔案」，2017年
　　　　　08月15日。
〔註1378〕檔案解密《國立中正大學戰地服務團始末記》，公眾號「江西檔案」，2017年
　　　　　08月15日。
〔註1379〕張建中著《撥開迷霧，解密國立中正大學遷湘事件中的四大疑問》，公眾號
　　　　　「江西檔案」，2019年11月27日。

萬一，不必用分校名義」。〔註1380〕

7月6日，中正大學戰地服務團姚顯微教授與學生吳昌達在新淦石口被日軍包圍，與日軍搏鬥，壯烈犧牲。鄭唯龍等 5 名學生被俘，後經多方營救脫險。姚名達殉難時年僅37歲，是為抗戰捐軀教授第一人，消息傳出，舉國痛悼。

7月6日，在躲避敵機和日本騎兵的突襲過程中，服務團隊伍走散，姚名達帶領吳蘭英、吳昌達、鍾勝初、曾廣證等十人向新淦撤退。十餘人冒著雷雨、炮火，飢餓，千辛萬苦到達新淦線淥江鄉石口村。在離石口村兩裏多路的地方，遇到一個牽牛的老表。老表邀請他們去他家休息，並同意幫他們雇船渡江。於是團員們跟著他，在一間祠堂借宿。半夜裏，突然一陣激烈的狗叫聲把他們驚醒。姚名達立刻起身查看，並吹滅了室內的燈，帶領團員們用一根粗大的木杆堵住了門。從門縫中看見一群日本兵，站在門外，他立刻拔出腰間的短劍給了團裏兩位女同志防身，想帶領大家從後門逃出去。誰知兩名日本兵先從後門進來，姚名達吳昌達等人立即衝上去與敵人發生了激烈的肉搏，連撕帶咬混作一團。姚名達奮力奪下了敵人手中的槍，攜槍奔上樓梯欲搶佔制高點，卻被隨後進來的日本兵開槍擊中，用刺刀刺進胸腔，壯烈殉國，同時犧牲的還有團員吳昌達。〔註1381〕

7月6日，胡先驌致陳立夫電函。

7月 6 日致電陳立夫「因贛局吃緊，教員有星散之勢，多數意見，倘校不西遷，原有者將失去，新聘者不願來，必致解體。全體教授會議決議遷湘零陵，已派員先往布置，並即分批出發。」〔註1382〕

〔註1380〕《為電知該校可派員勘地備萬一，不必用分校名義遷移費准電匯五萬元由》（1942 年 7 月 6 日）《國立中正大學有關遷校及借用校舍的文書及農學院儀器標本目錄》（194206～194508），中國第二歷史檔案館藏，全宗號五，案卷號 5330，第 43 頁。高志軍著《政治與教育的互動：國立中正大學研究》，2021 年 12 月華中師範大學博士學位論文，第 235 頁。

〔註1381〕 檔案解密《國立中正大學戰地服務團始末記》，公眾號「江西檔案」，2017 年 08 月 15 日。

〔註1382〕 中國第二歷史檔案館藏教育部檔案。胡宗剛著《再議胡先驌被辭中正大學校長》，公眾號註冊名稱「近世植物學史」，2022 年 06 月 29 日。

姚名達烈士遺像（1905.3.16～1942.7.7）

　　7 月 7 日，國立中正大學戰地服務團部分團員在新淦縣石口村祠堂宿營時，遭到日偽軍 100 餘人襲擊，激烈的搏鬥中，因寡不敵眾，姚名達團長和吳昌達團員殉難消息，海內聞之震驚，重慶、昆明、桂林等地報紙刊登了這則消息。僅《新華日報》先後在 1942 年 7 月 19 日、7 月 29 日、10 月 22 日和 1943 年 3 月 26 日四次刊登長篇文章，介紹國立中正大學戰地服務團及姚名達教授壯烈犧牲的消息和事蹟。

吳昌達烈士遺像（1920.9.19～1942.7.7）

7月9日，胡先驌致電教育部。

　　此後，胡先驌在 7 月 9 日致教育部的函電中再次表達了想將正大遷往湘省的計劃，函電還披露江西省主席曹浩森同意了這一計劃，胡還再次請求教育部撥發遷移費，以及請求教育部轉電運輸統制局

提供交通工具以便遷校:「贛局日緊,曹主席同意職校遷湘,惟交通工具毫無著落。現贛湘公路不久即將破壞,具請(鈞部)火速電運輸編制局報卡車拾輛來校供用,並請轉陳委座電飭該局迅即如數照撥遷移費,並請即電匯,迫切待命。懇祈電示祇遵。」〔註1383〕

7月9日,讀者陳其仁、劉道綏在江西《民國日報》的聯名投書,請中正大學終止遷湘計劃。

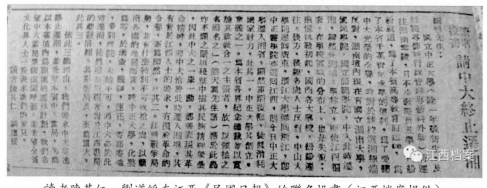

讀者陳其仁、劉道綏在江西《民國日報》的聯名投書(江西檔案提供)

從現有的材料看,7月9日,也就是胡先驌向教育部再次表達遷湘決定的當天,該決定就被人曝光。當時,有讀者陳其仁、劉道綏聯名投書江西《民國日報》,披露了正大遷湘決定。他們在投書中還旗幟鮮明地要求正大終止遷湘,並給了三點理由:其一,湘省境內已有國立湖南大學、國民學院、師範學院等高校,此時正大遷至湖南省,「顯然使湘境大學林立,而使江西偏廢,在學校區域的分布上,也是失策」,同時還會「徒然消耗國家財力」;第二,正大創辦於戰時,本應展現民族精神、革命精神,如果此時遷離江西,則有損於革命聲譽;第三,根據江西地勢,正大可以化整為零,將各院系分設在贛縣、蓮花、雩都、瑞金等地,而無遷湘省的必要,學校若遷出,勢必造成贛省民眾抗敵悲觀情緒。〔註1384〕

7月9日,江西《民國日報》發表反對中正大學遷湘的社論。

〔註1383〕張建中著《撥開迷霧,解密國立中正大學遷湘事件中的四大疑問》,公眾號「江西檔案」,2019年11月27日。

〔註1384〕張建中著《撥開迷霧,解密國立中正大學遷湘事件中的四大疑問》,公眾號「江西檔案」,2019年11月27日。

　　江西《民國日報》發表了題為《為全贛青年學子呼籲——請國立中正大學終止遷湘》的社論，文章提出了四點反對正大遷湘理由：第一，贛省創辦正大是想在江西省率先實踐「政教合一」的辦學理念，如果正大遷離江西，江西省實踐「政教合一」理念的成果將化為烏有；第二，江西舉全省之力創辦正大，是想提高贛省文化，方便贛省青年學子求學，如果學校遷離江西，勢必傷害贛省民眾的感情；第三，正大創辦於戰時，學校本應站在抗戰的最前線，全校師生本應從戰爭中展現「戰鬥的」教育精神；第四，之前正大戰地服務團開赴前線工作，提升了江西各方面的抗戰氣勢，如果此時正大又遷離江西，勢必影響到抗戰形勢。〔註1385〕

7月10日，江西省文化界部門反對中正大學遷湘計劃。

　　7月10日下午四時，江西省文化界召開了擴大談話會，參與談話會的單位有中國青年寫作協會、詩歌與木刻社、勝利出版社、民國日報社、三民主義文藝建設研究會、江西三民主義美術研究會、少年兵月刊社、東南評論半月刊社、尖兵半月刊社等，參加者約有十餘人。座談會做出決定，將致電蔣介石及陳立夫請求制止正大遷湘，並質問胡先驌將正大遷湘理由。同日，江西省各界民眾代表前往省黨部、省政府、省臨時參議會請願，請求這些部門阻止正大遷湘。至7月底，反對活動仍在持續。〔註1386〕

7月10日，教育部致電胡先驌。

　　值得一提的是，在正大做出遷湘的動議後，國民政府教育部也許考慮到形勢的嚴峻性，一度同意了正大的決定，於7月10日擬稿回覆胡先驌的電文中批准了正大遷離贛省的計劃，還電告已匯款15萬元作為正大遷校費。〔註1387〕

〔註1385〕 張建中著《撥開迷霧，解密國立中正大學遷湘事件中的四大疑問》，公眾號「江西檔案」，2019年11月27日。

〔註1386〕 張建中著《撥開迷霧，解密國立中正大學遷湘事件中的四大疑問》，公眾號「江西檔案」，2019年11月27日。

〔註1387〕 張建中著《撥開迷霧，解密國立中正大學遷湘事件中的四大疑問》，公眾號「江西檔案」，2019年11月27日。

7月10日，陳布雷轉告教育部長陳立夫電函。

　　7月10日，蔣通過陳布雷轉告教育部長陳立夫，毅然批示不准正大遷湘：「立夫吾兄勛鑒：日前由貴部轉來中正大學胡校長步曾冬電（疑為前述『東電』，──筆者注），為請示該校遷移一節，經陳奉委座批示不必遷移等因，除已電覆胡校長外，特函奉達……這樣，在蔣介石的批示下，在江西社會各界人士的請求下，教育部最終改變了同意正大遷湘的態度。」〔註1388〕

7月10日，教育部電覆中正大學不遷外省。

　　陳布雷就已電告教育部部長陳立夫，「委座批示，不必遷移」。〔註1389〕教育部隨即於同日電告中正大學：「與省府共進退，勿遷離贛省」。〔註1390〕

7月初，中正大學總校計劃遷贛南。

　　這一計劃有所變動。中正大學又計劃擬設總校和分校，總校設贛東南，分校勘察未定。〔註1391〕

7月15日，陳布雷致電胡先驌。

　　而在7月中旬左右，胡先驌收到了陳布雷的函電，得知蔣介石不准正大遷離贛省，遂於7月15日召開的正大校務會議第49次常務會議上，與訓導長謝兆熊、農學院院長周拾祿，以及戴良謨、周宗璜等人商議通過了「呈奉總裁電本校不必遷移，茲擬具本校學生中止

〔註1388〕 張建中著《撥開迷霧，解密國立中正大學遷湘事件中的四大疑問》，公眾號「江西檔案」，2019年11月27日。

〔註1389〕 《國立中正大學有關遷校及借用校舍的文書及農學院儀器標本目錄》（194206～194508），中國第二歷史檔案館藏，全宗號五，案卷號5330，第37頁。

〔註1390〕 《國立中正大學有關遷校及借用校舍的文書及農學院儀器標本目錄》（194206～194508），中國第二歷史檔案館藏，全宗號五，案卷號5330，第56頁。高志軍著《政治與教育的互動：國立中正大學研究》，2021年12月華中師範大學博士學位論文，第235頁。

〔註1391〕 《復有電》（7月1日），《國立中正大學有關遷校及借用校舍的文書及農學院儀器標本目錄》（194206～194508），中國第二歷史檔案館藏，全宗號五，案卷號5330，第44頁。高志軍著《政治與教育的互動：國立中正大學研究》，2021年12月華中師範大學博士學位論文，第234頁。

遷移處理辦法提請公決案」。這樣，正大中止了遷湘計劃。〔註1392〕

7月15日，中正大學落實不外遷具體工作。

中正大學召開第49次常務會議。會議就蔣介石電諭該校不必遷移指示作出的《本校學生中止遷移處理辦法》一案提請公決，並修正通過。〔註1393〕《處理辦法》主要規定，1. 學生返校問題。已到茶陵學生應於8月前返校。集中永新學生應於7月26日前抵校。2. 返校學生應結隊步行。3. 學生行李因辦理相應登記手續。4. 遷移補助費，等等。其次是，中正大學遷校遭致各方反對。〔註1394〕

7月18日，文化界一大損失——中大戰服團團長姚顯微殉難。

江西民國日報特訊（1942年7月18日），國立中正大學戰地服務團團長姚顯微教授暨團員30餘人，於上月中旬出發贛前線工作，沿途組訓民眾，慰勞戰地將士，工作緊張，精神振奮，頗為前線軍民贊許，不幸於本月8日（編者注：實際為7月7日）該團一部分男女團員10餘人，由姚顯微團長率領行抵距新淦20餘華里之石口，為敵偽所害，姚團長暨團員4人同時殉難，女團員二人被虜，靈耗傳來，各方震驚，茲據中大各有關方現正籌備擴大追悼。〔註1395〕

7月19日，國立中正大學成立戰地服務團原因。

國立中正大學戰地服務團因應時局而誕生。有報刊指出，中正大學戰地服務團為積極動員民眾，激勵民氣而成立。〔註1396〕此言

〔註1392〕 張建中著《撥開迷霧，解密國立中正大學遷湘事件中的四大疑問》，公眾號「江西檔案」，2019年11月27日。
〔註1393〕 《國立中正大學校務會議第四十九次常務會議議事錄》（1942年7月15日），江西省檔案館藏，檔號：J037-1-00998-0045。
〔註1394〕 《國立中正大學學生中止遷移處理辦法》（1942年），江西省檔案館藏，檔號：J037-1-00919-0222。高志軍著《政治與教育的互動：國立中正大學研究》，2021年12月華中師範大學博士學位論文，第235頁。
〔註1395〕 原文存巴怡輯《顯微紀念冊》，1942～1948，原載江西《民國日報》，1942年07月18日。姚國源執行主編《浩氣壯山河——原國立中正大學抗日戰地服務團紀實》（上冊），江西高校出版社，2010年11月版，第162頁。
〔註1396〕 《中大戰地服務團師生殉難詳情》，江西《民國日報》1942年7月19日，第4版；中大戰地服務團師生殉難詳情》，江西《民國日報》1942年7月19日，第4版。

大致不差，但略顯簡單。此次戰事吃緊時，胡先驌原設想組織游擊隊，全校師生一律加入，稍後因該校教授姚名達發起戰地服務團作罷。姚名達之所以發起服務團，原因有二。第一是，姚名達對前述現狀不滿。第二是，姚名達具有強烈家國情懷。該團的主要目的主要在於鼓舞民氣。〔註1397〕

7月19日，新華日報刊載中正大學服務團姚名達遇難消息。

新華日報訊（1942年07月19日），中正大學服務團贛前線勞軍遇難，教授姚名達及學生多人，7月8日不幸在新淦石口慘遭敵害。該校員工聞訊哀悼，正籌辦善後事宜。按姚君畢業清華大學，早歲執教復旦大學，現任中大文史學系教授，生前著作甚豐，實為學術界一大損失。又，江西民國日報特訊：胡校長派周、宋兩位軍事教官前往殉難地點，收拾忠骸，運返學校。戰地服務團公推孫結民、湯道南同行護靈。〔註1398〕

7月19日，全國各地紛紛紀念姚名達教授。

各報也稱，姚名達的犧牲是學界的「一大損失」。〔註1399〕

7月19日，中正大學學生運柩到石口，烈士遺體入柩移葬，在石口村贛江大堤上敬立《國立中正大學戰地服務團姚團長顯微暨團員吳君昌達殉國紀念碑》，介紹姚、吳二烈士的生平及壯烈犧牲的事蹟。7月22日，新淦縣舉行公祭，英國赴華戰地記者等中外記者及各界人士參加公祭。28日靈柩由水路運抵泰和，從上田碼頭到杏嶺沿途路祭，萬人痛哭，正大師生迎接烈士靈柩，

〔註1397〕《中大戰地服務團師生殉難詳情》，贛南《民國日報》1942年7月21日，第2版。高志軍著《政治與教育的互動：國立中正大學研究》，2021年12月華中師範大學博士學位論文，第82頁。

〔註1398〕姚國源執行主編《浩氣壯山河——原國立中正大學抗日戰地服務團紀實》（上冊），江西高校出版社，2010年11月版，第162～163頁。

〔註1399〕《戰地服務團姚名達等慘遭敵害》，太原《陣中日報》1942年7月19日，第1版；《姚名達在贛北前線被敵殺害》，《西京日報》1942年7月19日，第2版；《中正大學教授姚名達在贛殉難》，昆明《中央日報》1942年7月19日，第2版；《中大文史系教授姚名達遭敵害》，《福建日報》1942年7月19日，第2版；《學者姚名達在贛北遇害》，《貴州日報》1942年7月19日，第2版。高志軍著《政治與教育的互動：國立中正大學研究》，2021年12月華中師範大學博士學位論文，第100頁。

胡先驌親筆書寫輓聯。7 月 30 日江西省政府舉行公祭，8 月 5 日忠櫬安葬於杏嶺烈士墓。

7 月 20 日，陳立夫特致唁電中正大學。

　　重慶中央教育部陳部長立夫特致唁電中正大學，要求查明姚顯微團長與吳昌達殉難真相，以便呈請褒恤，藉慰忠烈。並轉先生家屬，聞耗哀悼，特電馳唁。（廣西大公報，1942-07-21）〔註 1400〕

7 月 21 日，馮琦致電陳立夫。

　　7 月 21 日國民黨江西省黨部委員馮琦向教育部長陳立夫的致電中有所反映。該電文內容如下：「立公部長鈞鑒：國立中正大學當局初因戰事略形緊張，全校師生未經學期考試即行遣散，後復有遷湘之議，一時輿論譁然。茲雖因各方反對中正遷湘，然外界對之仍多非議。竊胡校長學問道德眾所敬仰，然行政經驗太缺。即朱教導長、謝訓導長亦均係學者身份，缺乏行政管理之才，以致平時校務管理不能合乎要求，一遇事變即感束手無策。長此以往，該校前途恐難如鈞長之期望。為今後計，該校教導長、訓導長人選尚祈能予調整，必須兼長行政管理之才，以襄助胡校長，使教學行政兼善並進。事關東南最高學府前途，職未敢緘默，所陳是否有當，敬祈垂察。」〔註 1401〕

7 月 21 日，中正大學復教育部信函。

　　中正大學回應教育部說：「本校遵令不遷離贛，並照贛省府疏散計劃，派員赴贛南治覓校舍」。前已述及，遷贛南計劃早在 6 月末時已有打算，此次只不過是舊事重提。〔註 1402〕

〔註 1400〕姚國源執行主編《浩氣壯山河——原國立中正大學抗日戰地服務團紀實》（上冊），江西高校出版社，2010 年 11 月版，第 163 頁。

〔註 1401〕張建中著《撥開迷霧，解密國立中正大學遷湘事件中的四大疑問》，公眾號「江西檔案」，2019 年 11 月 27 日。

〔註 1402〕《復遵令不遷離贛并擬派員赴贛南洽覓校舍》（7 月 21 日），《國立中正大學有關遷校及借用校舍的文書及農學院儀器標本目錄》（194206～194508），中國第二歷史檔案館藏，全宗號五，案卷號 5330，第 52 頁。高志軍著《政治與教育的互動：國立中正大學研究》，2021 年 12 月華中師範大學博士學位論文，第 235～236 頁。

7月21日，馮琦致陳立夫信函。

立公部長鈞鑒：

國立中正大學當局初因戰事略形緊張，全校師生未經學期考試，即行遣散，後復有遷校之議，一時輿論譁然。茲雖因各方反對中正遷湘，然外界對之仍多非議。竊胡校長學問道德眾所欽仰，然行政經驗太缺乏，即朱教導長、謝訓導長亦係學者身份，缺乏行政管理之才，以致平時校務管理不能合乎要求，一遇事變，即感束手無策，長此以往，該校前途恐難如鈞長之期望，為今後計，該校教導長、訓導長人選尚祈能予調整，必須兼長行政管理之才，以襄助胡校長，使教學、行政兼善並進，事關東南最高學府前途，未敢緘然。所陳是否有當，敬祈垂察。

職 馮琦 叩午刪

三十一年七月二十一日〔註1403〕

7月22日，新淦縣公祭兩烈士。

江西新淦週報訊（1942年07月22日），中大戰服務團兩烈士殉難，新淦縣舉行沉痛公祭，周教官報告殉難經過。

國立中正大學奉令組織戰地服務團，並經指定前赴豐城、樟樹一帶前方服務，以該團團長姚顯微教授領導，分赴各地工作。曾志本報本月8日，由前方撤退，行抵淦境石口村，與敵遭遇。姚顯微團長與團員吳昌達當時殉難，並擄去男女團員五人。業於本月19日靈柩抵此，設靈壇公祭。彭縣長、周書記長等，以該團熱心服務，臨難不苟，甚覺欽佩，特於22日上午8時，召集各機關團體代表舉行公祭。英國倫敦日報記者及大公報記者均參加致祭。由彭縣長主祭，儀式隆重，情緒悲壯。祭畢，請該團副團長（周教官——編者）報告殉難經過。至9時半始散會。會後，即搬運靈柩乘舟赴峽江。〔註1404〕

7月22日，薛岳唁電胡先驌。

〔註1403〕胡宗剛著《再議胡先驌被辭中正大學校長》，公眾號註冊名稱「近世植物學史」，2022年06月29日。

〔註1404〕姚國源執行主編《浩氣壯山河——原國立中正大學抗日戰地服務團紀實》（上冊），江西高校出版社，2010年11月版，第163頁。

7月22日，第九戰區薛岳司令長官唁電：「中正大學胡先驌校長步曾先生：閱報驚悉貴校戰地服務團姚顯微團長暨團員吳昌達，壯烈犧牲，其餘團員下落不明，至深唁念。諸同志深受國家教育，公而忘私，永垂法式，深致唁問之忱。薛岳午叩，唁電畢。」〔註1405〕

7月24日，彭程萬、王有蘭等致電陳立夫。

7月24日，江西省臨時參議會正副議長彭程萬、王有蘭等人根據贛省各界人士的請求，一起致電教育部，請求後者阻止正大遷湘：

陳部長勳鑒：

中正大學創立以來，東南學子就學稱便。邇近聞該校因戰局關係有全部遷湖南之舉。本省農、工、商、教育、婦女各團體紛紛請願本會設法制止。查該校籌備數載，始獲成立，贛人屬望正殷，關係江西文化尤為重要。自浙贛戰發生後，浙皖學府均遭破壞。倘該校再遠遷，匪獨影響青年學業，尤恐動搖人心。現戰局好轉，已無遷徙必要。事關重大，本會未敢緘默。懇鈞座俯念下情，迅電該校中止遷湘。另籌妥當辦法，不勝感激之至。

江西省臨時參議會議長 彭程萬
副議長王有蘭及全體駐會專員 叩
七月二十四日（一九四二年）〔註1406〕

7月24日，吉安各界舉行公祭兩烈士。

7月24日，姚顯微、吳昌達二烈士靈柩運至吉安。吉安各界舉行公祭，由楊不平主祭，群情悲憤，誓為死難者復仇。公祭畢，二烈士忠櫬即運往泰和。（江西民國日報訊1942年07月26日）〔註1407〕

〔註1405〕江西民國日報，1942年07月29日。姚國源執行主編《浩氣壯山河——原國立中正大學抗日戰地服務團紀實》（上冊），江西高校出版社，2010年11月版，第53頁。

〔註1406〕張建中著《撥開迷霧，解密國立中正大學遷湘事件中的四大疑問》，公眾號「江西檔案」，2019年11月27日。

〔註1407〕姚、吳二烈士靈柩離新淦，經峽江、吉水、吉安，抵泰和，沿江每到一處都船靠碼頭，在江邊舉行本地各界公祭，感天動地，空前未有。姚國源執行主編《浩氣壯山河——原國立中正大學抗日戰地服務團紀實》（上冊），江西高校出版社，2010年11月版，第163頁。

7月25日，曹浩森致電陳立夫。

　　與此同時，江西省政府主席曹浩森也於 7 月 25 日致電教育部長陳立夫，請求後者斟酌考慮正大遷湘事宜：「陳部長立夫兄：已鑑高電敬悉。中正大學如遷贛南，自當竭力協助。惟聞該大學電請中央改遷湘境，本省各界爭請留贛，以便子弟升學。究應如何處理？仍請卓裁電覆。」需要指出的是，國民黨總裁蔣介石通過教育部轉來胡先驌的函電，在 7 月上旬也獲知了正大的西遷計劃。對該計劃，蔣立馬否定，因為，蔣很擔心冠有其「中正」名的高等院校遷離抗戰前線勢必造成全國民眾抗戰情緒低落，早在 1941 年時，蔣就曾因這一緣故對國立中正醫學院從江西遷到貴州的做法大動肝火，嚴厲批評了醫學院院長王子玕。〔註1408〕

7月26日，國立中正大學成立「戰地服務團殉難烈士治喪委員會」。

　　7 月 26 日，國立中正大學組成「戰地服務團殉難烈士治喪委員會」，推定謝兆熊、王易、周拾祿、羅廷光、周宗璜、吳詩銘、何逢春等先生為治喪委員，由謝兆熊先生召集。並決定要案多起：（一）7 月 28 日上午 8 時江邊迎靈；（二）登載《民國日報》自 27 日至 29 日訃告三日；（三）8 月 5 日在本校大禮堂舉行追悼大會；（四）8 月 6 日公葬於杏嶺之陽；（五）由文書組電知吳昌達家屬；（六）由文書組起草呈請中央明令褒恤。〔註1409〕

7月27日，胡先驌題寫「追悼姚顯微先生暨中大殉難學生特輯」。

　　7 月 27 日，江西民國日報刊出《追悼姚顯微先生暨中大殉難學生特輯》。胡先驌校長先驌題寫刊名。刊頭有姚顯微先生遺像（木刻）。登載巴怡南《苦的意義》、王易《哀悼姚顯微先生暨同難諸友》、熊振湜《痛悼顯微師暨殉難同學》、廖心仁《民族正氣之拼》、張一清《全國青年學生武裝起來誓為中大殉國教授和同學復仇》、方山

〔註1408〕張建中著《撥開迷霧，解密國立中正大學遷湘事件中的四大疑問》，公眾號「江西檔案」，2019 年 11 月 27 日。

〔註1409〕國立中正大學校刊，第 3 卷第 1 期，1942 年 10 月 11 日。姚國源執行主編《浩氣壯山河——原國立中正大學抗日戰地服務團紀實》（上冊），江西高校出版社，2010 年 11 月版，第 58 頁。

農《踏著血跡繼續前進——紀念姚名達先生》、王克浪《歷史的創造者》等悼念文字。〔註 1410〕

7 月 27 日，陳立夫致電曹浩森。

7 月 27 日，教育部長陳立夫致電江西省政府主席曹浩森，表示教育部「未准中正大學遷出贛省」，「並已電令該校應在贛省繼續辦理」。〔註 1411〕

7 月 27 日，中正大學致烈士家屬。

中正大學戰地服務團團員吳昌達殉難後，校方去信告知吳昌達之父吳季高。〔註 1412〕

7 月 28 日，國立中正大學師生迎接姚顯微、吳昌達二烈士忠櫬。

「追悼特輯」為胡先驌題字（民國日報，1942 年 07 月 27 日）

〔註 1410〕國立中正大學校刊，第 3 卷第 1 期，1942 年 10 月 11 日。姚國源執行主編《浩氣壯山河——原國立中正大學抗日戰地服務團紀實》（上冊），江西高校出版社，2010 年 11 月版，第 58 頁。

〔註 1411〕張建中著《撥開迷霧，解密國立中正大學遷湘事件中的四大疑問》，公眾號「江西檔案」，2019 年 11 月 27 日。

〔註 1412〕《國立中正大學關於籌辦姚團長及殉難同學善後並寄經費的電》（1942 年 7 月 27 日，江西省檔案館藏，檔號：J037-1-00290-0065。高志軍著《政治與教育的互動：國立中正大學研究》，2021 年 12 月華中師範大學博士學位論文，第 98 頁。

　　7月28日，上午6時，國立中正大學師生百餘人，齊集泰和上田江邊碼頭，迎接姚顯微、吳昌達二烈士忠櫬。8時，舉行迎靈祭，由胡先驌校長先驌主祭，並宣讀祭文。王有蘭、劉已達兩先生陪祭。參加迎祭的還有江西省政府秘書長胡家鳳，以及柳藩國、劉南溟、邱椿、廖心仁、陳宗瑩等人。江西省政府、省臨時參議會、國立中正醫學院、泰和縣政府、縣農會、縣婦女會、縣警察局等機關，省縣中小學代表共八百餘人。會場悲壯、肅穆。祭後移櫬，沿公路經上田、老村、黃崗返校。校旗飄揚，軍樂前導，全體師生步行。沿途路祭，觀眾塞途，萬人痛哭。

　　上午10時許，忠櫬抵中正大學，停放於禮堂，復由胡先驌校長率領師生舉行奠靈祭，校長撫棺痛哭，全校師生莫不泣下。〔註1413〕

7月28日，奠祭姚顯微、吳昌達烈士各場次收錄輓聯。

奠祭姚顯微、吳昌達烈士各場次收錄輓聯
（1942年7月28日～1942年8月6日）

　　盛年積學，識貫古今，黌序獲良師，平生讀盡陳編，早有鴻文垂宇宙。

　　溽暑遄徵，志吞胡羯，荒村鬥強寇，此日迎歸忠櫬，永留浩氣壯山河。

——胡先驌

　　三冬文史，君固彬彬，一朝戎馬前驅，義無反顧，縱使捐軀報國，丹心足千古，爭忍忘，先靈未妥，群稚靡依，濟世素懷，藏山事業。

　　五載唱隨，我真碌碌，此日沙場拚命，恨不相從，枉教遺大投艱，瘦骨祇數根，恐難堪，獨活滋慚，殘篇待理，撫孤重責，恓緯餘生。

——巴怡南

　　公而忘私，國而忘家，先生其繼者。

　　學而不厭，行而不倦，歷史得完人。

——王易

〔註1413〕江西《民國日報》特訊：「中大今晨恭迎姚顯微等忠櫬」，1942年7月28日。姚國源執行主編《浩氣壯山河——原國立中正大學抗日戰地服務團紀實》（上冊），江西高校出版社，2010年11月版，第58頁。

先軫遂歸元，忠名永著春秋傳。

文山今繼武，正氣猶存天地間。

——王易

義不苟存，後樂先憂關素養。

仇終可復，犁庭掃穴慰英靈。

——羅廷光

漫天峰火，遍地瘡痍，方期服務精神，挽回劫運。

國難正殷，寇氛未靖，端賴艱危宏濟，遽喪斯人。

——方銘竹

為文化群眾，存千秋正氣。

作精神楷模，放萬丈光芒。

——戴良謨

戰地著殊勳，殺敵獻身唯一死。

史書照全節，成功取義足千秋。

——張肇騫

書生與戰士何殊，遙看海立雲飛，想見臨危猶殺賊。

師道以民族為本，但恨山頹木壞，每逢讀史亦傷神。

——歐陽祖經

八年函問，一載同僚，學術觀摩資我益。

半月奔馳，七夕死難，忠誠照著感人深。

——王諮臣〔註1414〕

7月29日，教育部致電胡先驌，告知蔣介石不准正大遷移。〔註1415〕

7月29日，贛江之濱迎忠魂——記省會各界恭迎姚團長吳同志靈柩，本報記者項飛。

天上沒有一些微雲，風也不知躲在什麼地方去了，只有太陽總

〔註1414〕姚國源執行主編《浩氣壯山河——原國立中正大學抗日戰地服務團紀實》（上冊），江西高校出版社，2010年11月版，第168～169頁。

〔註1415〕張建中著《撥開迷霧，解密國立中正大學遷湘事件中的四大疑問》，公眾號「江西檔案」，2019年11月27日。

是那麼尊嚴地、像千萬支銳利的針一樣在人們的頭上亂刺。汗珠就像泉水一樣地往下流，天氣是如何地酷熱啊！然而誰都沒有喊出一聲「熱」字來。在平時，碼頭除了碼頭工人嘿喲、嘿喲的聲音，間或從附近的茶店間傳出一些黃包車夫或船夫的喧嘩聲外，其他竟平靜得像一池死水一樣。可是今天卻有些出人意外。

廣場中擺著兩顆黑漆漆的東西。四周圍著一大群人，有年輕的青年男女學生，有教授，有各界的代表，還有許許多多……遠遠望去他們只在蠕動著，眉毛與眼睛連成一條線，我們不知道他是悲哀還是歡樂。但是當你走進這群人群中去的時候，你馬上就能感覺到一種是悲傷、抑是仇恨的說不出的感情，在群眾的心裏中交流著。他們不說話，但是他們的目光時常不約而同的、都集中到這兩顆革命的種子──姚團長及吳同志昌達的靈柩。

「起靈公祭儀式開始」司儀像晨曦時的公雞一樣提高了嗓子。全場的人頓時肅然起敬，連呼吸都屏息了。馬路上停止了交通。胡校長先站立於靈前躬自致祭。王有蘭、劉已達二先生陪祭。其餘參加迎襯的人們圍成了一座鐵的長城，一道酸的熱流，通過這一大群每個人的心，眼睛被一種水分朦住了，失去了視覺。「劈劈拍拍」的鞭炮聲才把他們從悲淒的情緒中喚回來。儀式宣告結束，人群也就又漸漸地蠕動起來了。

公祭完畢後，大家都忙著將靈柩運上迎靈專車。這時大家都好像完成了一件莊嚴偉大的事情，空氣似乎輕鬆了許多。可是在每一個人的心中，都播下了一顆革命的種子，姚團長與吳同志昌達，它將在人們的心裏漸漸成長。汽車慢慢開動了，致祭的人們都帶著一顆復仇的心，結成了一道偉大的行列，在往正大的途中邁進著！〔註1416〕

7月29日，《新華日報·簡訊》：中正大學戰地服務團長姚名達靈柩，27日由贛北前線運抵泰和，該校定日內舉行追悼會。〔註1417〕

〔註1416〕 梁洪生主編《杏嶺春秋──〈江西民國日報〉有關國立中正大學的報導全匯（1938～1949）》，2010年12月內部印刷。中華民國三十一年七月二十九日週三第三版。

〔註1417〕 姚國源執行主編《浩氣壯山河──原國立中正大學抗日戰地服務團紀實》（上冊），江西高校出版社，2010年11月版，第58頁。

7月29日，江西各界代表暨中正大學師生迎姚、吳二烈士忠櫬祭文。

維中華民國三十一年七月二十八日為我國立中正大學戰地服務團烈士姚顯微教授、吳昌達同學，歸櫬安座之靈。校長胡先驌，躬率全體教職員學生，謹以清香嘉果，致祭於烈士之靈而告曰：嗚呼！

城雲如屋，白日為昏。岳嶽忠骸，歸此國門。瞻望遺容，雪淚成雨。

感逝傷時，哀極何語？長蛇薦食，越歷五秋，神門華冑，九世同仇。

禹甸腥羶，群黎蕩析。戴髮含生，疇無鬱激。伊維吾黨，忠憤薄天。

服務戰地，競奮先鞭。義踵陳濤，歌寒易水。笑看吳鉤，有進無止。

扶傷拯厄，披星沐風。步伐與並，食息相從。乃犯槍林，乃臨火宅。

體忘饑疲，情殷職責。勞勞宿次，寇騎宵乘。短兵遽接，浩氣猶憑，

勇慕喪元，義惟敵愾。摑刃仇胸，一瞑為快。白虹上貫，巫陽下昭，

丹心碧血，萬古超遙。天視夢夢，江波濺濺。毅魄焉如？山顰水泣。

嗚呼哀哉，士乃國器。儒其席珍，中原未靖。竟喪斯人，匪弁而鍪。

匪力而武，仗此悃忱。洽彼師旅，先生擲首。弟子輿尸，大節不奪。

於今見之，曙後孤星。梁間落月，親舍雲深。空閨夢訣，生民慘痛。

萃於厥家，立懦廉頑。蔚為國華，銘幽表忠。後死之任，貞石螭蟠。

佳城越陰，朝頒令典。野播哀章，垂諸百世。是日流芳，罔極斯亨。

剝終必復，盡掃妖氛。茲焉可卜，泰山比重。明德維馨，魂兮

歸來！

鑒此精誠，嗚呼！尚饗！〔註1418〕

7月30日，中正大學舉行公祭兩烈士。

中大今晨恭迎姚顯微等忠櫬，本月30日舉行公祭。

【本報訊】中正大學戰地服務團團長姚顯微吳團員昌達忠櫬等，（昨27日）運抵泰和上田碼頭，茲定本月28日上午8時在江下舉行迎櫬儀式，沿公路經上田老村黃崗返校，30日，在校大禮堂舉行公祭，（上午6時至8時，烈士家屬及本校員生，上午8時至11時黨部政府各機關，正午1時至4時，各學校民眾團體）。再行定期舉行追悼及公葬云。〔註1419〕

7月30日，國立中正大學殉難烈士治喪委員會啟事。

敝校戰地服務團姚顯微團長吳團員昌達於7月7日在新淦縣屬石口村與敵遭遇搏鬥殉難忠櫬已運抵泰和上田碼頭茲定於本月28日上午8時在江下舉行迎櫬儀式沿公路經上田老村黃崗返校並定於30日在敝大禮堂舉行公祭（上午6時至8時烈士家屬及本校員生上午8時至11時黨部政府各機關下午1時至4時各學校民眾團體）再行定期舉行追悼及公葬謹此訃聞。〔註1420〕

7月30日，江西省會各界、中正大學師生公祭姚顯微、吳昌達二烈士。

7月30日，江西省會各界暨中正大學師生公祭姚、吳二烈士。上午7時公祭在學校大禮堂舉行。門首高懸白幔，兩旁各綴素球，下半旗志哀，會場莊嚴肅穆，祭堂四周懸誄詞及輓聯一二百副。書寫輓聯的知名人士有：陳鳴權、邱椿、熊式輝、梁士棟、胡家鳳、

〔註1418〕梁洪生主編《杏嶺春秋——〈江西民國日報〉有關國立中正大學的報導全匯（1938～1949）》，2010年12月內部印刷。中華民國三十一年七月二十九日週三第三版。

〔註1419〕原文存巴怡輯《顯微紀念冊》，1942～1948，原載江西《民國日報》，1942年07月28日。姚國源執行主編《浩氣壯山河——原國立中正大學抗日戰地服務團紀實》（上冊），江西高校出版社，2010年11月版，第163～164頁。

〔註1420〕原文存巴怡輯《顯微紀念冊》，1942～1948，原載江西《民國日報》，1942年07月28日。姚國源執行主編《浩氣壯山河——原國立中正大學抗日戰地服務團紀實》（上冊），江西高校出版社，2010年11月版，第163～164頁。

楊亮功、許德瑗、胡嘉詔、夏懷瑜、匡正宇、徐晴嵐、黃光斗、程懋
筠等。本校教職員生和各界友人敬書輓聯的還有程永遂、陳紹綸、
熊大邁、邵鶴鳴、湯志先、趙篤慶、錢光宙、許傳楨、葉青、吳曼
君、王貽非、朱力生、丘敬忠、鍾毅、呂日東、周宇潢、李樹聲、何
逢春、王維顯、高平、周天祿等。團體單位的輓聯有：戰地服務團
全體團員、正大全體教職員、正大全體校工、江西省教育廳、清華
大學同學會、復旦大學同學會。還有江西省黨部全體職員，皖贛行
署、審計處、江西省水利局、社會服務處、江西民眾抗敵後援會、
江西商聯會、泰和縣商會、民報社印刷部、江西省文運會、江西民
國日報社、江西教育會籌委會、國立十三中學、中正大學學生自治
會、中正大學校長室、總務處、文史系全體學生、文書組、農學會、
農學院全體職員、社教學會、出版社、研究部資料室、資料室等。
（巴怡南《顯微先生紀念冊》1942）

　　上午 7 時，先由烈士家屬巴怡南率子女舉行家祭，全家齊聲痛
哭，與會者莫不淚下。

　　繼由胡校長先驌躬率全校師生公祭，並親自宣讀所撰祭文。接
著江西省黨部、省臨時參議會、省政府等機關人員彭程萬、王有蘭、
劉孝柏、曾文華、曹浩森、胡家鳳、邱椿、楊綽庵、黃光斗、程時
煒、李中安、柳藩國、胡昌騏、徐傳文、張國襄、熊景星、陳鶴琴等
公祭，江西省主席曹浩森宣讀祭文。〔註1421〕

7月31日，江西省會各界暨中正大學師生公祭姚、吳二烈士祭文。

　　維中華民國三十一年七月三十日，國立中正大學校長胡先驌暨
全體教員學生，謹以清香嘉果致祭於姚吳二烈士之靈而告曰：嗚呼！

　　天回地轉，海立山飛。人誰不死，應卜其歸。溯自倭夷，蘆溝
啟釁。

　　抗戰五祺，聲威彌震。贛敵伺隙，豕突狼奔。飛鳥啄屋，孰喻
煩冤。

　　係維烈士，奮袂而舉。聲氣應求，爰集其侶。戰地服務，溽暑

〔註1421〕姚國源執行主編《浩氣壯山河──原國立中正大學抗日戰地服務團紀實》
　　　　（上冊），江西高校出版社，2010 年 11 月版，第 58～59 頁。

遄征。

　　往共饑渴，勵我干城。敵騎屯雲，彤珠攢雨。出入死生，精神如虎。

　　病者以愈，傷者以興。斷山絕港，見此明燈。假宿荒村，敵寇踵至。

　　臨難從容，不昏神智。指揮抗拒，執挺為兵。撻彼堅利，虜瞻為驚。

　　餐肉志雄，衝冠髮怒。碧血橫飛，浩氣四布。危不忘國，死不及家。

　　高呼萬歲，大節誰加。手刃仇讎，甘心同盡。副學踐形，徽紹前軫。

　　嗚呼哀哉，岳岳師弟。日月爭光，輿尸授命。寧異國殤，天地為愁。

　　風雲變色，信史千秋。蔚為士則，人琴遽邈。弦誦如聞，功垂黨國。

　　其又奚云，剝復循環。理無或爽，敵勢三竭。終投羅網，在天不遠。

　　匪哭其私，心香虔奉。靈其鑒之，尚饗！〔註1422〕

7月，胡先驌校長關愛教師身體健康。

　　當教員身體不適之時，他會第一時間去看望教師並積極申請醫療補助。1942年7月，中正大學生物系教授嚴楚江患胃潰瘍及胃出血，1943年2月又患傷寒兼惡性瘧疾，同月6日，農學院院長周拾祿患肺炎住豫章醫院醫治十四天。一場場大病使原本就捉襟見肘的教員日常生活更加雪上加霜，胡先驌得悉後，一方面積極看望教員並寬慰其心，另一方面又積極著手備文致函教育部，為二人申請醫藥補助費。〔註1423〕

〔註1422〕梁洪生主編《杏嶺春秋——〈江西民國日報〉有關國立中正大學的報導全匯（1938～1949）》，2010年12月內部印刷。中華民國三十一年七月三十一日週五第三版。

〔註1423〕鄭瑤著《繼往開來責在斯——國立中正大學農學院研究（1940～1949）》，2019年江西師範大學碩士研究生學位論文，第63頁。

7月，中正大學戰地服務團活動範圍：

戰地服務團活動範圍

(1)  　　敵方侵佔線和侵犯路線；
(2) 　　　　　　　　　我方防守線和戰地服務團活動範圍；
(3) 戰地服務團由吉安乘小火輪順贛江而下，6月29日晨到達前方重鎮——樟樹。
(4) 深度鎮——58軍軍部前進指揮所所在地；7月4日戰地服務團抵軍部後再前進了10公里，到達前線野戰醫院所在地橋東。
(5) 石口——姚團長率領團員戰鬥的地點；姚、吳烈士殉難地；
(6) 新餘——王副團長和團員撤退後的臨時團部所在地；
(7) 新餘——峽江——新淦一線前方地區，戰地服務團堅守陣地服務軍民，8月底返校復課。
(8) 新淦——峽江——吉水——吉安——泰和上田碼頭水路，載姚、吳二烈士忠櫬船每到一地，繫舟停行，江邊迎靈公祭，萬人痛哭，感天動地。

（此圖為施亞光繪製，載臺灣中正大學前期校友聯誼會《校友通訊》，第120期，2002-10-31）

7月，國立中正大學戰地服務團團長姚顯微，團長名稱不變，以資紀念。

　　7月，姚、吳二烈士殉國後，戰地服務團員悲憤萬分，更激發了大家繼承烈士遺志、堅持戰鬥、報仇雪恨的意志和決心。戰地服務團繼續堅持在前方服務軍民。茲推定：名譽團長：胡先驌，團長：姚顯微（團長名稱不變，以資紀念），副團長：王綸（代行團長職權），團附：李劍聲等。團員分工調整，如通訊股長原易新楣，改施亞光；

庶務股長原吳昌達，改平祖培。〔註1424〕

7月，江西省立圖書館奉命將泰和全部圖書遷萬安、遂川等處保管。

7月，因日軍發動「浙贛會戰」，接連攻佔上饒、鷹潭、撫州等地，戰火向江西腹地蔓延，國立中正大學被迫提前放假，研擬遷湖南。

8月1日，國立中正大學致送賻金信函。

　　國立中正大學戰地服務團殉難烈士治喪委員會也隨即發起「請本校同仁自由致送賻金，以盡同舟之誼」運動。在慰勞死難者親屬問題上校內外不謀而合。慰勞家屬確實是一件重要的大事。〔註1425〕

8月4日，中正大學致教育部信函。

　　如此算來，外界僅捐 7000 餘元。外界捐款可能較此數更少，中正大學致教育部函電指，其僅在建築設備臨時費項下就移墊 20000 元作為該團川資旅費。〔註1426〕

8月4日，教育部支持中正大學服務團工作。

　　教育部儘量滿足了中正大學請求。該校請款 2 萬元。〔註1427〕

〔註1424〕姚國源執行主編《浩氣壯山河——原國立中正大學抗日戰地服務團紀實》（上冊），江西高校出版社，2010 年 11 月版，第 60 頁。

〔註1425〕《國立中正大學關於致送賻金的函》（1942 年 8 月 1 日），江西省檔案館藏，檔號：J037-1-00290-0158。高志軍著《政治與教育的互動：國立中正大學研究》，2021 年 12 月華中師範大學博士學位論文，第 96 頁。

〔註1426〕《為呈報本校戰地服務團成立經過乞核撥團經費貳萬元以資歸墊由》（1942 年 8 月 4 日），《中正大學現金出納表領款收據經費累計表等各類會計表文書》（194205～194504），中國第二歷史檔案館藏，全宗號五，案卷號 3763（1），第 28 頁。又見《為呈報本校戰地服務團成立經過乞核撥該團經費二萬元以資歸墊由》1942 年 8 月 4 日），中國第二歷史檔案館藏，檔號：J037-1-00290-0182。高志軍著《政治與教育的互動：國立中正大學研究》，2021 年 12 月華中師範大學博士學位論文，第 84 頁。

〔註1427〕《為呈報本校戰地服務團成立經過乞核撥該團經費貳萬元以資歸墊由》（1942 年 8 月 4 日），《中正大學現金出納表領款收據經費累計表等各類會計表文書》（194205～194504），中國第二歷史檔案館藏，全宗號五，案卷號 3763（1），第 28 頁。又見《為呈報本校戰地服務團成立經過乞核撥該團經費二萬元以資歸墊由》（1942 年 8 月 4 日），中國第二歷史檔案館藏，檔號：J037-1-00290-0182。高志軍著《政治與教育的互動：國立中正大學研究》，2021 年 12 月華中師範大學博士學位論文，第 99 頁。

8月5日，國立中正大學公葬姚顯微、吳昌達二烈士。

8月5日，國立中正大學公葬姚、吳烈士。上午8時，胡先驌校長先驌，率領全校師生員工600餘人，於大禮堂舉行移靈櫬祭。參加與祭的有政府機關代表及中正醫學院學生百餘人，齊向烈士行最後敬禮後，即行發靷安厝於杏嶺左側高坡之陽。沿途村民聞訊前來送殯者達1000餘人。〔註1428〕

8月6日，江西省會各界舉行追悼姚顯微、吳昌達大會。

8月6日，江西省會各界追悼姚、吳二烈士大會於中正大學大禮堂舉行，參加者有江西省黨部、政府機關、學校、團體代表六百餘人。江西省國民黨梁主任委員報告追悼大會意義。接著胡先驌校長報告姚、吳二烈士生平及殉難經過。江西省教育廳長程時烴、江西省參議會副議長王有蘭、江西地質研究所所長夏湘容等先生演說，均極沉痛。最後由烈士家屬巴怡南致答詞，語極哀痛。〔註1429〕

8月6日，國立中正大學公葬姚、吳二烈士祭文。

維中華民國三十一年八月五日，為國立中正大學公葬姚、吳二烈士之靈，校長胡先驌暨全體教職員學生，謹以清香嘉果，致祭於烈士之靈而告曰：嗚呼！

浮生百年，所爭須臾。論昭與櫬，澤留寶書。君以碩學，為世楷模。

赴義若渴，孰謂儒迂？郭泰乘舟，陳東伏闕。漢步宋趨，芳徽未歇。

道貫膠庠，股肱是竭。云胡昊天，迎此忠骨！神州撻伐，五載滔滔。

總戎臥鼓，猛將麾旄。銜鬚屢接，刮骨頻遭。八紘瞻歡，萬口崇褒。

〔註1428〕江西民國日報，1942年08月06日。姚國源執行主編《浩氣壯山河——原國立中正大學抗日戰地服務團紀實》（上冊），江西高校出版社，2010年11月版，第58～59頁。

〔註1429〕江西民國日報，1942年8月7日。姚國源執行主編《浩氣壯山河——原國立中正大學抗日戰地服務團紀實》（上冊），江西高校出版社，2010年11月版，第59頁。

事異請纓，職殊守土。鶡羽藏林，手誅驕虜。九死不懲，剛強難侮。

征途始戒，歌聲在幃。室邇人遐，吉往凶歸。夜臺師弟，駸駸相依。

世競自環，如君實稀！惟玉有瑤，惟金有光。被髮纓冠，豈無忠蹇？

檻鳳置麟，妖夢同踐。授命爭先，東南弁冕。肝膽鐵石，峨峨文山。

川原匪邈，祠宇可攀。瓦全玉碎，人禽之關。彭殤一例，誰駐朱顏？

駒隙俄遷，逝波何速。或死而榮，或生而辱。勁草疾風，桂馨蘭馥。

彭炳丹青，綏我邦族。君邃於史，興廢靡常。楚凡一映，蠻觸兩傷。

士德克舉，國維乃張。捐軀振俗，兆民所望。領袖憂勤，繫心六藝。

整頓乾坤，直誠激勵。日月光華，雷霆精銳。不見收京，能無隕涕！

淵源家學，著作罕儔。裁成狂狷，德業交修。頭顱何限？誓報深仇。

石口在彼，銘著九幽。鬱鬱嵩官，淒淒杏嶺。茲焉水藏，行路哀哽。

髣髴平生，微言曷省。臨穴陳辭，有淚如綆。嗚呼哀哉！尚饗！

〔註1430〕

8月7日，江西省會各界追悼姚、吳二烈士大會祭文。

維中華民國三十一年八月六日，國立中正大學與江西省三民主義文化運動委員會，聯合發起舉行追悼姚顯微、吳昌達大會，胡校

〔註1430〕梁洪生主編《杏嶺春秋──〈江西民國日報〉有關國立中正大學的報導全匯（1938～1949）》，2010年12月內部印刷。中華民國三十一年八月六日週四第三版。

長暨全體師生 600 餘人，江西省會黨政知名人士及省會各機關代表
數百人到會。謹以清香嘉果致祭於國立中正大學戰地服務團故團長
顯微先生暨團員吳君昌達靈位前曰：嗚呼！

一、祭姚烈士：

天容慘瘁，日月無光。舉國悲憤，弔此國殤。倭寇內犯，於茲
五年。艱辛抗敵，壯烈空前。天下陷溺，舉世烽煙。民族興廢，責
在仔肩。君精史學，覽遍忠貞。領悟濡染，身體力行。贛東戰起，
奮勉請纓。公爾忘私，國爾忘身。書生報國，碧血丹心。人師軌範，
取義成仁。先烈之血，國人之魂。千秋炳耀，萬古長春。瞻仰忠骨，
悲憤填膺。靈兮不昧，來格來歆。尚饗。

二、祭吳烈士：

凡人之生，靡不有死。泰山鴻毛，貴得其所。炎黃世冑，五千
餘年。代有忠烈，正氣薄天。抗戰軍興，倏逾五載。積骸如山，流
血成海。慷慨赴義，邂逅捐軀。所遭雖異，志則同途。君本書生，
責非守土。日蹈危機，義無反顧。鑒彼巧偷，獨抱貞拙。臨難從容，
堅心屈鐵。求仁得仁，何悔何懼。學府光榮，君開創例。精神堡壘，
日月爭光。英靈常在，薦此馨香。尚饗。〔註1431〕

8月8日，中正大學紀念兩烈士活動綜述。

姚顯微、吳昌達二烈士殉國之哀榮，國立中正大學殉難烈士治
喪委員會。

本校戰地服務團姚團長顯微暨吳團員昌達，於7月7日晚在新
淦石口遇敵殉難。各方聞耗，莫不痛悼。本校胡校長於悲憤之餘，
即派員前往殉難地點，收驗忠骸，迎運來校。並組織殉難烈士治喪
委員會，推定謝兆熊，王易、周拾祿、周宗璜、羅廷光、吳詩銘、何
逢春等先生為治喪委員，由謝兆熊先生召集。當決定由本校公葬，
並聯合江西省三民主義文化運動委員會發起舉行盛大追悼會，並呈
請中央明令褒恤。茲將迎櫬、公葬及追悼等情形補志於後。

7月28日上午6時，本校全體師生齊集上田碼頭。8時舉行迎

〔註1431〕梁洪生主編《杏嶺春秋——〈江西民國日報〉有關國立中正大學的報導全匯
（1938～1949）》，2010年12月內部印刷。中華民國三十一年八月七日週五
第三版。

靈祭，由胡校長主祭。參與恭迎者，計有胡秘書長家鳳，程廳長時煌，匡委員正宇，劉社長已達，柳秘書藩國，劉處長南溟，邱委員椿，王議長有蘭，廖心仁先生，陳宗瑩先生，暨省黨部，省臨時參議會，中正醫學院，民國日報社，泰和縣黨部，縣農會，縣商會，縣婦女會，縣警察隊等機關代表數百人，全場悲壯肅穆。祭後移櫬，由靈車起運返校。黨國旗飄揚，軍樂前導，全體師生步行。沿途路祭，觀眾塞途，萬人痛哭。10 時抵校，忠櫬停於本校大禮堂，後由胡校長率領全體師生，舉行奠靈祭。胡校長撫棺悲咽，全校師生均泣下沾衣，至 11 時始散。

7 月 30 日舉行公祭。禮堂設於本校大禮堂，門首高懸白幔一方，兩旁各綴素球，並下半旗志哀。布置簡單樸素，氣象莊嚴。祭堂內四周懸輓聯數百副，靈前滿布花圈，陳設花果。上懸姚、吳二烈士彩色遺像，英勇之氣，籠罩全場。6 時，先由烈士家屬舉行家祭，次由胡校長率領全校師生公祭。厥後，省黨部代表，三民主義文化運動委員會代表，民國日報社代表，省臨時參議會彭議長，王副議長，□參議員孝柏，曾參議員文華，省政府曹主席，胡秘書長，邱委員，建設廳楊廳長，社會處黃處長，教育廳程廳長，李校長中安，柳秘書藩國，胡科長昌騏，陳參事鶴琴，及社會服務處，省水利局，省後援會等機關代表親臨與祭。午後，國立十三中學全體師生暨本省各界民眾團體，徒步前來主祭，哀樂迭奏，與祭人員深為痛悼。此外，附近村民亦多登堂祭奠，藉志景仰，至晚尚絡繹不絕云。

8 月 5 日舉行公葬。上午 8 時許，胡校長率領本校全體師生，在大禮堂舉行移櫬祭。參加者有省黨部梁主任委員等多人。靈前陳設花果及花圈，上懸兩烈士遺像，四壁滿懸各方輓聯。移櫬時，哀樂迭奏，與祭者齊向烈士靈前行最敬禮後，即行發靷，安厝於杏嶺左側高坡。沿途附近村民，聞訊相率含淚來送殯者，達千餘人云。

8 月 6 日舉行追悼大會，到胡校長暨本校全體師生 600 餘人。又省黨部梁主任委員，周委員步光，匡委員正宇，教育廳程廳長，參議會王副議長、劉秘書長，警備司令部柯司令，審計處湯處長，幼稚師範陳校長及省會各機關代表數百餘人。8 時許宣布開會，首由梁主任委員報告開會意義。次由胡校長詳述烈士身世及殉難經過。

繼由程廳長、王副議長及夏湘容先生等演說，語均沉痛。王副議長聲淚俱下，感人尤深。末由烈士家屬巴怡南女士致答詞。最後全體起立高呼口號，於 12 時始散會。

又陳部長、薛長官及各有關方面均曾紛紛來電弔唁。並敬送輓聯詩詞不下數百副，備極哀榮云。〔註1432〕

8月8日，教育部致中正大學信函。

8 月 8 日，教育部又來函催促正大農工二院，要求設法充實設備。〔註1433〕

8月10日，教育部致中正大學信函。

8 月 10 日，教育部再次致函中正大學要求改進：「人事上未盡調協，前曾發生糾紛，此種風氣對於學生訓導影響甚大，亟應注意改善，合行令仰遵照辦理」。〔註1434〕

8月13日，江西民國日報開辦《顯微》副刊，銘記烈士。

8 月 13 日，江西民國日報開辦《顯微》副刊，由報社編輯部主編。集稿人：丘引、白楓等。每逢星期四出版。報楣「顯微」二字，係姚先生親筆遺墨。第一期，丘引《文化作戰的旗幟——代發刊詞》說：「從爭生存、延續生命的意義上來瞭解，中華民族整個生命，如今顯然需要、而且已經結合成了一個堅固統一的戰鬥體了。在這空前激烈和悲壯的新世紀中，中華民族應該加強戰鬥！文化作戰是整

〔註1432〕 原載《國立中正大學校刊·姚、吳二烈士紀念特刊》，第 3 卷第 1 期，1942 年 10 月 11 日；轉載《吳烈士昌達傳》，1947 年 09 月 03 日。姚國源執行主編《浩氣壯山河——原國立中正大學抗日戰地服務團紀實》（上冊），江西高校出版社，2010 年 11 月版，第 164～165 頁。

〔註1433〕 《教育部派員視察國立武漢大學中正大學校務的有關文件》（194105～194711），中國第二歷史檔案館藏，全宗號五，案卷號 1994，第 31 頁。高志軍著《政治與教育的互動：國立中正大學研究》，2021 年 12 月華中師範大學博士學位論文，第 155 頁。

〔註1434〕 《為奉令飭改善本校人事及農工兩學院設備呈覆鑒核施行由》（1942 年 10 月 5 日），《中正大學財產增減表經費累計表辦理支給兼課鐘點費等報表文書》（194209～194707），中國第二歷史檔案館藏，全宗號五，案卷號 3765，第 3 頁。高志軍著《政治與教育的互動：國立中正大學研究》，2021 年 12 月華中師範大學博士學位論文，第 177 頁。

個戰鬥中根本的一部分，它是參加並指揮戰鬥的。民族精神，民族生命力，由它而展長，而昂揚……。我們需要文化作戰的『顯微鏡』，因此本刊的刊名是：『顯微』。『顯微』刊的旗幟已升了起來，我們要緊緊地拉起來啊！」至 1942 年 12 月 31 日出至第 21 期停刊。〔註 1435〕

8 月 14 日，中正大學討論烈士墓建造事情。

中正大學戰地服務團殉難烈士治喪委員會召開第三次會議，討論烈士墓建造問題。會議決定，墳墓建造費 5000 元，請校工程處繪具圖樣，墳前立碑。〔註 1436〕

8 月 18 日，胡先驌校長談正大近況。

【本報訊】國立中正大學胡校長，日前已由贛縣返抵泰和，記者特往訪問，茲探得該校近況如下：（一）該校擬在贛縣設立分校，校址「擇定在贛縣城外之某地，遷校日期目前尚未確定；（二）決定一年級新生及師範專修科遷往分校，人數約二百六十餘人；（三）前文法學院院長馬博庵氏離職後，該校復聘陳澄中氏繼任院長，並兼任經濟系主任。聞陳氏畢業於美國哈佛大學，曾在東南大學執教多年，最近任香港中央銀行監核處長；（四）該校戰地服務團，在前線一帶工作，原定計劃為二個月，聞於下月初可全部返校云。〔註 1437〕

8 月 19 日，中正大學校務會決定分校招生情況。

至於決定設立贛縣分校的具體時間，當在 1942 年 8 月 19 日正大召開的校務會議第 53 次常務會議上。此次會議還決定，各學院一年級學生和師範專修科學生均在分校上課，推定教師羅容梓擬定分

〔註 1435〕巴怡南提出要求，鄭唯龍出面交涉停辦，見巴怡南《自傳》。姚國源執行主編《浩氣壯山河——原國立中正大學抗日戰地服務團紀實》（上冊），江西高校出版社，2010 年 11 月版，第 59～60 頁。

〔註 1436〕《國立中正大學校長室關於發放建造烈士墓費用的通知》（1942 年 8 月 14 日），江西省檔案館藏，檔號：J037-1-00290-0226。高志軍著《政治與教育的互動：國立中正大學研究》，2021 年 12 月華中師範大學博士學位論文，第 95 頁。

〔註 1437〕梁洪生主編《杏嶺春秋——〈江西民國日報〉有關國立中正大學的報導全匯（1938～1949）》，2010 年 12 月內部印刷。中華民國三十一年八月十八日週二第三版。

校組織規程。〔註1438〕

8月21日，中正大學討論建立紀念塔工作。

中正大學戰地服務團殉難烈士治喪委員會召開第四次會議，討論並通過的議題之一即烈士墓前應建立紀念塔案。〔註1439〕

8月23日，孫渡軍長致國立中正大學戰地服務團書。

王團長子經兄並轉各同學公鑒：

貴團此次不避辛苦與危險，毅然蒞臨前線工作，予本軍傷病官兵以莫大之援助與救護，本人及全軍將士均無上之榮幸與佩紉！深信貴團此種勇敢犧牲之精神，實為實行三民主義教育之最高表現，足證吾國抗戰前途之光明與最後勝利之必然降臨。石口之役，姚前團長暨吳同學之壯烈殉國，尤為我國民族氣節之無上光暉，亦國家民族之一大損失，本軍保護未周，殊不勝其痛悼與遺憾！今當貴團返師之際，本軍官兵驟失良友，愈深悵惘依戀之情，特書布謝！敬祝諸君健康！並懇代向貴校全體諸君致敬！

孫渡

1942 年 8 月 23 日〔註1440〕

8月26日，國立中正大學戰地服務團團員勝利凱旋。

8月27日，江西民國日報：8月26日，正大戰地服務團由新淦返泰和。在王綸副團長帶領下，堅守在前線，堅持原定的服務工作，完成了在戰地服務二個月的任務。遂於 24 日由新淦乘小火輪返泰

〔註1438〕《國立中正大學校務會議第五十三次常務會議議事錄》（1942 年 8 月 19 日），江西省檔案館藏，檔號：J037-1-00571-0097；又見《國立中正大學校務會議第五十三次常務會議議事錄》（1942 年 8 月 19 日），江西省檔案館藏，檔號：J037-1-00998-0055。高志軍著《政治與教育的互動：國立中正大學研究》，2021 年 12 月華中師範大學博士學位論文，第 165 頁。

〔註1439〕《國立中正大學戰地服務團殉難烈士治喪委員會第四次會議記錄》（1942 年 8 月 21 日），江西省檔案館藏，檔號：J037-1-00290-0240。高志軍著《政治與教育的互動：國立中正大學研究》，2021 年 12 月華中師範大學博士學位論文，第 95 頁。

〔註1440〕姚國源執行主編《浩氣壯山河——原國立中正大學抗日戰地服務團紀實》（上冊），江西高校出版社，2010 年 11 月版，第 148 頁。

和，於上午安抵中大。下午，舉行全體團員大會，擬在校內設置顯微室，以資紀念。並決議戰地服務團繼續成立學校議決戰地服務團繼續成立，團部領導班子維持遇難後安排。〔註1441〕

8月27日，國立中正大學戰地服務團發布緊要啟事。

8月27日，民國日報：《國立中正大學戰地服務團緊要啟事》：本團此次在橋東前線遇敵，所有公私物品多未能帶出，所領江西省保安司令部及社會處之護照各一紙與江西省保安處之軍用護照一紙，亦皆遺失。除呈請補發外，特此登報聲明。所有前項護照，一律作廢，謹啟。〔註1442〕

8月28日，在新淦縣石口姚、吳二烈士殉難處建立了《國立中正大學戰地服務團姚團長顯微暨團員吳君昌達殉國紀念碑》。〔註1443〕

8月28日，中正大學對戰地服務團團員嘉獎。

團員在前線期間親歷、見證了戰爭的殘酷，在與敵人的戰鬥中他們物質上遭受損失，精神上飽受煎熬。他們歸校後，校方給予補償和獎勵。有關方面即呈總務處對團員「工作努力，不避艱危」事功要求嘉獎。〔註1444〕

8月28日，中正大學討論贛縣分校辦學諸事。

8月25日，正大又召開校務會議第五十四次常務會議，又討論了分校辦學經費、分校建築修繕費、分校教職員遷移費、分校圖書儀器設備費、分校主任任命等議案。〔註1445〕

〔註1441〕姚國源執行主編《浩氣壯山河──原國立中正大學抗日戰地服務團紀實》（上冊），江西高校出版社，2010年11月版，第62頁。

〔註1442〕姚國源執行主編《浩氣壯山河──原國立中正大學抗日戰地服務團紀實》（上冊），江西高校出版社，2010年11月版，第62頁。

〔註1443〕姚國源執行主編《浩氣壯山河──原國立中正大學抗日戰地服務團紀實》（上冊），江西高校出版社，2010年11月版，第62頁。

〔註1444〕《國立中正大學校長室關於發給本校戰地服務團榮譽獎章的函》（1942年8月28日），江西省檔案館藏，檔號：J03-1-00290-0259。高志軍著《政治與教育的互動：國立中正大學研究》，2021年12月華中師範大學博士學位論文，第98頁。

〔註1445〕張建中著《撥開迷霧，解密國立中正大學遷湘事件中的四大疑問》，公眾號「江西檔案」，2019年11月27日。

8月29日，《江西民國日報》載正大狀況。

正大文法學院院長秉經胡校長聘請陳清華氏充任，陳氏為美國加利福尼亞大學碩士，歸國後歷任各大學教授系主任院長多年，中央銀行開創伊始，總裁宋子文聘充銀行秘書長，兼農民銀行稽核處長數年，此次請來主持文法學院，實深慶得人云。

該校戰服團全體團員由新淦抵泰，茲聞副團長王倫，精研歧黃，深知醫理，自出發以來，到達戰地，除蔚勞前線將士與安撫難民外，並以秘方配製大量藥品施賑，對於傷病官兵難民治療，竭盡全力，勤為診治，戰地軍民咸表愛戴，統計治療傷兵難民因而獲愈者為數在三千以上云。

又該校在贛縣西門外龍嶺及前湖村設立分校，聘定羅容梓教授任分校校務主任，戴良謨教授任教務組主任，余永年先生任總務組主任。所有一年級及師範專修科學生，全部均在分校，茲悉羅教授及各組主任感於開學期間臨屆，急於籌備，業於今日首途赴贛處理，贛南文化陣容又增一番新氣象云。〔註1446〕

8月30日，中正大學龍嶺分校籌備開學。

因開學臨近，1942年8月30日，分校校務主任羅容梓、總務主任余永年、講師黃震以及職員數人抵達贛縣，暫在鴛鴦橋幼幼中學成立分校辦事處，「擇定〔水〕西門外湖邊村及龍嶺為分校校址」開始積極籌辦，預定10月中旬開學。贛縣分校就此消息委託《正氣日報》刊登，以為廣播。〔註1447〕

8月，國立中正大學開辦了三年制師範專修科，接著又開辦了兩年制行政管理專修科。

8月，國立中正大學戰地服務團姚團長顯微暨團員吳君昌達殉國紀念碑文。

〔註1446〕 梁洪生主編《杏嶺春秋——〈江西民國日報〉有關國立中正大學的報導全匯（1938～1949）》，2010年12月內部印刷。中華民國三十一年八月二十九日週六第一版。

〔註1447〕 《國立中正大學近訊》（8月31日），江西省檔案館藏，檔號：J037-1-00628-0033。高志軍著《政治與教育的互動：國立中正大學研究》，2021年12月華中師範大學博士學位論文，第165頁。

姚公顯微江西興國人，生平篤於風義，尤富愛國熱忱，畢業國立清華大學國學研究院，曾任各大學史學講席，民國二十九年秋來任泰和國立中正大學文史系教授。今夏憤倭勢猖獗，起而組織國立中正大學戰地服務團，躬率團員三十餘人，赴樟樹橋東服務，激勵士氣，備極勤勞。七月七日晚率團員十一人轉至石口，不幸遘敵，公徒手奮鬥，至死不卻，卒以眾寡懸殊，以身殉國，瀕危猶高呼中華民族萬歲！

公年三十七，配巴怡南女士，遺有子女六人。

吳君昌達浙江長興人，年二十二，昆季三人，君其仲也。肄業國立中正大學農學院畜牧獸醫系，性坦直忠勇，勤學不倦。此次在石口與姚公共搏一倭，力斃之，亦同時殉國，同人等聞耗，莫不悲憤填膺，誓繼公等遺志，以報寇讎，爰立碑紀念，以志不忘。

國立中正大學戰地服務團全體團員　敬立
中華民國三十一年八月

（姚國源先生提供）〔註1448〕

8月，江西省立圖書館遷往萬安縣，於1943年回遷泰和孔廟、快閣等處。

8月，中正大學致教育部信函。

中正大學提倡及重視正當娛樂。該校在呈報教育部有關舉辦1942年社會教育大綱中即稱「提倡正當娛樂——除將本校遊藝館開放外，酌量在附近各村設：置民眾娛樂室一所至三所，並於農曆年元宵與附近居民共同組織龍燈團慶賀春節」。〔註1449〕

8月，中正大學在贛縣龍嶺設立分校，一年級新生（除農學院各系）改在分校註冊入學，其餘二、三、四年級仍在杏嶺本部上課。

8月，聽胡校長暢談人生。

第二次見到校長，並聽到他的親切談話是在1942年初。在姚、

〔註1448〕此碑1942年8月豎立於新淦石口殉難處，後失蹤數十年，2004年回歸江西師範大學。

〔註1449〕《國立中正大學三十一年度兼辦社會教育工作計劃大綱》（1942年8月至12月），《國立中正大學社教工作報告實施計劃及有關文書》（194208～194402），中國第二歷史檔案館藏，全宗號五，案卷號11491第11頁。高志軍著《政治與教育的互動：國立中正大學研究》，2021年12月華中師範大學博士學位論文，第120頁。

吳兩烈士殯葬墓地。安葬畢，姚夫人巴怡南女士因悲痛過度，被同學們護送回去。胡校長和文史系主任王易教授及一些教職員和同學們徘徊在墓地，不忍離去。最後剩下胡校長、王易教授和我等四位同學，便圍住胡校長問長問短。胡校長為人不論遇到危急或歡欣總是鎮定自若，這時剛從極度悲痛中緩和過來，仍然平易近人侃侃而談。從靈魂不滅開頭，逐漸轉入宗教、哲學、文學等方面。他滔滔不絕地談，王易教授偶而插一兩句，猶如知識寶庫的閘門打開了，奔騰湧出的是聞所未聞的見聞，高深淵博的學識，精闢獨到的見解，包含著中外古今的哲理等智慧的結晶。我們彷彿是無意中闖入了知識的寶藏，聽得入神。一種精神上無比的享受，使我們彷彿處在一個超越時空的境界裏，忘卻了時光的流逝。初秋傍晚的涼意悄悄襲來，由於擔憂校長和老態龍鍾的王主任的健康，不得不護送兩位師長下山。但飽飫馨芬的回味，卻永留記憶之中。〔註1450〕

8月，聽胡先驌校長講話記憶猶新，終生難忘。

我第一次見到胡校長是 1942 年 8 月開學典禮時。當時胡校長上臺講了一些勉勵新老生努力學習的話之後，談及校長與學生之間的關係說：「你們能經常與我見面，是你們三生有幸，我在美國加州柏克萊大學讀了四年只見過校長一次。」這話給了我很深刻的印象，因為我們常有機會與胡校長見面。〔註1451〕

8月，1942 年 8 月～1945 年 4 月，中正大學在贛縣龍嶺設立分校。

這年夏天，日寇自浙西侵入贛東，學校有遷校的計劃，便在贛州設立了一個分校，招收一年級學生，後來一年辦得很有成績，便引起蔣經國想奪取學校的野心。〔註1452〕

8月，進一步充實木材試驗館。

〔註1450〕羅良傲著《與胡故校長四次晤談記》。胡啟鵬主編《撫今追昔話春秋──胡先驌學術人生》，北京燕山出版社，2011 年 4 月版，第 276 頁。
〔註1451〕吳定高著《我與胡故校長交往二三事》。胡啟鵬主編《撫今追昔話春秋──胡先驌學術人生》，北京燕山出版社，2011 年 4 月版，第 271 頁。
〔註1452〕胡先驌著《對於我的舊思想的檢討》，1952 年 8 月 13 日。《胡先驌全集》（初稿）第十五卷人文科學文章，第 629～640 頁。

木材試驗室購下所租姚莊，復添築宿舍、工棚，經經濟部同意擴充為木材試驗館。然人才仍舊欠缺，唐燿又致函其師長茅以升，要求其推薦工程師來所工作，云：「敝室近經與武漢大學工學院合作，擴大進行木材力學試驗，頗苦人手不足，擬請吾師代為物色有志木材力學試驗之中級或高級人員一二人，如能木材工業機械設計者尤佳。」茅以陞於此也愛莫能助。館中其時主要人員有王愷、何定華、柯病凡、喻誠鴻及外籍人士屠鴻達等人。他們中的多人，後來也成為國內外知名的木材學家。〔註1453〕

8月，唐燿赴四川等五省考察木材。

國民政府交通部、農林部籌辦木材公司，委託中央工業試驗所木材試驗室主任唐燿組織中國林木勘察團，調查四川、西康、廣西、貴州、雲南五省林區及木業，以供各地鐵路交通之需要，共組織五個分隊，結束之後均有報告問世，唐燿為之編寫《中國西南林區交通用材勘察總報告》。其中西南隊由王愷擔任，勘察赤水河流域附近之森林，都柳江（都江、榕江、融江）一帶之林木，以及桂林、長沙等地木業市場。其由樂山出發，沿長江而下，調查宜賓、敘永、古藺、赤水、合江等地之森林及木業；復由貴陽乘車至都勻，經墨充步行轉黃山勘察森林，更乘車往獨山，起旱至三都（三合都江），沿都江乘船赴榕江；路行至黎平、從江（用從下江）、榕江三縣交界之增沖、增盈勘察森林，調查伐木；再沿榕江下行，經從江、三江至長安鎮，調查木業。抵融縣後，曾由貝江河溯流而上，至羅城三防區之飯甑山，勘察森林，調查該區伐木狀況後，折返融縣，沿融江經柳城至柳州，乘車至桂林，調查該二地之木業情況；復乘湘桂路往湖南之衡陽，轉粵漢路往長沙，調查木業，沿湘江，經洞庭湖邊境至常德，轉桃源之輒市調查木業。此行經過四省，歷時約四月。〔註1454〕

8月，木材試驗館八項主要工作。

〔註1453〕唐燿致茅以升，成都；四川省檔案館。胡宗剛著《靜生生物調查所史稿》，山東教育出版社，2005年10月版，第170頁。

〔註1454〕王希群、傅峰、劉一星、王安琪、郭保香編著《中國林業事業的先驅與開拓者——唐燿、成俊卿、朱惠芳、柯病凡、葛明裕、申宗圻、王愷年譜》，中國林業出版社，2022年3月版，第203頁。

在中央工業試驗所的協助下，唐耀在樂山購下靈寶塔下的姚莊，將中央工業試驗所木材試驗室擴建為木材試驗館，唐耀任館長。根據實際的需要，唐耀把木材試驗館的試驗和研究範疇分為八個方面：1. 中國森林和市場的調查以及木材樣品的收集，如中國商用木材的調查；木材標本、力學試材的採集；中國林區和中國森林工業的調查等。同時，對川西、川東、貴州、廣西、湖南的伐木工業和枕木資源、木材生產及銷售情況，為建設湘桂、湘黔鐵路的枕木的供應提供了依據。還著有《川西、峨邊伐木工業之調查》《黔、桂、湘邊區之伐木工業》《西南木業之初步調查》等報告，為研究中國伐木工業和木材市場提供了有價值的實際資料。2. 國產木材材性及其用途的研究，如木材構造及鑒定；國產木材一般材性及用途的記載；木材的病蟲害等。3. 木材的物理性質研究，如木材的基本物理性質；木材試驗統計上的分析和設計；木材物理性的慣常試驗。4. 木材力學試驗，如小而無疵木材力學試驗；商場木材的試驗；國產重要木材的安全應力試驗等。5. 木材的乾燥試驗，如木材堆集法和天然乾燥；木材乾燥車間、木材乾燥程序等的試驗和研究。6. 木材化學的利用和試驗，如木材防腐、防火、防水的研究；木材防腐方法及防腐工廠設備的研究；國產重要木材天然耐腐性的試驗。7. 木材工作性的研究，如國產重要木材對鋸、刨、鑽、旋、彎曲、釘釘等反應及新舊木工工具的研究。8. 伐木、鋸木及林產工業機械設計等的研究。〔註1455〕

9月1日，蔣經國為分校設立提供幫助。

從中亦可見蔣經國在設立分校過程中起到了一定作用。蔣經國頗為慷慨，讓租出45幢房屋，即：廟宇2所，新建的3間土牆瓦屋，大小屋40幢，能「供八百餘學生三十餘家教職員家屬居住」。〔註1456〕

〔註1455〕王希群、傅峰、劉一星、王安琪、郭保香編著《中國林業事業的先驅與開拓者——唐耀、成俊卿、朱惠芳、柯病凡、葛明裕、申宗圻、王愷年譜》，中國林業出版社，2022年3月版，第171頁。

〔註1456〕《國立中正大學校長胡先驌關於申請發放本校需用品等事宜的呈》（無時間），江西省檔案館藏，檔號：J037-1-00316-0004；《國立中正大學校務處關於勘察並租賃土地建房的函》（9月1日），江西省檔案館藏，檔號：J037-1-00631-0184。高志軍著《政治與教育的互動：國立中正大學研究》，2021年12月華中師範大學博士學位論文，第165頁。

9月1日，中正大學龍嶺分校成立辦事處。

　　9月1日分校辦事處成立。因正大「開學期近，亟待辦理租賃手續，以便著手布置」，但據稍前正大派人實地勘察的結果看，「如屋按照實際需要，預為分配，深感房屋數量尚少，不敷應用」。9月1日當日，正大遂致函江西省第四區行政督察專員公署請求讓租更多房屋以供使用：「查該村尚有房屋十五幢，聞經貴署保留以備緊急需要時應用，此十五幢房屋在貴署似無迫切需要，在敝校則有萬不可少情形，擬請鼎力協助，將此項保留房屋十五幢一併由敝校承租為荷」。正大允諾，惠允所借全部新建屋宇55幢全年租金3萬元當一次付清。同時還吐露「匡盧中學借用湘邊村房屋，敝校亦急感需要」心跡。〔註1457〕

9月1日，中正大學對戰地服務團團員補助。

　　第55次校務會議專門就團員行李丟失救濟問題作出討論。

〔註1458〕

9月2日，中正大學對戰地服務團團員實行補助。

　　在全體團員中，有17人行李或多或少有丟失，鍾騰初、曾廣謐、丘登泰、周槐庭四人在石口脫險時行李盡失，平祖培、螳錦梅二人亦悉數丟失。損失次多者有3人，較少者3人，甚少者3人。副團長王綸也損失重大，教官李劍聲則損失尚微。校方決定，給損失最多者每人補助500元，次多者每人300元，較少者每人100元，王綸補助300元，其他4人不補助。〔註1459〕

9月3日，中正大學致教育部信函。

〔註1457〕《國立中正大學校務處關於勘察並租賃土地建房的函》（9月1日），江西省檔案館藏，檔號：J037-1-00631-0184 高志軍著《政治與教育的互動：國立中正大學研究》，2021年12月華中師範大學博士學位論文，第165頁。

〔註1458〕《國立中正大學校務會議第五十五次常務會議議事錄》（1942年9月1日），江西省檔案館藏，檔號：J037-1-00655-0222。高志軍著《政治與教育的互動：國立中正大學研究》，2021年12月華中師範大學博士學位論文，第98頁。

〔註1459〕《國立中正大學校長室關於謝訓導長辦理補助戰地服務團人員遇敵行李損失事宜的函》（1942年9月2日），江西省檔案館藏，檔號：J037-1-00290-0260。高志軍著《政治與教育的互動：國立中正大學研究》，2021年12月華中師範大學博士學位論文，第98～99頁。

校方鑒於姚、吳為國捐軀後，有相當團員「仍本初衷不避艱危」，在王綸、李劍聲率領下繼續工作，「備嘗辛苦」，遂請求教育部對此「艱苦英勇之精神」明令嘉獎。〔註1460〕

9月4日，「國立中正大學贛縣分校圖記」開始正式啟用。〔註1461〕

9月4日，學生代表致陳立夫信函。

9月4日，校務會議第55次常務會討論決定將農工二院「實況」上報教育部。事實上，這一問題正大根本無力解決。8月10日工學院土木系、化工系、機電系等系12名學生代表致教育部長陳立夫的信件就很有代表性。文中說，正大緊鄰前方，圖書儀器購置不易，「工學院尤甚」。工學院雖在艱難困頓中力求發展，「徒以限於經費過於窘迫，迄今幾有無法維持之勢。若不亟謀補救，小則影響生等個人學業，大則影響國家工業建設」。〔註1462〕

9月5日，胡先驌致江西省第四區行政警察專員工署信函。

胡先驌致函江西省第四區行政警察專員工署。胡先驌又因中正大學農學院助教莫熙穆前往龍南、定南、虔南三縣採集植物標本，函請江西省第四區行政警察專員工署：「函文：逕啟者，本校茲派農

〔註1460〕《為本校戰地服務團工作人員工作努力備嘗辛苦呈請鑒核賜予明令嘉獎並發給獎狀用昭激勵由》（1942年9月3日），《國立中正大學報送該校赴贛北戰地工作服務團詬獎名單及有關文書》（194209～194210），中國第二歷史檔案館藏，全宗號五（2），案卷號971，第3～4頁。又見《為本校戰地服務團工作人員工作努力備嘗辛苦呈請鑒核賜予明令嘉獎並發給獎狀用昭激勵由》（1942年9月3日），J037-1-00290-0283。高志軍著《政治與教育的互動：國立中正大學研究》，2021年12月華中師範大學博士學位論文，第99頁。
〔註1461〕《函知本分校於九月一日開始辦公並刊刻圖記啟用檢附印模二份請分別存轉由》（1942年9月12日），江西省檔案館藏，檔號：J037-1-00277-0015；《函知本大學贛縣分校於九月一日開始辦公並刊刻圖記啟用檢附印模一份請查照由》（1942年9月19日），江西省檔案館藏，檔號：J037-1-00277-0018。高志軍著《政治與教育的互動：國立中正大學研究》，2021年12月華中師範大學博士學位論文，第165～166頁。
〔註1462〕《國立中正大學校長室關於辦理農工兩學院設備缺乏事宜的函》（1942年9月4日），江西省檔案館藏，檔號：J037-1-00320-0017。高志軍著《政治與教育的互動：國立中正大學研究》，2021年12月華中師範大學博士學位論文，第155～156頁。

學院助教莫熙穆助理員及其校工一名於本月六日前往龍南、定南、虔南三縣採集植物標本，相應函請貴署惠予轉飭該三縣縣政府轉知所屬鄉鎮公所協助保護以利進行為荷」。〔註1463〕

9月8日，解決服務團團員困難。

在前線工作，帶病歸來的丘登泰、楊寶聰，校方也請求醫院醫藥免費待遇。〔註1464〕

9月8日，周拾祿致胡先驌信函。

周拾祿致函校長室。中正大學農學院院長周拾祿因農場各系權限劃歸不清，並且相對實力強勁的農藝系和生物系，森林及畜牧獸醫兩系設備不夠充實，為此他特意向胡先驌申請改組農場，劃清權限，辦法如下：「一、農場原有畜牧部分獨立為牧場，歸畜牧獸醫系管轄，苗圃桐林部分擴充為林場，歸森林系管轄，作物園藝土肥三部分縮稱農場，歸農藝系管，為便利生物系學生實習教員研究起見，擬劃闢小規模動植物培養園，歸生物系管轄。二、各場園事務由各系主任主持，原有農場主任一職應予裁撤，將來事業範圍擴大，視各場園需要再行分別增設主任。」胡先驌對此並無異議，困於經費、交通、時局等多種因素，相關場所劃分只能因地制宜，因勢利導。〔註1465〕

9月9日，中正大學再次致烈士家屬信函。

校方又接到吳昌達之弟吳昌熾一函，詢問乃兄情況。中正大學於10月22日將吳遇難前後經過一一告知。〔註1466〕

〔註1463〕 江西檔案館，檔號：J037-1-00702-009。鄭瑤著《繼往開來責在斯——國立中正大學農學院研究（1940～1949）》，2019年江西師範大學碩士研究生學位論文，第62頁。

〔註1464〕 《為本校戰地服務團丘登泰楊寶聰家境貧苦無力負擔醫藥費用函請惠予免費診治由》（1942年9月8日），江西省檔案館藏，檔號：J037-1-00290-0288。高志軍著《政治與教育的互動：國立中正大學研究》，2021年12月華中師範大學博士學位論文，第100頁。

〔註1465〕 鄭瑤著《繼往開來責在斯——國立中正大學農學院研究（1940～1949）》，2019年江西師範大學碩士研究生學位論文，第28頁。

〔註1466〕 《函復吳昌達參加本校戰地服務團殉難情形》（1942年10月22日），江西省檔案館藏，檔號：J037-1-00289-0080。高志軍著《政治與教育的互動：國立中正大學研究》，2021年12月華中師範大學博士學位論文，第98頁。

9月10日，中正大學戰地服務團成員經濟補償通過。

　　中正大學戰地服務團成員的損失補助方案經第 56 次校務會議通過。〔註1467〕

9月12日，中正大學致教育部信函。

　　中正大學戰地服務團公私物損失共計 4 萬元。校方助用意雖美，但又不得不向教育部伸手，請其補助。〔註1468〕

9月12日，中正大學收到教育部經費。

　　中正大學請款 2 萬元，實際下撥 1 萬元。〔註1469〕

9月16日，丟失保安處乾糧袋難以補償。

　　這一事實提示了理想與現實之間的糾葛與無奈。就連中正大學戰地服務團臨上前線時借用的江西省保安處乾糧袋，因遺失 22 個而該團「限於經費礙難賠補」。〔註1470〕

9月17日，胡先驌致教育部信函。

　　9 月 17 日、10 月 5 日，校長胡先驌再次呈報教育部說明農工二院實情。兩份函件除時間有出入外，內容相同。胡先驌稱，農學院

〔註1467〕《國立中正大學校長室關於抄送救濟意見及補助數目的函》（1942 年 9 月 10 日），江西省檔案館藏，檔號：J037-1-00290-0282。高志軍著《政治與教育的互動：國立中正大學研究》，2021 年 12 月華中師範大學博士學位論文，第 99 頁。

〔註1468〕《為呈請核撥本校戰地服務團經費四萬元以資歸墊由》（1942 年 9 月 12 日），《中正大學現金出納表領款收據經費累計表等各類會計表文書》（194205～194504），中國第二歷史檔案館藏，全宗號五，案卷號 3763（1），第 25 頁。又見《為呈請核撥本校戰地服務團經費四萬元以資歸墊由》（1942 年 9 月 12 日），江西省檔案館藏，檔號：J037-1-00289-0001。高志軍著《政治與教育的互動：國立中正大學研究》，2021 年 12 月華中師範大學博士學位論文，第 99 頁。

〔註1469〕《中正大學現金出納表領款收據經費累計表等各類會計表文書》（194205～194504），中國第二歷史檔案館藏，全宗號五，案卷號 3763（1），第 23 頁。高志軍著《政治與教育的互動：國立中正大學研究》，2021 年 12 月華中師範大學博士學位論文，第 99 頁。

〔註1470〕《懇請代為報銷遺失乾糧袋由》（1942 年 9 月 16 日），江西省檔案館藏，檔號：J032-1-01130-0342。高志軍著《政治與教育的互動：國立中正大學研究》，2021 年 12 月華中師範大學博士學位論文，第 99 頁。

因經費限制,「僅能添置少數價廉對象國內可以製造者」,學生、教師實驗研究「均感困難,胡希望教育部「明年多撥本校農學院設備費以資改善」。胡所說的工學院概況基本與學生代表論調一一致。胡還指出,1932年清華大學增設機械、電機二學系的開辦臨時設備費各為國幣30萬元,「此係鈞部顧次長樵先生前往該校工學院院長時所經辦」。然時移世易,在「刻下物價高漲,運輸困難」情形之下,「機械儀器、五金材料等之價目較之戰前何啻數十倍」。與戰前清華相較,「工學院共得之臨時設備費當不及國幣四十萬元,若以目前之購買力而論,約僅相當戰前萬餘元,則杯水車薪何濟於事?」工學院「早已自感」「設備缺乏」,「究其主要原因厥在經費不足」。因此,胡先驌請教育部來年至少撥工學院臨時設備費一二百萬元,以為充實。胡先驌之所以拉出教育部次長顧毓琇,是因顧對辦工學院有親身經歷,以換取顧的理解與同情。〔註1471〕

9月17日,胡先驌致教育部信函。

案奉鈞部三十一年八月十日高字第1872號訓令內開:「該校前經本部派員視察,據送視察報告該校學術研究空氣尚稱濃厚,對於社會科學之研究能以三民主義為中心,惟該校農工兩學院設備缺乏,應設法充實,又該校人事上未盡調協,前曾發生糾紛,此種風氣對於學生訓導影響甚大,亟應注意改善,合行令仰遵照辦理,具報此令。」等因,奉此自應遵辦,茲謹分項聲復如下:(一)本校籌備期間農學院所需設備毫未購置,開辦以來雖將兩載,因限於經費,僅能添置少數價廉對象國內可以製造者,學生實驗教員研究均感困難,該院同人亦自感不滿,請鈞部明年多撥發本校農學院設備費,以資改善⋯⋯

〔註1471〕 《為奉令飭改善本校人事及農工兩學院設備呈覆鑒核施行由》(1942年9月17日),江西省檔案館藏,檔號:J037-1-00320-0011。又見《為奉令飭改善本校人事及農工兩學院設備呈覆鑒核施行由》(1942年10月5日),《中正大學財產增減表經費累計表辦理支給兼課鐘點費等報表文書》(194209~194707),中國第二歷史檔案館藏,全宗號五,案卷號3765,檔號:五-3765,第2~3頁。高志軍著《政治與教育的互動:國立中正大學研究》,2021年12月華中師範大學博士學位論文,第156~157頁。

（鄭瑤先生提供）〔註1472〕

9月17日，胡先驌致陳立夫信函。

胡先驌致函教育部部長陳立夫。據教育部1941年10月前後派人視察，報告稱「該校農工兩學院物質設備尚嫌不足，亟應增置圖書儀器，俾學校內容蓋臻充實」。胡先驌對此深以為然，並備文解釋相關緣由，稱「函文：案奉鈞部三十一年八月十日高字第1872號訓令內開：「該校前經本部派員視察……照原訓令錄函，合行令仰遵照辦理具辦此令」等因，奉此自應遵照，茲謹分項聲復如下：（一）本校籌備期間農學院所需設備毫未購置，開辦以來惟收兩載，因限於經費，僅能添置少數價廉對象，國內可以製造者，學生實驗教員研究均感困難，該院用人上自感不滿，請鈞部（明？）年劃撥本校農學院設備費，以資改善。（二）本校籌備時期工學院……」。〔註1473〕

9月19日，中正大學致教育部信函。

中正大學以姚名達為國犧牲，但身後家庭無力維持為由，詢問教育部烈士子女的教養費之責是否由部承擔。〔註1474〕

9月22日，教育部下撥經費。

教育部給中正大學戰地服務團補助經費實際下撥1萬元。

〔註1475〕

〔註1472〕《中正大學財產增減表經費累計表辦理支給兼課鐘點費等報表文書》（1942年9月17日），第二歷史檔案館，檔號：五-3765，第2頁。
〔註1473〕江西檔案館，檔號：J037-1-00320-0011。鄭瑤著《繼往開來責在斯——國立中正大學農學院研究（1940～1949）》，2019年江西師範大學碩士研究生學位論文，第24頁。
〔註1474〕《為本校戰地服務團姚故團長身復蕭條子女教養可否由國家負責呈請核辦以拯孤弱而口忠烈由》（1942年9月19日），江西省檔案館藏，檔號：J037-1-00289-0030。高志軍著《政治與教育的互動：國立中正大學研究》，2021年12月華中師範大學博士學位論文，第97頁。
〔註1475〕《據呈報該校戰地服務團成立經過准予核撥補助費一萬元由》（1942年9月22日），《中正大學現金出納表領款收據經費累計表等各類會計表文書》（194205～194504），中國第二歷史檔案館藏，全宗號五，案卷號3763（1），第26頁。高志軍著《政治與教育的互動：國立中正大學研究》，2021年12月華中師範大學博士學位論文，第99頁。

9月23日，丘登泰《石口脫險追記》（國立中正大學戰地服務團主編：江西《民國日報·戰地通訊》第5期）。本文是「石口之役」親歷者的第一篇寫實報導。〔註1476〕

9月23日，中正大學致教育部信函。

1942年9月、11月，中正大學因經費問題致電教育部的信函中，分別如是形容物價：「物價狂漲」「物價暴漲」。〔註1477〕

9月24日，中正大學戰地服務團完成歷史使命。

中正大學戰地服務團才真正完成歷史使命。而按照副團長王綸的說法，戰地服務團就應立即結束，所有頒發圖記等應繳回銷毀。服務團雖然結束，但仍有許多問題遺留，尚待各方處理。〔註1478〕

9月30日，中正大學致教育部信函。

9月30日，該校因教師、學生人數增加，請教育部撥增建校舍等費12萬元。〔註1479〕

9月，中正大學龍嶺分校讀書回憶。

曾在中正大學修習社會教育系，後來成為我國著名歷史地理學家

〔註1476〕姚國源執行主編《浩氣壯山河——原國立中正大學抗日戰地服務團紀實》（上冊），江西高校出版社，2010年11月版，第62頁。

〔註1477〕《借款亟需歸墊乞先撥匯卅萬元》（1942年9月23日），《中正大學現金出納表領款收據經費累計表等各類會計表文書》（194205～194504），中國第二歷史檔案館藏，全宗號五，案卷號3763（1），第205頁；《電陳副食費所需數請核准增發》（1942年11月7日），《中正大學戰區生自費生請領補助費膳食貸金名冊及相關文書》（194105～194211），中國第二歷史檔案館藏，全宗號五，案卷號3777（3），第121頁。高志軍著《政治與教育的互動：國立中正大學研究》，2021年12月華中師範大學博士學位論文，第144頁。

〔註1478〕《國立中正大學校長室關於繳回銷毀頒圖證的函》（1942年9月24日），江西省檔案館藏，檔號：J037-1-00289-0014。高志軍著《政治與教育的互動：國立中正大學研究》，2021年12月華中師範大學博士學位論文，第95頁。

〔註1479〕《請撥增建校舍等費〈12〉萬元乞急電示》（1942年9月30日），《中正大學財產增減表經費累計表辦理支給兼課鐘點費等報表文書》（194209～194707），中國第二歷史檔案館藏，全宗號五，案卷號3765，第52頁。高志軍著《政治與教育的互動：國立中正大學研究》，2021年12月華中師範大學博士學位論文，第122頁。

的陳橋驛也憶及：「中正大學龍嶺分校其實是中正大學的『一年級部』，因為除了農學院各系以及某些專修科如行政專修科、稅務專修科等以外，其他所有院系的一年級生都在這裡，讀完一年後則轉往泰和本校。」陳的回憶大致不差，贛縣分校年級安排大抵如是。〔註1480〕

秋，干鐸便請萬縣高級農業職業學校校長楊龍興（1913～1999）代為採集枝葉標本，但始終未能鑒定為何種植物。

【箋注】

楊龍興（也稱楊隆興）（1913～1999），萬縣高級農業職業學校校長（也有的說當時任該校教務主任）。由於楊龍興在1940年和干鐸是同事關係，都在湖北農業改進所工作。1942年，楊龍興委託朋友專程到謀道溪那棵大樹採集標本，並且寄給干鐸。

10月1日，國立中正大學戰地服務團團員名單。

（以姓氏筆劃為序）

甲、隨團出發之團員：

丁祥徽　丁義為　王綸　平祖培　丘登泰　何文錄
吳昌達　吳蘭英　李劍聲　周槐庭　易新楣　姜闓生
姜照龍　施亞光　施景成　孫結民　姚顯微　晁夢奇
符仕儒　陳效華　陳煜生　曾廣謚　湯道南　楊寶聰
鄭唯龍　蟻錦梅　鮑良芳　鍾騰初　羅光斌　王仁有
王希有　沈鴻清　馮才　帥經謨

乙、因病留泰和之團員：

巴怡南　張仁淑　曹榮生　蔣獻文　趙篤慶　魏培德

國立中正大學戰地服務團職員名單

甲、籌備時期：

名譽團長　胡先驌　　　團長　　姚顯微
副團長　　王綸　　　　團附　　李劍聲
文書股長　晁夢奇　　　會計股長　何文錄

〔註1480〕陳橋驛：《八十逆旅》，北京：中華書局，2011年，第280～281頁。高志軍著《政治與教育的互動：國立中正大學研究》，2021年12月華中師範大學博士學位論文，第165頁。

庶務股長	蔣獻文	交際股長	符仕儒
宣傳股長	楊寶聰	慰勞股長	姜照龍
救護股	羅光斌	募捐股長	鮑良芳
組訓股長	周槐庭	交通股長	孫結民

賑濟股長吳昌達通訊股長易新楣

乙、出發後、遇難前：

名譽團長	胡先驌	團長	姚顯微
副團長	王綸	團附	李劍聲
文書股長	晁夢奇	會計股長	何文錄
庶務股長	吳昌達	交際股長	孫結民
慰勞股長	吳蘭英	救護股長	羅光斌
組訓股長	符仕儒	通訊股長	易新楣
宣傳股長	楊寶聰	膳食股長	平祖培
保管股長	陳煜生		

丙、遇難後：

名譽團長	胡先驌		
團長	姚顯微（團長名不變以示紀念）		
副團長	王綸（代行團長權）	團附	李劍聲
文書股長	晁夢奇	會計股長	何文錄
庶務股長	平祖培	副股長	湯道南
副股長	丁義為	副股長	鮑良芳
宣傳股長	姜閏生	組訓股長	楊寶聰
通訊股長	施亞光	副股長	羅光斌
副股長	符仕儒	副股長	蟻錦梅
保管股長	陳煜生	副股長	陳效華〔註1481〕

〔註1481〕 以上原存巴怡南輯：《顯微紀念冊》，1942～1948；原載《國立中正大學校刊》，第3卷第1期，1942年10月01日。戰地服務團名單：名譽團長胡先驌，團長姚顯微，副團長王綸，團附李劍聲，及隨團出發之團員名單計34人。（實際出發共計團員37人）。這份名單53年後重現於（《湖北校友通訊》，第5期，1995年11月30日。姚國源執行主編《浩氣壯山河——原國立中正大學抗日戰地服務團紀實》（上冊），江西高校出版社，2010年11月版，第82～83頁。

10 月 1 日,正大致函教育部彙報本部及分校情形。本部已於 9 月 28 日開學上課,「至贛縣分校因建築校舍不能同時開學,惟當盡速提早」。〔註 1482〕

10 月 3 日,教育部復中正大學信函。

教育部積極回應:「該校戰地服務團工作人員不避艱危,出發贛北前線工作,殊勘嘉慰,合予嘉獎,以昭激勵,仰即轉飭知照。」
〔註 1483〕

10 月 3 日,齊泰林致胡先驌函。

事由:中正大學胡校長勳鑒,敝院植物教員無人,擬調貴校陳梅生先生幫忙一年,懇俯允。

(鄭瑤先生提供)〔註 1484〕

江西泰和杏嶺烈士紀念碑。

江西泰和杏嶺國立中正大學立姚顯微吳昌達烈士紀念碑〔註 1485〕

〔註 1482〕 《國立中正大學關於贛縣分校不能同時開課的代電》(1942 年 10 月 1 日),江西省檔案館藏,檔號:J037-1-00736-0152.高志軍著《政治與教育的互動:國立中正大學研究》,2021 年 12 月華中師範大學博士學位論文,第 166 頁。

〔註 1483〕 《據呈報該校戰地工作服務團情形傳令嘉獎仰飭知照由》(1942 年 10 月 3 日),《國立中正大學報送該校赴贛北戰地工作服務團請獎名單及有關文書》(194209～194210),中國第二歷史檔案館藏,全宗號五(2),案卷號 719,第 2 頁。高志軍著《政治與教育的互動:國立中正大學研究》,2021 年 12 月華中師範大學博士學位論文,第 100 頁。

〔註 1484〕 江西檔案館,檔號:J037-1-00983-0037。

〔註 1485〕 本幀照片係一九四四年春攝於江西泰和杏嶺烈士紀念碑。紀念碑上有二烈

10月5日，工程處致中正大學戰地服務團殉難烈士治喪委員會信函。

　　工程處來函中正大學戰地服務團殉難烈士治喪委員會說，墳墓本身、公墓地基土方、水溝等，均已工竣，公墓紀念碑等則需工程費計1萬元，同時提醒委員會，紀念碑上的墓誌銘、烈士生平事略、碑石提詞，也應早日擬定。〔註1486〕

10月6日，胡先驌指示。

　　胡先驌批示：電覆齊院長，陳梅生君擔任敝校一年級植物學課程全部，無人可接替，請另聘。

　　（鄭瑤先生提供）〔註1487〕

10月10日，《捷報》社在泰和中山路171號復刊。

10月11日，陳立夫致中正大學唁電。

　　教育部得知姚名達遇難消息後，送來陳立夫「播國士之風徽，立人師之軌範」唁電。〔註1488〕

10月11日，孫渡致中正大學戰地服務團信函。

　　軍長孫渡在致服務團書中高度稱讚姚、吳壯烈殉國事蹟：「我國民族氣節之無上光輝，亦國家民族之一大損失」。〔註1489〕

10月11日，國立中正大學校刊出版《姚吳二烈士紀念特刊》。

　　10月11日，國立中正大學校刊，第3卷第1期，出版《姚吳

　　士瓷版畫像。（姚、吳二烈士墓位於後山向陽高坡上）中為巴怡南及子抗抗、女秧秧，右為學生薑照龍，左為保姆邊喬。

〔註1486〕《國立中正大學工程處關於建造烈士公墓工程事宜及早日修造的函》（1942年10月5日），江西省檔案館藏，檔號：J037-1-00289-0017。高志軍著《政治與教育的互動：國立中正大學研究》，2021年12月華中師範大學博士學位論文，第95頁。

〔註1487〕江西檔案館，檔號：J037-1-00983-0037。

〔註1488〕《陳部長電唁姚名達家屬並將呈請褒恤》，桂林《大公報》1942年7月21日，第2版。又見《陳部長唁電》，《國立中正大學校刊》第3卷第1期，1942年10月11日，第23頁。高志軍著《政治與教育的互動：國立中正大學研究》，2021年12月華中師範大學博士學位論文，第100頁。

〔註1489〕《孫軍長致本校戰地服務團書》，《國立中正大學校刊》第3卷第1期，1942年10月11日，第24頁。高志軍著《政治與教育的互動：國立中正大學研究》，2021年12月華中師範大學博士學位論文，第100頁。

二烈士紀念特刊》：刊載戰地服務團團章、宣言、團員生活公約、團員名單、職員名單等。還有巴怡南《姚顯微烈士事略》，晁夢奇《吳昌達烈士事略》，戰地服務團《國立中正大學戰地服務團工作述要》。殉難烈士治喪委員會《姚吳二烈士殉國之哀榮》。王諾臣《顯微先生著作目略》長篇論文，係顯微先生殉國後，接受巴怡南委託，整理顯微遺稿數十卷、文章成百篇而成文。由此可見：「先生生性聰敏，智慧過人，器識恢宏，見解卓越；每治一學，每撰一書，必以沉毅之精神，精密之思想，奮勉之功力以赴之。」也可見顯微「興趣之廣博與著作計劃之宏大」，痛惜絕大多數著作未能成書。〔註1490〕

10月11日，國立中正大學戰地服務團《戰地服務團工作述要》。

組訓股：先後在新餘、峽江、新淦三縣，發動各該縣之知識青年，分別組織三個青年戰時服務團。對於各縣已有之民眾組織，如義務擔架隊等，則施以短時之精神訓練。

宣傳股：以加強「軍民抗戰必勝、建國必成」之信念。宣傳方式分街頭演講、個別談話、家庭訪問、繪製標語、出版壁報漫畫，及表演歌詠話劇等。

慰勞股：每到一地，對於英勇負傷士兵，以精神慰問為主，代寫書信，設立免費施診施藥處，除在少數病院曾發每人1元至3元之慰勞金，贈少量慰勞品外，余皆以精神慰問代替物質慰勞。精神慰問可分歌詠、戲劇、個別談話與代寫書信四方面。所至醫院計有127後方醫院、58軍第一、第二、第三個野戰醫院、90兵站醫院、109兵站醫院。慰問傷病將士不下3000人，並代寫書信約300餘封。

賑濟股：對義民生活之痛苦，除在樟樹曾每人贈鹽一兩外，其後則僅能為之免費施診施藥，以及向各方作道義上之呼籲。經本團慰問之義民，約共有5000人之譜。

救護股：為本團之中心工作，雖未能貫徹親臨前線、搶運傷兵之計劃，然在前方之後方，設免費施診施藥處，亦共診治士兵約3000人，義民約1000餘人。當地民眾來應診者亦不下500人之多。各機

〔註1490〕姚國源執行主編《浩氣壯山河——原國立中正大學抗日戰地服務團紀實》（上冊），江西高校出版社，2010年11月版，第62～63頁。

關團體與部隊來函索藥者亦日有七八處不等。尤其本團自製之瘧疾膏藥，真可謂蜚聲贛中流域矣。

　　通訊股：本團團員耳聞目睹及有感於懷者，寫成文章，已於泰和民國日報出版戰地通訊五期。通訊工作：但終因缺乏通訊器材，組織戰地通訊網計劃未能實現。〔註1491〕

10月12日，胡先驌致楊綽庵信函。

　　綽庵吾兄廳長勳鑒：

　　　　本月二十六日（星期一）上午九時三十分，敝校舉行國父紀念周，敦請先生蒞校講演，敬希惠允並賜示講題為荷。

　　　　專此並頌

　　勳祺

　　　　　　　　　　　　　　　　　　　弟　胡先驌　敬啟

　　　　　　　　　　　　　　十月十二日（1942 年）〔註1492〕

10月14日，中正大學確定紀念碑等諸事。

　　　　中正大學戰地服務團殉難烈士治喪委員會召開第五次會議，就紀念碑文、墓碑題字、工程費等問題作出討論並決定，殉難烈士事略由王綸撰擬，紀念碑文請王易撰書，墓碑請胡先驌題字。13000 元工程費則請校長定奪。〔註1493〕

10月16日，正大羅教務長公畢返校。

　　　　【本報特訊】國立中正大學教務長羅廷光氏，月前代表胡校長赴渝晉謁中樞報告該校概況，及與教育部接洽經費，軍訓部接洽軍訓等問題，頗為圓滿，本月初並曾出席教育部訓導會議，任務既畢，

〔註1491〕《國立中正大學校刊·姚、吳二烈士紀念特刊》，第 3 卷。姚國源執行主編《浩氣壯山河——原國立中正大學抗日戰地服務團紀實》（上冊），江西高校出版社，2010 年 11 月版，第 61～62 頁。
〔註1492〕《胡先驌全集》（初稿）第十七卷下中文書信卷，第 445 頁。
〔註1493〕《國立中正大學戰地服務團殉難烈士治喪委員會第五次會議議錄》（1942 年10 月 14 日），江西省檔案館藏，檔號：J037-1-00289-0019。高志軍著《政治與教育的互動：國立中正大學研究》，2021 年 12 月華中師範大學博士學位論文，第 95～96 頁。

乃於月之六日由渝飛贛，昨已抵泰返校述職，聞政教人士對正大印象極佳，各報皆有好評云。〔註1494〕

10月17日，中正大學致教育部信函。

1942年10月，中正大學告知教育部，1943年歲出預算臨時費300萬元。〔註1495〕

10月22日，中正大學致教育部信函。

設備、招生、貸金、補助等產生的費用，這部分經費實際為該校的必須開支且金額較大。如1942年中正大學懇請教育部撥增建設備、招生費12萬元。〔註1496〕

10月22日，《新華日報·要聞簡報》：國中正大學戰地服務團長姚名達，團員吳昌達殉難後，忠骸已由該校派人覓回，在該校舉行公祭，定期公葬，教育部特予核給喪葬費2萬元，並呈請行政院從優褒恤。〔註1497〕

10月28日，周拾祿致胡先驌函。

正題名：農學院院長周拾祿關於交涉郵寄物品丟失問題賠償的函。

（鄭瑤先生提供）〔註1498〕

〔註1494〕梁洪生主編《杏嶺春秋——〈江西民國日報〉有關國立中正大學的報導全匯（1938～1949）》，2010年12月內部印刷。中華民國三十一年十月十六日週五第三版。

〔註1495〕《電陳明年需列經常臨時費數》（1942年10月17日），《中正大學工程處建築合約及圖樣借款合約副本等文書》（194112～194211），中國第二歷史檔案館藏，全宗號五，案卷號3763（2），第4頁。高志軍著《政治與教育的互動：國立中正大學研究》，2021年12月華中師範大學博士學位論文，第119頁。

〔註1496〕《時間短促懇免予續招新生》（1942年10月22日），《國立中正大學招生簡章及招收新生、收容試讀生入學的有關文件》（194012～194703），中國第二歷史檔案館藏，全宗號五，案卷號5912，第43頁。高志軍著《政治與教育的互動：國立中正大學研究》，2021年12月華中師範大學博士學位論文，第120頁。

〔註1497〕姚國源執行主編《浩氣壯山河——原國立中正大學抗日戰地服務團紀實》（上冊），江西高校出版社，2010年11月版，第59～60頁。

〔註1498〕江西檔案館，檔號：J037-1-00693-0212。

10月29日，國立中正大學戰地服務團殉難烈士治喪委員會工作即將結束。

　　國立中正大學戰地服務團殉難烈士治喪委員會與工程處往來焦點主要集中在經費上，在第六次治喪委員會專門就此事進行商討。此時，工程處已將費用總數壓縮至11000元，然仍與原定數多出6000元。會議決定，將此交校長決定。另外，委員會認為該會任務完畢，應立即結束。〔註1499〕11月17日，中正大學同意結束。〔註1500〕

10月31日，管理中英庚款董事會回覆胡先驌。

　　10月31日，中英庚款會在回覆胡先驌的信函中無奈地講到：「今收息短絀，視前尤甚，實無餘力可資補助」，再次婉拒了胡的請求。〔註1501〕

10月，江西吉安《大眾日報》載：三民主義文運會增設第七專委會，推胡委員先驌擔任主任。

　　【省訊】三民主義文化運動委員會，在本月口日下午三時，假省黨部會議廳舉行第一次會議，出席省黨委由梁主任委員棟主席，討論議案很多，通過在本年雙十節增設第七專門委員會（原設有六個專門委員會），內設工業、農業、自然科學三組，推胡委員先驌擔任該專委會主任，兼自然科學組主任，推正大工學院長蔡方蔭為工業組主任，農學院長周拾祿為農業組主任。本年度舉辦國防科學講演，並出版國防與科學專刊，經費暫由第四專委會移用三千元，明年度正式列入概算，又聞第一專委會主任胡德馨、第四主專委會主任程時煃因公赴渝，所在職務，由程專委宗宣、匡委員正宇分別代理。（大路社）

　　（陳露先生提供）

〔註1499〕《治喪委員會第六次會議》（1942年10月29日），江西省檔案館藏，檔號：J037-1-00289-0026。高志軍著《政治與教育的互動：國立中正大學研究》，2021年12月華中師範大學博士學位論文，第96頁。

〔註1500〕《國立中正大學校長室關於結束工程問題及由總務處接替的函》（1942年11月17日），江西省檔案館藏，檔號：J037-1-00289-0029。高志軍著《政治與教育的互動：國立中正大學研究》，2021年12月華中師範大學博士學位論文，第96頁。

〔註1501〕張建中著《一而再再而三，鍥而不捨寫申請，這位校長到底為了什麼？》，公眾號「江西檔案」，2019年10月30日。

推胡委員先驌擔任主任

10月，胡先驌致電蔣介石賀其誕辰。

　　直接致電蔣介石賀其誕辰。如校長胡先驌致電稱讚蔣介石「五年抗戰功在生民，中華奠平等之基，德孚海宇，萬國祝無疆壽，壽比南山，引領雲天」。〔註1502〕

《民族復興與文化建設》文章

〔註1502〕 《國立中正大學校長胡先驌及全體職員恭祝蔣總裁壽辰的電》，江西省檔案館藏，檔號：J037-1-00312-0149。高志軍著《政治與教育的互動：國立中正大學研究》，2021年12月華中師範大學博士學位論文，第119頁。

11月1日，《民族復興與文化建設》文章在《國立中正大學校刊》雜誌（第3卷第5期，第3～4頁）發表。摘錄如下：

人類之歷史，為人類生活之過程也。而人類生活之過程，亦即適應環境之過程。人生莫不有其所處之環境，與其所具之基本需要。就其生活環境，以謀足其所需，而調適作用起，故無論為個人、為民族，自朝至暮，汲汲皇皇，莫不各盡所能，力謀與環境相調適，且其調適作用莫不與其生命相終始，而歷史則因之以演進焉。

人類因繼續不斷調適環境以謀生存，而文化則應運而生，與日俱積。故文化者，人類適應環境之產物也，亦即人類適應環境之工具也。人之生也，力不如牛，走不如馬，因能創造文化，故足以競存。有寒暑風雨之侵襲也，為之房屋衣服以禦之；有水陸空間之障礙也，為之工具以通之；相欺也，為之權衡斗斛以信之；相奪也，為之國防武備以守之；禍至而為之備，患生而為之防，非文化無以濟其用。文化程度越高，則控制環境之能力越大，而適應生存之能力亦愈強焉。曁盡古今，橫絕大宙，民族勢力之消長，常繫於文化之盛衰，其事實可得而論也。上古與夏族競存於中土者至多，自黃帝平蚩尤，逐葷粥，歷夏商周，征三苗、致九夷、克曹魏之戎，烹氐羌、伐鬼方、平淮夷、疆土大擴，國基以定，是由於夏族文化遠勝他族之所致也。秦漢文物燦然，行中央集權之制，立法度，務耕織，修戰守之具，聲教被於海隅、餘威播於殊俗。唐代崛起，政治刷新，文化突飛猛進。倭人豔羨之餘，群起仿傚，其留唐學生，對於典章文物制度，以及建築器用服飾之微，莫不悉心研究，因以造成文化革新。唐代文化已為異族望塵莫及，故其國勢強大，亦為前所未有，聲威所播，北自大漠，南曁南洋，東至日本，西迄西亞，而太宗不僅為唐代之君，實亦亞洲之共主矣。他如古代羅馬帝國之興隆，及近代列強立國之根本，亦莫不與文化勢力有深切之關係焉。中國在歷史上亦曾數度淪於異族，惟以文化之勝利，卒能用夏變夷，使其同化，合為國族。歐洲自文藝復興運動以還，學術分途發展，文化進步，日新月異，造成政治經濟以及生活方面之各種大改革，而科學文明之成就，尤為顯著。吾國則仍墨故常，抱殘守缺，瞠乎其後。文化已衰，國勢亦替，遂至外患頻仍，屢遭屈辱，難以自保，

同胞罹塗炭之憂，神州有陸沉之歎。向之泱泱大國，為各民族之領導者，頓失其地位矣！夫今日人類之生存組織，民族國家之組織也，懲前毖後，將欲鞏固國家，復興民族，非努力文化建設，不克有濟。誠以文化為民族生活之要素，用之以求生圖存，繁榮發展，而不可須臾離者也；彼汲汲以圖強者，即汲汲於文化建設也。吾國自清季以來，對外作戰，屢遭失敗，藩籬盡撤，國人妄自尊大之心已除，亦知科學文明之足資仿傚。然值此新舊交替，青黃不接之秋，所掀起之文化運動，思想蕪雜，意見紛岐，有主張全盤西化者，有主張中學為體西學為用者，議論紛紜，莫衷一是。轉足以使國人徬徨觀望，陷入迷途而不可救。故此時之所謂文化運動，只為各家之意見，紙上之空談。其能篤實踐履，忠心耿耿致力於文化建設者，實為鳳毛麟角矣。際此空前國難，為民族存亡絕續之交，文化建設應急起直追，無待贅言，惟其必須注意者約有兩端：

一、文化建設須適合民族要求。文化之本體，乃一民族應付環境，改善環境，努力奮鬥所得物質與精神之總成績，而構成互相調適之一大系統。民族文化系統，與民族特性有關，故不同之民族，其所建立之文化系統亦各不同。如英美之文化，自別於日本；德國之文化，又異於蘇聯。特性不同之民族，其所能授受之文化亦有差別，而於精神文化所表現程度尤甚。故一自主獨立之民族，無法採用另一民族之全部文化，亦不能將其文化之任何部分，盲目接收，任意湊合，演成消化不良，社會失調，引起政治經濟諸般扤隉不安之象。吾國數十年以來，對於固有文化任意破壞，對於外間文化盲目接收，影響所及，思想分歧錯雜，社會鼎沸絲棼，民族生命不絕如縷；故今後文化建設，應有一貫政策，以適合民族需要，使其生命日益充實，發揚滋長。總理首創之三民主義，以吾國固有之民族精神融合世界之政治思想，為抗戰建國之最高原則。凡合於三民主義之文化，即為吾民族所迫切需要之文化，亦即救亡圖存之文化。故文化建設，應以三民主義為中心，舉凡一切學說思想，文物制度，均須合乎三民主義之精神，始能成為中華民族之文化體系，以發揮其功能。此為從事文化運動者，首宜深切瞭解者也。

二、文化建設須適合實際需要。文化為適應生存，改善生活之

工具，自必以適合實際需要為前提。過去文化運動，徒虛有其表。倡導者，或因偶有所感逢場作戲，騰為口說，播為言論；或且利用群情，好為高論，以盜虛聲；並非真有所見，果能彌補社會罅隙，針對社會需求。五四運動以前，大率如此，故空罅而無成就，迂闊而不切實情。今後文化建設，應注意民族精神之發揚，國民生活之充實，國防之增進，科學技術之充分利用。一面發揚固有文化，一面吸收世界文化，使文化之素質與民族精神相貫通，科學技術與社會生活相切合，務期全民均蒙文化之實惠，衣食住行有不斷之改善，斯國防力量因繼續與增強。如此腳踏實地，努力推行，則十年之後，必有大見其效者矣。前以國民生活之漫無目的無規律，精神頹喪，行為浪漫，風紀蕩然，總裁乃大聲疾呼，針對時弊，提倡新生活運動，力挽狂瀾，使明禮儀、知廉恥、負責任、守紀律，樹立國民道德之基礎；其後復提倡國民經濟建設運動，樹立戰時經濟基礎；近年更提倡國防科學運動，樹立國防建設之基礎。此皆適合實際需要，有一貫政策之文化運動。今日一面抗戰，一面建國，不可謂非文化勢力所發揮之作用也。

以上為文化建設之途徑，全國允宜一致遵行者。惟文化建設範圍至廣，業務至多，匹夫匹婦莫不與有責焉。所望一掃過去浮誇粉飾之習，篤實踐履，持之以恆，則日積月累，必有燦爛光輝之壯績，而民族國家之前途，實具有無窮之希望焉。〔註1503〕

11月3日，國立正大慶祝校慶。

【本報訊】國立中正大學為總裁「五六」籌展及該校成立二週年紀念，特於三十一日上午九時由胡校長領導全校師生在大禮堂舉行慶祝並發給該校戰地服務團獎章及獎狀胡校長在慶祝大會中，報告總裁功業之偉大，及該校二年來之成就，會談全體教職員在圖書館舉行茶點會，至十二時許始盡歡而散。又在十一月一日晚間並舉行遊藝會云。〔註1504〕

〔註1503〕《胡先驌全集》（初稿）第十五卷人文科學文章，第329～331頁。

〔註1504〕梁洪生主編《杏嶺春秋——〈江西民國日報〉有關國立中正大學的報導全匯（1938～1949）》，2010年12月內部印刷。中華民國三十一年十一月三日週二第三版。

11 月 5 日，胡先驌致粵漢路管理局信函。

　　胡先驌致函粵漢路管理局。並委託中正大學農學院應聘來校之教員代購院內所需藥品及生物方面的應用儀器。函文大致內容：查本校副教授周蔚成上年由川來校時，曾在桂林中國大藥房代本校農學院購買生物方面應用藥品儀器多種，計二千五百六十一元七角七分，裝成三包，於九月二十三日交由桂林車站……中途因多種情況始終未能到校，請查明是否仍在，以便派人前往提取，若果遺失，即將申請賠償。〔註 1505〕

1942 年 11 月 5 日，中正大學致烈士家屬信函。

　　此後，吳昌達家屬頻繁來信，詢問吳的下落。吳昌達家屬之所以一再寫信詢問，原因在於交通不暢，信息閉塞滯後，而吳昌達家屬急切想知道吳的下落。〔註 1506〕

11 月 7 日，中正大學致教育部信函。

　　5 團員安然返校後，中正大學於再請教育部對其嘉獎。〔註 1507〕

　　11 月 7 日，在新淦石口被俘的五名男女團員易新楣（女）、吳蘭英（女）、姜照龍、丁祥徽、鄭唯龍，逃出南昌鬼域，上午 10 時安抵杏嶺中正大學。晚

〔註 1505〕 江西檔案館，檔號：J037-1-00693-0209。鄭瑤著《繼往開來責在斯——國立中正大學農學院研究（1940～1949）》，2019 年江西師範大學碩士研究生學位論文，第 24 頁。

〔註 1506〕 《國立中正大學關於吳昌達姚顯微〔微〕殉難及舉行追掉會的函》（1942 年 11 月 5 日），江西省檔案館藏，檔號：J037-1-00289-0036；《中正大學請速示農院學生吳昌達下落詳情》（1942 年 11 月 13 日），江西省檔案館藏，檔號：J037-1-00289-0085；《國立中正大學胡校長關於吳昌達殉難善後事宜及善後事宜及殉難情形的函》（1942 年 11 月 7 日），江西省檔案館藏，檔號：J037-1-00289-0082；《國立中正大學胡校長關於處理吳昌達殉難事宜的函》（1942 年 12 月 14 日），江西省檔案館藏，檔：J037-1-00289-0111。高志軍著《政治與教育的互動：國立中正大學研究》，2021 年 12 月華中師範大學博士學位論文，第 98 頁。

〔註 1507〕 《為據本校戰地服務團團員鄭唯龍等報告被俘脫險經過情形轉呈鑒核並請發給獎狀以明激勵由》（1942 年 11 月 15 日），江西省檔案館藏，檔號：J037-1-00289-0070。高志軍著《政治與教育的互動：國立中正大學研究》，2021 年 12 月華中師範大學博士學位論文，第 100 頁。

間6時，全體團員舉行歡迎會。〔註1508〕

11月9日，胡先驌致楊綽庵信函。

綽庵吾兄廳長勛鑒：

敝校研究員李德培在校二年，擔任研究工作迄未完成，頃聞該員私自謀得兼任生教出版社事務，並以專員名義在貴廳支領薪俸。揆諸法例，殊有未符。且敝校研究人員，均屬專任，更未便准許在外兼職兼薪，敬請賜准將該員停職，無已領各月薪俸，並請予以追繳，並乞示復，至為感荷。

專此並頌

勛祺

弟 胡先驌 敬啟

十一月九日（1942年）〔註1509〕

11月11日，中正大學致謝。

中正大學第二份是對團員道經吉安時對該縣行李恰當處置的致謝。〔註1510〕

11月11日，中正大學致謝諸單位。

中正大學不忘5團員脫險時各方關照之情，遂於當日發出四份函電，或示謝意，或請求嘉獎。第一份致謝團員經過峽江、樟樹時因經費問題峽江縣政府、江西青年團戰時工作團第三大隊的協助。〔註1511〕

〔註1508〕 《正大被俘學生脫險歸來》，江西民國日報，1942年11與8日。姚國源執行主編《浩氣壯山河——原國立中正大學抗日戰地服務團紀實》（上冊），江西高校出版社，2010年11月版，第62～63頁。

〔註1509〕 《胡先驌全集》（初稿）第十七卷下中文書信卷，第445～446頁。

〔註1510〕 《國立中正大學關於發還龔順根行李及其餘行李一併由龔順根要帶回的函》（1942年11月11日），江西省檔案館藏，檔號：J037-1-00289-0044。高志軍著《政治與教育的互動：國立中正大學研究》，2021年12月華中師範大學博士學位論文，第95頁。

〔註1511〕 《國立中正大學關於丁祥徵等5人脫險回校及協助招待的〔函〕》（1942年11月11日），江西省檔案館藏，檔號：J037-1-00289-0039。高志軍著《政治與教育的互動：國立中正大學研究》，2021年12月華中師範大學博士學位論文，第94～95頁。

11 月 11 日，中正大學致謝。

　　中正大學第三份是對南昌縣、南昌縣第四區區長營救 5 團員的致謝。〔註 1512〕

11 月 11 日，中正大學致司令部電函。

　　中正大學第四份是致二十五軍司令部的電函。電函中請求該部對「忠勇為國」「不顧艱危」設法營救 5 團員的龔順根明令嘉獎以昭激勵。〔註 1513〕

11 月 13 日，函復易新楣已脫險返校。

　　校方就 9 月 28 日易新楣親屬來電，予以回覆：「令媛易新楣於本月一日偕一同被俘同學四人由南昌脫險，業於七日安抵校中。現已註冊上課矣。知關錦念，特以奉慰專此復頌。」〔註 1514〕

11 月 13 日，胡先驌致函。

　　中正大學又發出一函，此函在抄錄時或未注意到發往地點，或原本就沒有注明，發往何處不明。原函內容如下：「懋松縣長勳鑒。微電敬悉。本校被俘脫險學生易新楣等五人業於本月七日平安抵校，荷承照拂並電告五人感激，耑此復請並頌公祺。胡先驌。」〔註 1515〕

11 月 15 日，中正大學成立顯微學社。

　　顯微學社於本月 15 日假正大中山室開成立大會，出席會員 50

〔註 1512〕　《國立中正大學關於嘉獎龔順根的函》（1942 年 11 月 11 日），江西省檔案館藏，檔號：J037-1-00289-0042。高志軍著《政治與教育的互動：國立中正大學研究》，2021 年 12 月華中師範大學博士學位論文，第 95 頁。

〔註 1513〕　《國立中正大學關於嘉獎龔順根的函》（1942 年 11 月 11 日），江西省檔案館藏，檔號：J037-1-00289-0040。高志軍著《政治與教育的互動：國立中正大學研究》，2021 年 12 月華中師範大學博士學位論文，第 95 頁。

〔註 1514〕　《函復易新楣已脫險返校》（1942 年 11 月 13 日），江西省檔案館藏，檔號：J037-1-00289-0053。高志軍著《政治與教育的互動：國立中正大學研究》，2021 年 12 月華中師範大學博士學位論文，第 95 頁。

〔註 1515〕　《國立中正大學關於易新楣等五人脫險抵校及電告感激的函》。（1942 年 11 月 13 日），江西省檔案館藏，檔號：J037-1-00289-0069。高志軍著《政治與教育的互動：國立中正大學研究》，2021 年 12 月華中師範大學博士學位論文，第 94～95 頁。

餘人，通過社章後，當即選舉歐陽祖經、王綸、朱力生、巴怡南、王諤臣、熊振湜、湯道南、晁夢奇、孫結民、易新楣等十人為常務幹事，施亞光、凌熙華為候補幹事，並敦請胡先驌為名譽社長。又於 22 日召開第一次幹事會，討論各項工作之進行，推定歐陽祖經為社長，王綸為副社長。各股負責人：學術股朱力生、巴怡南先生，文書股晁夢奇、熊振湜，總務股王諤臣、湯道南，康樂股孫結民、易新楣。在學校中山室內闢有顯微室，為顯微學社社址兼辦公處所。按該社為紀念殉國烈士姚顯微、吳昌達二先生之故，定名為顯微學社，其主要宗旨為砥勵學行，發揚正氣。今後之中心工作為學術研究，出版刊物，舉行特別講座，及敦請名人講演。刻正向社會處備案中。〔註1516〕

11 月 17 日，國立中正大學戰地服務團殉難烈士治喪委員會完成使命。

　　國立中正大學戰地服務團殉難烈士治喪委員會完成使命。至於經費問題，第 66 校務會議認為烈士墓將來要遷永久所在地，泰和杏嶺僅是臨時處所，因此建築從簡，工程處應修改圖樣。〔註1517〕

11 月 17 日，浙江於潛民族日報短訊：中正大學戰地服務團姚顯微教授與吳昌達同學壯烈殉國及被俘五學生脫險歸來。〔註1518〕

11 月 21 日，胡先驌致廖世承信函。

　　茂如院長吾兄道鑒：

　　　　陪都一別，馳念殊深，奉讀大函，快同良晤。此惟興居佳勝，至符私頌。孟憲承兄擬偕秉農山兄，結伴同歸，深感快慰。敝校業已託人照料，承囑各節，自當遵命。一俟到達泰和，擬再行奉告。

　　　　專此並頌

　　鐸祺

〔註1516〕 梁洪生主編《杏嶺春秋——〈江西民國日報〉有關國立中正大學的報導全匯（1938～1949）》，2010 年 12 月內部印刷。中華民國三十一年十一月二十三日週一第三版。
〔註1517〕 《國立中正大學校務會議第六十六次常務會議議事錄》（1942 年 11 月 17 日），江西省檔案館藏，檔號：J037-1-00634-0165。高志軍著《政治與教育的互動：國立中正大學研究》，2021 年 12 月華中師範大學博士學位論文，第 96 頁。
〔註1518〕 姚國源執行主編《浩氣壯山河——原國立中正大學抗日戰地服務團紀實》（上冊），江西高校出版社，2010 年 11 月版，第 63 頁。

胡先驌 拜復

十一月廿一日（1942 年）〔註 1519〕

11 月 22 日，公布《顯微學社章程》和社員名單。

編者按：此件為巴怡南師保存的一件校史資料。原為當年抗戰時用毛邊紙油印，顯微學社成立後，曾在當時泰和江西《民國日報》開闢學術專刊《顯微週刊》，從 1943 年 02 月 18 日至 1943 年 04 月 22 日共出版 7 期後停刊。「章程」從一個側面反映當年母校師生繼承姚師遺風，開展學術研討的景況。從而引起我們、特別當年的「社員」浮想聯翩。

第一章　總則

一、本社以紀念殉國姚顯微教授及吳昌達同學定名為顯微學社。

二、本社遵守三民主義，以砥礪學行、發揚正氣、紀念姚顯微教授及吳昌達同學殉國為宗旨。

第二章　社員

三、本社以國立中正大學教職員、學生自由加入為社員。

四、本社每學期徵求社員一次，凡願加入者，須經本社社員二人之介紹。

五、本社以民國三十一年國立中正大學戰地服務團團員為發起人。

第三章　組織及職權

六、本社設名譽社長一人，並聘胡先驌先生為名譽社長。

七、本社設社長、副社長各一人，綜理本社一切事務。其人選均由社員大會選舉之，任期一年。但得連選連任。

八、本社設總務、文書、學術、康樂四股，每股設股長一人，掌理各該股事宜。其人選均由社員大會選舉之。任期一年，但得連選連任。

第四章　會期及會址

九、本社每月開職員常務會一次，每學期開社員全體大會一次，遇必要時各得召開臨時會議。

〔註 1519〕《胡先驌全集》（初稿）第十七卷下中文書信卷，第 451 頁。

十、本社常會及社員大會，均由社長召集之。

十一、本社辦公室設於顯微室。

第五章　經費

十二、本社以民國三十一年國立中正大學戰地服務團移交之經費為基金。

十三、本社以社員社金為常年經費。

十四、本社社員每學期須繳納社費伍元。

十五、本社經費遇必要時，得向社內、社外捐募之。

第六章　附則

十六、本社章程由社員大會通過，及呈請學校備案後施行。

十七、本社章如有未盡事宜，得由社員三分之一提議，交由社員大會討論之。

附社員名單：

歐陽祖經	張宏英	熊大邁	周葆儒	黃輝邦	朱力生
王綸	王諮臣	巴怡南	李劍聲（以上為先生）		
晁夢奇	湯道南	丁義為	周槐庭	何文綠	楊寶聰
趙篤慶	鍾騰初	丘登泰			
姜閩生	施亞光	易新楣	吳蘭英	鄭唯龍	丁祥徽
姜照龍	孫結民	鮑良芳			
符仕儒	施景成	陳煜生	羅光斌	陳效華	曾廣謚
平祖培	蟻錦梅	陳資舫			
沉鐘英	熊振湜	王迪網	鄒嗣奇	楊聖亨	周文
黃邦和	酆寧	吳良俶			
莫湛源	李久寧[註1520]				

11月23日，辛梅（易新楣）《血寫成的故事》（江西《民國日報·文藝建設》，第456期，1942年11月23日起，至1943年2月15日止）本文是「石口之役」親歷者的第二篇記實文獻；是當年報導戰地服務團被俘五團員勝利脫

〔註1520〕原存巴怡南輯《顯微紀念冊》，1942～1948；後載中正大學贛州校友會《贛南校友通訊》，2001年06月10日。姚國源執行主編《浩氣壯山河——原國立中正大學抗日戰地服務團紀實》（上冊），江西高校出版社，2010年11月版，第215～217頁。

險歸來的重要文獻。〔註 1521〕

11 月 24 日，胡先驌任中正大學顯微學社名譽社長。

敦請胡先驌為名譽社長。〔註 1522〕

11 月下旬，中正大學紀念熊式輝治贛十年。

11 月下旬出版的中正大學校刊上亦開始討論熊式輝治贛十年
的事功，以為紀念。經正大第 31 次常務會議討論，決議有二：一為
籌設天翼堂，一為發行紀念熊之特刊。特刊編輯委員由校長胡先驌、
文法學院馬博庵、研究部教授葉青三人擔任。由時任工學院院長的
蔡方蔭擬定投稿簡則。如規定中刊物英文譯名及「本刊之論文以關
於學術之創造為限，文字可用英、德、法文之一，篇末附短簡之中
文提要」等內容。另外還對特刊刊載文章做出明確規定，包括：1. 熊
式輝傳略及治贛十年大事記，由文法學院負責用英文撰述；2. 熊式
輝在正大開學典禮講話；3. 具有學術的文章，用英、德、法三種文
字之一著述。正大還決定於 1941 年 12 月 10 日集稿付印。〔註 1523〕
從撰稿要求任用英、德、法文寫作看，待刊的此本有關熊式輝紀念
冊似是有意向國外宣傳熊的言行之用，重點不在國內，此中緣由不
得而知。事實上，紀念特刊並未如期出版，到 1942 年 8 月初時，除
熊式輝傳略外，各項稿件才彙集整齊。〔註 1524〕

11 月，中正大學龍嶺分校校舍問題解決。

〔註 1521〕 姚國源執行主編《浩氣壯山河──原國立中正大學抗日戰地服務團紀實》
（上冊），江西高校出版社，2010 年 11 月版，第 63 頁。
〔註 1522〕《顯微學社成立》，江西《民國日報》1942 年 11 月 24 日，第 3 版。高志軍
著《政治與教育的互動：國立中正大學研究》，2021 年 12 月華中師範大學
博士學位論文，第 101 頁。
〔註 1523〕《本校紀念熊天翼先生治贛十週年發行紀念刊》，《國立中正大學校刊》第 2
卷第 6 期，1941 年 11 月 21 日，第 12、13 頁。江西《民國日報》對此也有
報導，詳見《中正大學籌備紀念熊主席治贛十年》，江西《民國日報》1941
年 12 月 2 日，第 3 版。
〔註 1524〕《國立中正大學關於編印熊天翼先生治贛十週年紀念特刊請纂述熊先生傳
略一篇擲交本校以便譯成西文及早付印的公函》（1942 年 8 月 10 日），江西
省檔案館藏，檔號：J016-3-00989-0238。高志軍著《政治與教育的互動：國
立中正大學研究》，2021 年 12 月華中師範大學博士學位論文，第 181 頁。

校舍問題一直懸而未決。校舍的解決可能至遲於在 11 月上旬方才解決。〔註 1525〕

12 月 1 日，任鴻雋致秉志信函。

吉千我兄大鑒：

近奉十月十七日來示，具悉起居安勝，學業如常，極以為感。弟八月十五日曾上一緘，在兄發信時不知已達青覽否？關於兄之工資及工作費，本年股東會所通過者為：工資全年一萬六千八百元，工作費五千元。此數據洪芬前此來信，似尚不敷，然以近來友朋間盛傳兄還鄉之訊，故欲俟兄還鄉後，再作計較，如兄一時尚難成行，則請不敷之數示知，以便另行設法。至於兌款辦法，弟近得良才兄來信，知已在弟私人存款項下撥交兄及丕可兄，每人一萬元，此後或可再兌若干。又聞洪芬兄處可撥若干，照此看來，似乎本年度用款暫可不成問題，此後如時間長久能否不發生困難，則不可知。

此間店友，均望兄及丕可早日還鄉，以免將來無法維持耳，垚生兄雖極願幫忙，但必須渠與此間經理有一親筆信，此間人方能接受匯款，此層請與言及。還鄉路費此間籌一萬，當可做到，但須先生在垚生或良才處通融，將來再由此間籌還。總之，海上居大不易，似以及早還鄉為得計，兄以此言為然否？丕可兄意思如何，便中請見示為幸。

科學事近由盧析薪兄主持，尚有進展，來年夏間，擬開一社員大會，不知兄能趕到否？敝眷已於十月中由桂抵此，一切平安，惟以告慰。冬先生，近曾見及，精神甚好，兄致渠之緘已代轉交。

專復不盡，即頌

研安

〔註 1525〕從江西省檔案館藏《國立中正大學近訊》條目中有，「近聞該校因房屋仍不敷用，現正增建校舍」字句。該條無時間。從該條內容不難看出時間為 1942 年，但具體月、日不詳。又「職員全體十月一日即遷入新校址辦公」「預定十一月廿五日開始註冊」看，此文應在 1942 年 11 月 1 日～11 月 25 日之間寫成。另據《為本分校擇定龍嶺為校址定於十二月一日開學函請查照由》（1942 年 11 月 7 日），江西省檔案館藏，檔號：J026-2-00160（3）-0040 中，有「本分校擇定贛縣水西鄉龍嶺為校址，現已籌備就緒」可斷定該文寫於 11 月 1 日到 11 月 7 日之間。故有 1942 年 11 月上旬的推斷。高志軍著《政治與教育的互動：國立中正大學研究》，2021 年 12 月華中師範大學博士學位論文，第 166 頁。

弟 叔元 拜啟

十二月一日〔註1526〕

12月1日，國立中正大學《正大青年》（月刊）創刊，由正大青年社編輯，主編黃邦和。1944年6月1日停刊，刊載社會科學、自然科學及文學等。

　　12月1日，《正大青年月刊》創刊號出版。中正大學正大青年月刊社發行，社長謝兆熊，主編黃邦和，編輯陳資舫、孫結民、王葆初、譚一寰、施亞光、姜閩生。創刊號主要內容有：胡先驌《中國之民族精神》，周槐庭《戰地第一頁》（中正大學戰地服務團報告之一）。還有中正大學成立顯微學社的短訊和師生文章。第二期與第三、四期合刊分別於1943年1月1日和1943年10月10日出刊有巴怡南、易新楣文。〔註1527〕

12月1日，周槐庭作《戰地第一頁——中正大學戰地服務團報告》（《正大青年》月刊，創刊號1942-12-01；第2期1943-01-01）本文是「石口之役」親歷者的第四篇記實報告、重要文獻。〔註1528〕

12月4日，中正大學上報烈士事蹟。

　　中正大學對姚名達身後的關懷之情。教育部得知遇難消息後，於8月4日也作出指示。教育部要求呈報姚、吳遇難情形，核轉中央從優褒恤。12月2日中正大學就此上報，將姚名達犧牲定性為「因公殉難」，吳昌達則為「忠勇堅毅，難能可貴」，認為符合撫恤條件。〔註1529〕

〔註1526〕 任鴻雋致秉志，1942.12.1，南京：中國第二歷史檔案館，484（1026）。胡宗剛著《靜生生物調查所史稿》，山東教育出版社，2005年10月版，第173～174頁。

〔註1527〕 姚國源執行主編《浩氣壯山河——原國立中正大學抗日戰地服務團紀實》（上冊），江西高校出版社，2010年11月版，第63頁。

〔註1528〕 江西《民國日報·顯微副刊》，第19～21期。姚國源執行主編《浩氣壯山河——原國立中正大學抗日戰地服務團紀實》（上冊），江西高校出版社，2010年11月版，第63頁。

〔註1529〕 《為奉令發本校教授姚名達學生吳昌達喪葬費二萬元遵填請領恤金事實表及服務證明書並乞給予吳昌達遺族一次恤金伏乞核轉由》（1942年12月4日），江西省檔案館藏，檔號：J037-11-0029（W）173。高志軍著《政治與教育的互動：國立中正大學研究》，2021年12月華中師範大學博士學位論文，第97頁。

12月9日，胡先驌致陳立夫信函。

　　國立中正大學教職員人事任免以及薪津待遇等有關文件。並且在周楨教授服務即將期滿之後，受中正大學農學院及森林系學人之託，胡先驌致函陳立夫《為呈請核准周楨教授改在江西研究考察並在本校授課可否乞核示由》。

　　竊查本校新聘農學院森林學系教授周楨原在西北農學院任教，本學年應聘來贛，到校後始悉已由鈞部核定其本學年休假進修，所有本學年全年薪給統由鈞部直接發給並可另向原校及鈞部請領研究考察費，自不能再支本校薪俸，惟查周教授學問淵博，此次奉令休假竟不圖安逸，除研究考察外，仍願在本校任教，其誨人不倦之精神殊堪敬佩，茲為酬報周教授任教辛勞起見，擬由本校以其本學年應支薪額及研究補助費全數改致七千元為其研究考察之用，不另向原校及鈞部請領研究考察費並乞核准周教授在江西研究考察兼在本校授課，可否之處理合備文呈請鑒核示遵！〔註1530〕

12月10日，胡先驌致任明道電文。

　　電文：溫州西閣打蓮巷王合成轉任明道，兄請暫留即匯款託購藥品。

　　（鄭瑤先生提供）〔註1531〕

12月14日，胡先驌復吳季高信函。

徑復者：

　　本月九日接奉十月廿六日大函，備悉種切。查令郎吳昌達君參加本校戰地服務團係於六月廿五日隨周書發往樟樹前方一帶作宣傳慰勞組訓等工作，不料七月七日晚間，該團姚顯微團長親率吳生及男女團員十人假宿新淦縣餘石口地方民家，忽被敵軍包圍，破門而入，開槍射擊。姚團長偕團員手持椅凳，群與敵寇搏鬥，並以短劍

〔註1530〕《國立中正大學教職員人事任免以及薪津待遇等有關文件》（1942年12月9日），中國第二歷史檔案館，檔號：五-2646，第155頁。鄭瑤著《繼往開來責在斯——國立中正大學農學院研究（1940～1949）》，2019年江西師範大學碩士研究生學位論文，第61頁。
〔註1531〕江西檔案館，檔號：J037-1-00693-0208。

斃敵兵一名。敵以手槍利器，眾寡懸殊，姚團長當即中彈而逝；吳
生亦被敵刀傷十餘處，同時殉難；尚有團員五人被俘。姚吳二烈士
忠櫬經派員於七月廿八日運回泰和，並於八月五日公葬於校近山之
陽，七月卅日江西省會各界及本校員生在校舉行公祭，八月六日本
校與江西省三民主義文化運動委員會聯合發起追悼會，其情形均載
報端。並經本校以忠勇堅毅呈報教育部轉請中央，以優褒恤，尚未
奉復，容再俟告。

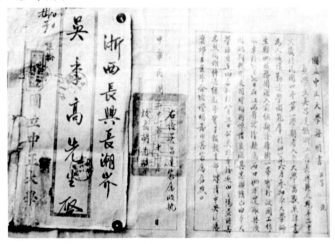

胡先驌校長親筆：《國立中正大學證明書》及信封，1942 年 12 月 10 日給吳昌達家屬

查吳生遇難後，本校即曾電告，俟接九月廿二日快信及同月廿
六日來電，業經先後詳復，此外令郎昌幟、昌辭兩君函電亦已縷述，
復寄河口益成酒店及浙江第一臨時中學轉交。頃奉函詢各節，似前
此函電均未收到，茲再述經過情形，並檢同本校之刊之紀念特刊一
冊及證明書一紙，一併隨函附寄，關於第二條一至五所詢各電，紀
念特刊已登載者，不再贅述。至令郎遺物、書籍等件，均交由本校
保管室妥為儲藏，候貴家長派人來取時，再行點交。

專此奉復，即希察照，並檢收為荷。

此致

吳季高先生

校長 胡先驌 啟

一九四二年十二月十四日〔註1532〕

〔註1532〕《胡先驌全集》（初稿）第十七卷下中文書信卷，第 454 頁。

12月17日～31日，鄭唯龍作《姚顯微先生殉國五月祭》文章。

　　鄭唯龍《姚顯微先生殉國五月祭》本文是巴怡南輯《顯微先生紀念冊》中，唯一重點保存的「石口之役」參加戰鬥者的記實報告文獻（本文是第三篇）。本文作於脫險歸來後，征對社會上不實流言，大報記者不公正報導，「傻、書呆子，不懂軍事，走錯路線，白白犧牲……」種種悖論盛行於市，作者以事實為依據，嚴肅地批評指正。是最有代表性的重要文獻。〔註1533〕

12月20日，胡先驌電覆軍訓部。

　　《中正大學胡校長庚電敬悉密奉總座諭介少將高級參謀張潤生前來擔任主任教官與李曹劉羅同請委希轉鍾參議世英為祈盼即電覆》。胡先驌電覆軍訓部，該部所派的教官7名，連同原有教官5名，「名額已足」。可能是由於蔣介石從中運作才使中正大學教官缺額較快解決。但教官因各種原因不能很快赴任，使蔣的努力大打折扣。〔註1534〕

12月21日，在歌詞研究會講作詩的技巧。

　　胡先驌主持國立中正大學舉行總理紀念周，請楊惟義作《杏林三害》之學術演講。同日，中正大學組織成立歌詞研究會，特請胡先驌校長為研究指導，並在成立會上講演，題曰《學詩規則》，其要點：（一）審言；（二）辯體；（三）謀篇；（四）琢句、鍊句、練詞；（五）造意；（六）陳理；（七）行氣；（八）摹象；（九）咀韻；（十）抒情；（十一）寫景；（十二）敘事；（十三）用典；逐一指示，例證親切。〔註1535〕

12月31日，中正大學致教育部信函。

〔註1533〕江西《民國日報·顯微副刊》，第19～21期。姚國源執行主編《浩氣壯山河——原國立中正大學抗日戰地服務團紀實》（上冊），江西高校出版社，2010年11月版，第63頁。

〔註1534〕高志軍著《政治與教育的互動：國立中正大學研究》，2021年12月華中師範大學博士學位論文，第72～73頁。

〔註1535〕王希群、楊紹隴、周永萍、王安琪、郭保香編著《中國林業事業的先驅與開拓者——胡先驌、鄭萬鈞、葉雅各、陳植、葉培忠、馬大浦年譜》，中國林業出版社，2022年3月版，第066頁。

1942 年年底，該校又請教育部下撥追加經費。〔註1536〕

《中國之民族精神》文章

12 月，《中國之民族精神》文章在《正大青年》雜誌（第 1 卷第 1 期，第
5～6 頁）（創刊號）發表。摘錄如下：

我國自鴉片戰爭以來，一百年中，政治日窳，國勢日削，內亂
頻仍，滿清終以覆亡。民國成立後，內爭仍繼續不絕，不但歐美列
強對吾國愈加蔑視與欺凌，即國人亦失自信心，以為欲救中國於危
亡，必須步趨仿傚歐美，必須全盤西化，甚至文字亦須拉丁化，線
裝書可以投諸涸廁三千年，一若吾國家民族已過於老大，無可救藥
者。直至七七事變作，我英勇士兵在吾偉大領袖領導之下，浴血抗
戰，於茲五年，使吾國一變則為反侵略主義之前鋒，同盟軍之重鎮，

〔註1536〕《乞匯追加條款 25 萬元》（1942 年 12 月 31 日）、《中正大學工程處建築合
約及圖樣借款合約副本等文書》（194112-194211），中國第二歷史檔案館藏，
全宗號五，案卷號 3763（2），第 2 頁。高志軍著《政治與教育的互動：國
立中正大學研究》，2021 年 12 月華中師範大學博士學位論文，第 120 頁。

東亞之解放者。民族精神，世界和平之基礎。於是歐美人士始對於吾國之民族精神，有相當之認識與極度之崇敬。實則吾國立國五千年於茲，古文明國家如埃及、巴比倫、印度、希臘、羅馬皆已覆滅，而吾國獨存，非吾國民精神，有特殊過人之處，焉克臻此？茲特為吾國民族精神之優點，略論闡述。國人由認識而愛護，由體驗而發揚，而國家民族之厚幸，亦人民之厚幸也。

（一）大同思想

吾國民族主義雖堅強煥發，而自古即抱大同思想，故「夷狄而中國則中國之」，用以同化異族，以鎔鑄成為吾偉大之中華民族。遠自黃炎，諸夏各部皆與異族雜處，東夷西羌，南蠻北狄，三苗百越，民族之複雜莫可詳詰。至成周一朝，則已同化其大半；漢唐以來，北方偉大之匈奴，西方強盛之突厥、鮮卑、托跋，或以敗亡而被同化，或以征服吾國而被同化；迨後則契丹、女真、蒙古、滿洲皆以入主中華而被同化。而五千年來吾國雜受外來之化之影響，而終不至為其所同化，固由於吾民族文化之堅強性，而大同思想實有以致之也。吾國素來「用夏變夷」之志，無狹隘之民族主義，對異族不懷優越感。故萬眾歸心，樂於歸化也。《春秋》「大一統」，《大學》「治國平天下」，《禮運》「天下為公」，欲「人不獨其親其親，子其子，使老有所終，壯有所用，幼有所長，鰥寡孤獨廢疾者，皆有所養」，「貨惡其棄於地也，不必藏於己；力惡其不出於身也，不必為己。」此種大同思想，不但為歐洲之狹隘國家主義所不能夢見，即承認奴隸制之希臘哲人柏拉圖之極樂國理想，亦所未逮；惟釋迦與基督之平等教義為能近之。今日世界聯邦之觀念，實胎於此。國父民族主義之扶植弱小民族，及民生主義之「又名共樂主義，即是大同主義」，以求獲得「人民的生活，社會的生存，國民的生計，民眾的生命」，即近代之最新大同學說，亦即吾國民族精神最崇高之表現，而終為世界人類祈求幸福之南針也。

（二）和平主義

吾國民族精神既以世界大同為最高理想，則自愛好和平。在儒家孔子、孟子皆愛好和平，反對戰爭，而孟子尤大聲疾呼，至謂「善戰者服上刑」；又云「不嗜殺人者能一之」。老子則云「夫兵者，不

祥之器」，墨子一生以非攻寢兵為事功，兼愛為宗旨，「公輸盤為楚
造雲梯之械成，將以攻宋，子墨子聞之，見公輸盤。子墨子解帶為
城，以牒為械，公輸盤九設攻城之機變，子墨子九距之。公輸盤之
攻械盡，子墨子之守圉有餘。」而其非攻之要旨，尤有功利主義之
深切認識，即「計其所自勝，無所可用也；計其所得，反不如所喪
者之多」是也。斯語在今日之全民戰爭則應驗矣。故吾國歷代皆無
侵略，戰爭。漢唐之武功，要為反侵略戰爭之結果而已。國父深切
認識愛好和平為吾民族之美德，故以忠孝仁愛信義和平八字，諄諄
告誡國人也。

（三）民主主義

民主主義自古為吾民族所信仰。上古之共主，皆為人民所共戴，
堯舜之揖讓，即為原始社會之民主主義之表現。三代以下雖家天下，
然為共主者仍極尊重民意，「民為邦本，本固邦寧」，「天視自我民視，
天聽自我民聽」，即民主主義之精神。而孟子尤昌言之，至謂「民為
貴，社稷次之，君子輕」。又云「聞誅一夫紂矣，夫聞殺君也」。又
云「君視臣為草芥，則臣視君如寇讎」。又云「樂民之樂者民亦樂其
樂，憂民之憂民者民亦憂其憂，樂以天下，憂以天下，然而不王者
未之有也」。以民主主義為吾國民族精神，故專制主義與胄族主義在
中國不能存在。自秦始皇滅六國，統一中國，而封建制度破壞，始
皇不行仁政而覆國。自茲以後，人民享得甚大之自由，雖無立憲制
度，而官吏產自選舉與考試兩種民主制度。出自寒微，身居要職者，
不可勝數；而考試制度之公允，至為歐西各邦所取法。此外尚有兩
種官，可以制裁暴政者，聞史與御史二者是也。史官之職，以直書
為尚，故暴君權臣，每因畏史官之直筆而有顧忌，「《春秋》成而亂
臣賊子懼」，懼史官暴其罪惡於後世也。自秦滅六國，不論在中央或
地方，咸有御史鑒察之官，不肖之官吏，可得以彈劾之，朝政之有
失，亦得以糾正之，此皆尊重民意之表現，亦即吾國傳統之民主主
義之表現也。及在民間，則尚自治，官治範圍，相當狹小，故建設
地方自治，在吾國至為順利，則以民主主義本為吾國之民族精神也。

（四）倫理觀念

吾民族自受周公孔孟之薰陶，重視倫理道德，已為吾民族之基

本精神。吾民族宗教信仰不深，而倫理道德觀念，則極根深蒂固。為政亦尚禪讓而輕政□，儒者以正心修身為齊家治國平天下之張本，以忠恕為持身之要訣，以克己復禮為修身方法，以「道之以禮，齊之以德」為治民之要道。孟子、荀子雖有性善、性惡兩種不同之人生觀，而皆崇禮儀而非功利，故吾民族之倫理道德觀念，乃較任何民族為強。而四維八德乃為吾民族之天性。吾民族之輕視功利而好理義，愛和平，皆本於此種民族精神也。能克己復禮，發義利之辨，故能節嗜欲而不為利所圍，安貧樂道，勤儉自持，而世亂亦減，雖「十室之邑必有忠信」，歐人每謂華人之言勝於契約，即此故也。雖因輕視功利，故物質科學不發達，然數千年來億兆民眾之能熙熙攘攘相安而居，無暴戾之爭奪，無逾分之營求，即以此也。

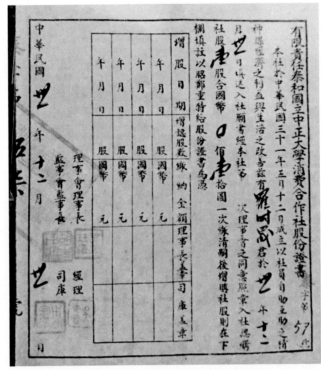

國立中正大學消費合作社股份證書

上述四端，適為吾民族精神之視他民族為優越者，亦即人類最高之理想。欲人類獲得永久之和平，與康樂之生活，捨此別無他道。物質建設以有現代科學為之先導，吾民族不難效法他人，後來居上。獨此民族精神所表現之美德，則為他人所宜效法於我，而不可妄自菲

薄者。吾民族必須珍視之，保存之，而發揚光大之，則不但吾民族可以恢復其固有之地位，且可為全人類之先導矣。國父有言曰：「我們要將來治國平天下，便先要恢復民族主義和民族地位，用固有的道德、和平做基礎。夫統一世界成一個大同之治，這便是我們四萬萬人之大責任，便是我們民族之真精神。」我國人其勉旃。〔註1537〕

12月，楊惟義做《杏嶺三害》衛生教育演講。

12月，著名昆蟲學家楊惟義曾做《杏嶺三害》的衛生教育演講，就深入分析過正大辦學環境存在的問題。他說，杏嶺有蚊子、臭蟲和蒼蠅「三害」。其中，蚊子猖獗主要是因為當地雜草叢生，四周都是稻田，各處池塘又不養魚，以致杏嶺的蚊子特別容易繁殖，容易躲藏。杏嶺的臭蟲多，則主要是因為當地的房屋多用木料建築而成；正大的床桌凳椅也是用木料製成的。而當木料乾枯時，臭蟲可以鑽入木料的裂縫裏躲藏繁殖，並於夜晚出來叮咬人體，令人奇癢無比，難以入眠。……從醫學上來講，楊惟義聲稱的蚊子、蒼蠅和臭蟲「三害」正是霍亂、瘧疾、傷寒、痢疾、流行性乙型腦炎、登革熱等傳染病的中間媒介……所以，杏嶺這個有著「三害」之地，同時也是傳染病疫的重災區。特別是瘧疾的傳播很普遍。不少人患上瘧疾，身體一陣熱，一陣冷，大打擺子。對這種慘況，杏嶺一帶就流傳著諺語形容說：「泰和擺子甲天下，杏嶺擺子甲泰和」。而在杏嶺辦學的正大也未能躲過傳染病的侵擾，成為了戰時我國傳染病疫情比較嚴重的高等學府之一。〔註1538〕

12月，中正大學診療室發布預防傷寒病五點知識。

12月，正大診療室在《國立中正大學校刊》上專門發布預防傷寒病的廣告，要求全體學生平時必須注意個人衛生，努力做到：（1）勿飲生水，或生水做的汽水、冰淇淋；（2）不要吃生冷菜蔬果物（欲食果物也須削皮為宜）；（3）不要吃蒼蠅爬過的東西，便前便後須洗手；（4）不要與傷寒病人接觸；（5）要隔一年注射一次

〔註1537〕《胡先驌全集》（初稿）第十五卷人文科學文章，第332～334頁。
〔註1538〕張建中著《那年，這所大學爆發了大規模的傷寒疫情》，公眾號「江西檔案」，2020年05月25日。

傷寒預防疫苗。〔註1539〕

12月，蔣經國關注師生物質生活。

　　因贛縣平價糧食配銷處停售分校平價米，致使員工食米無以為
繼，幸有蔣經國在贛縣縣政府獻糧項下撥借食米才予以維持。後又
因分校擴充校舍，承蔣經國增撥房舍15幢以資應用，「並未提及租
金，可望無條件租用」。蔣經國不但關注師生物質生活，戰時師生精
神生活也是其關注的重點。〔註1540〕

冬，胡先驌致教育部信函。

　　還有一種特殊情況，即臨時、經常、生活補助費等均產生困難。
如該校因此「需款孔急」，胡先驌請教育部匯撥上述各款。〔註1541〕

冬，胡先驌被推舉為中華林學會名譽理事。〔註1542〕

是年，中正大學高溫消毒學生床板。

　　1942年一來到國立中正大學就投入抗疫，設計了在密室中用蒸
汽高溫薰殺學生床板中臭蟲的辦法。〔註1543〕

是年，中正大學傳染病患者甚多。

　　據統計，1942年，正大診療室門診全年接待人員839人，多為
內科傳染病患者。當疫情嚴重時，診療室為了讓患者得到及時治療，
一面在校內設立臨時病房，一面聯繫設在泰和的江西省立醫院、私

〔註1539〕張建中著《那年，這所大學爆發了大規模的傷寒疫情》，公眾號「江西檔案」，
　　　　　2020年05月25日。
〔註1540〕《羅容梓關於核示各項問題並予以匯款的函》（1943年2月13日），江西省
　　　　　檔案館藏，檔號：J037-1-01084-0106。高志軍著《政治與教育的互動：國立
　　　　　中正大學研究》，2021年12月華中師範大學博士學位論文，第167頁。
〔註1541〕《請匯臨時經常及生活補助費等》，《中正大學歲出概算書由江西寧都遷至
　　　　　南昌修建經費概算等文書》（194008～194505），中國第二歷史檔案館藏，全
　　　　　宗號五，案卷號3763（3），第42頁。高志軍著《政治與教育的互動：國立
　　　　　中正大學研究》，2021年12月華中師範大學博士學位論文，第119頁。
〔註1542〕熊大桐等編著《中國近代林業史》，中國林業出版社，1989年7月版，第564
　　　　　頁。
〔註1543〕張建中著《那年，這所大學爆發了大規模的傷寒疫情》，公眾號「江西檔案」，
　　　　　2020年05月25日。

立豫章醫院，請求他們接收治療患者。〔註1544〕

是年，胡先驌致顧祝同信函。

上饒三戰區司令部顧長官勳鑒：

敝校教授楊惟義家住上饒南岩鄉趙家塘，現被駐軍侵佔，頗有騷擾情事，請嚴令遷出並禁肆擾為感。

國立中正大學校長 胡先驌 叩（1942年？）〔註1545〕

是年，龔自知致胡先驌信函。

先驌先生臺鑒：

頃奉華翰，敬悉一切，植物研究所孜孜求進之精神，素為自知所欽佩。關於公糧自當盡力維持，知關錦注，特先馳復。

專此布達，並頌

近祺

弟 龔自知

（1942年）〔註1546〕

是年，陳封懷不平凡一段經歷。

時在雲南農林所的陳封懷，因農林所難以為繼，回到江西。他的《自傳》是這樣記述的：當研究所經費困難得幾乎瓦解時，靜生方面介紹我去江西國立前中正大學（即現在南昌大學前身）任教授。我因為想到抗日勝利之後，復員廬山的方便，就跑到江西的泰和。一直過了6年的教授生活。」〔註1547〕

是年，靜生所練習生桂愛義假借胡先驌寫的介紹信，從事非法謀利活動。

一九四二年我無意中做了一件最壞的事，這事在交代歷史時，我已向組織上交代過。先是靜生所有一個練習生，名叫桂愛義，是

〔註1544〕張建中著《那年，這所大學爆發了大規模的傷寒疫情》，公眾號「江西檔案」，2020年05月25日。

〔註1545〕《胡先驌全集》（初稿）第十七卷下中文書信卷，第452頁。

〔註1546〕《胡先驌全集》（初稿）第十七卷下中文書信卷，第414頁。

〔註1547〕陳封懷，《自傳》，廣州：中國科學院華南植物研究所檔案。胡宗剛著《靜生生物調查所史稿》，山東教育出版社，2005年10月版，第151頁。

所裏會計桂念典的侄孫。他在北京淪陷以後，他便去學日文，與日寇勾結。後來他把這事告訴我，說他是想做抗日地下工作。我當時激於愛國熱誠，很鼓勵他。他說他曾替共產黨的白司令搜集情報，後來他在日本憲兵隊做事，據說他曾營救過國共兩方面的地下工作人員，那時他並沒有加入國共兩方面的地下工作組織。

　　一九四一年正月，他護送我的家眷到泰和，他說他要到重慶找事，我便寫了三封介紹信，介紹他去見翁文灝、陳立夫與任鴻雋，說他如何愛國，做地下工作。他去重慶一個多月，有一天有一個姓喻的（名字已忘了）來看我，他說你曾經介紹一個桂洵到重慶找工作，你能寫保證書，保證這個人靠得住嗎？我說可以，便寫了一保證書，保證他不是日本的間諜。我那時候並未問明是什麼組織要這保證書，以為這保密的事，不應該過問的。後來他回到泰和，才知道陳立夫的特務組織頭子徐恩曾不看重他，而軍統方面知道他在北京的活動，極力拉攏他。他得了我的保證，便加入了軍統。他回到泰和後，我的愛人因為在北京還有幾大箱衣裳沒有帶來，便同他回到北京。到北京以後，我愛人喘病大發，不能旅行，便在北京住了三年才再次回到內地、桂洵回到北京後的活動，我因為在泰和無法知道、勝利以後、他便到東北行營工作，後來在華北工作，我對於他的活動不其明瞭，只知道他做了長春的警察局副局長。東北解放後，他便回到北京（一度將靜生所石驗馬大街的舊所址用東北行營的名義借作辦公之用）。後來聽靜生所繪圖員碼證如說他還奉命製造假人民幣，以圖擾亂解放區的金融。〔註1548〕

是年，胡校長來看戲了。

　　大二那年，萬元善和中原劇團的同學們準備排演由曹禺改編的巴金小說《家》。這是一個大型話劇，演職人員多達數十人。熊大榮找我，對我說她演瑞珏，萬元善演覺新，要我演梅。我有些愕然，因為我在南昌女中演過兩次話劇，都是扮演男角。我那像男孩子的女中音，怎麼能演好一個多愁善感、肺病纏身的年輕寡婦呢？

〔註1548〕 胡先驌著《對於我的舊思想的檢討》，1952年8月13日。《胡先驌全集》（初稿）第十五卷人文科學文章，第629～640頁。

好在這臺戲是以覺新與瑞珏成親開始到瑞珏難產而死為線索，而梅與覺新的戀情、身世、遭遇、性格……多半是由他人的臺詞中烘托出來的，梅的戲不多，只有兩場，一是和覺新，一是和瑞珏，我終於答應了。

演出時已近初冬，我穿的是一套黑色衣裙，上衣的下擺和袖口鑲有黃色緞邊，盤了一個髮結，插上一朵白花，臉部是美術老師鄭長庚精心化妝的。這樣一來，才使我真正進入了角色——年輕、美貌、林黛玉式的寡婦。第一晚演出後，在戰時的江西省會泰和引起了轟動。第二晚妝剛好化完，忽然聽到前臺傳來「胡校長來看戲了」。我們這群十幾、二十來歲的孩子們雀躍起來了，一定要演好，比前一晚演得更好。胡校長坐在前排中間，我因首尾幾場沒有戲，導演萬元善要我們到臺下看戲，我坐在胡校長身邊，見他看得很認真，直到劇終散場。在更換場次和布景時他從劇本的改編、構思、布景、演技等方面加以評說，他對演出給了較高的評價，特別欣賞萬元善和熊大榮的表演才能。〔註1549〕

是年，撰寫《鋤奸記》一劇（話劇）。

《鋤奸記》一劇（話劇）書成於抗戰期間。此一歷史劇以張邦昌為主要人物，敘其為金人立為偽楚帝始末。其中描寫太學生陳東等抗金活動，徽宗之沉溺美色詩酒，貽誤國事，張邦昌之靦顏事敵，入宮令宮人侍寢事等，均極生動可觀。以張邦昌伏法結尾。惜此劇未曾上演，否則對受日本偽職者，不啻當頭棒喝。其於士氣民心亦必多所鼓舞。《長生殿》英譯稿亦成於此時（未出版，手稿於「文革」中遺失）。〔註1550〕

是年，中正大學龍嶺分校情況。

據檔案材料看，正大贛縣分校校址最後設在「贛縣水西鄉龍嶺」

〔註1549〕 尹長民著《懷念胡先驌校長》，江西師範大學校慶辦秘書處編《穿過歷史的煙雲——紀念江西師範大學建校六十週年》，江西高校出版社，2000 年 10 月版，第 12～15 頁。

〔註1550〕 胡昭靜著《先君步曾公軼事》。胡啟鵬主編《撫今追昔話春秋——胡先驌學術人生》，北京燕山出版社，2011 年 4 月版，第 378 頁。

（更加具體地點為：「水西鄉龍嶺新贛南新村」）。11 月 1 日，分校
全體遷入新校址辦公 11 月 7 日，正大函告各界，分校預計於 12 月
1 日正式上課。〔註1551〕

是年，中正大學搬遷費用高。

　　據稱，1942 年中正大學疏散湖南茶陵往返期間，僅圖書儀器、
購買卡車大板車等就已動用費用高達 35 萬餘元。〔註1552〕應變費
可能是教育部分兩批在浙江省教育應變費下劃撥。〔註1553〕在教育
部未及時劃撥費用前，該校只好在領到的建設費項下暫先移用。
〔註1554〕

是年，秦仁昌致蔣介石信函。

　　國民政府軍事委員會蔣委員長勛鑒：

　　密。確悉雲南西北部之麗江縣，有五旬節教會女傳教士斯淑添
（Miss E. Scharten，麗江人稱斯教士）者，現年六十餘歲，原籍荷
蘭，到此設立教堂，歷二十餘年，平時罕與本地人來往，信教者無
一人，該教堂內尚有德國教士四人，為余牧師夫婦（Ceiling）及德牧

〔註1551〕　參見《國立中正大學近訊》，江西省檔案館藏，檔號：J037-1-00628-0037；
　　　　　　《為本分校擇定龍嶺為校址定於十二月一日開學函請查照由》（1942 年 11
　　　　　　月 7 日），江西省檔案館藏，檔號：J026-2-00160（3）-0040。高志軍著《政
　　　　　　治與教育的互動：國立中正大學研究》，2021 年 12 月華中師範大學博士學
　　　　　　位論文，第 166 頁。
〔註1552〕　《為遵電令呈報鈞部匯撥本校遷移費收到日期及動用情形乞》（1942 年 10
　　　　　　月 21 日），《中正大學現金出納表領款收據經費累計表等各類會計表文書》
　　　　　　（194205〜194504），中國第二歷史檔案館藏，全宗號五，案卷號 3763（1），
　　　　　　第 47 頁。
〔註1553〕　《國立中正大學有關遷校及借用校舍的文書及農學院儀器標本目錄》
　　　　　　（194206〜194508），中國第二歷史檔案館藏，全宗號五，案卷號 5330，檔
　　　　　　號：五-5330，第，42 頁；《中正大學工程處建築合約及圖樣借款合約副本等
　　　　　　文書》（194112〜194211），中國第二歷史檔案館藏，全宗號五，案卷號 3763
　　　　　　（2），第 31 頁。
〔註1554〕　《奉令以據本校資送三十一年度校舍建築費預算准先核轉撥款並示遵照等
　　　　　　各因謹將經費不敷借款彌補及因辦理疏散移用建設費情形連同借款合約呈
　　　　　　覆鑒核由》（1942 年 7 月 24 日），《中正大學工程處建築合約及圖樣借款合
　　　　　　約副本等文書》（194112〜194211），中國第二歷史檔案館藏，全宗號五，案
　　　　　　卷號 3763（2），第 43〜44 頁。高志軍著《政治與教育的互動：國立中正大
　　　　　　學研究》，2021 年 12 月華中師範大學博士學位論文，第 124 頁。

師夫婦（Starr）均係壯年男女，來華僅四年有餘。彼等一切行動，外人罕有知者。前年冬有美國哈佛大學派來雲南西北，研究人文學專家駱克約瑟（Dr J. F. Rock）者，適與該教士等同屋居住，乃未及二月之久，即發現該斯淑添起坐室內，有德國國社黨之納粹宣傳小冊十數種。去年七月中，駱博士偶與該斯淑添談及日寇佔領安南後，雲南感受極大威脅。不幸雲南為日寇所攻，則又將如何？乃該斯淑添答以「即日本人打到麗江，我有德國朋友在，可以保護我。我不怕我不怕等語言。」駱博士聞無言。認該斯淑添有通敵嫌疑，不禁大怒，面斥為其為漢奸，並告以「麗江人士二十餘年來對汝不薄，何得出此喪心病狂之言。」乃該斯淑添恬不為恥，一笑置之。又本年四月中，駱博士親見昆明法國東方匯理銀行發交該斯淑添一電，稱有款一筆，計三千馬克，合國幣三萬元，自柏林電匯上海德華銀行，經河內法國東方匯理銀行轉匯到昆明，可隨時提取使用。

夫國社黨近年來對於教會之摧殘及嫉視，無所不用其極，乃今竟鉅款接濟遠在中國後方邊地之傳教士，自不能不使人懷疑。該斯淑添戰前原為麗江英國五旬節教會之教士，戰事發生後，英國昆明領事及發覺其為德國間諜，將其往來信件一律扣留，待戰事結束，英政府即將其逐出教會。該斯淑添乃在麗江租一民房。自立教堂，以迄今日，居無定所。四年前乃自德國聘壯年男女教士四人來此協助工作，即余牧師及德牧師夫婦是也。

最近緬境之臘戌瓦城相繼失陷消息傳到麗江後，該斯淑添對駱博士稱，納粹政治星象已見高照，前途光明云云。值此迤西軍事吃緊之時，駱博士身為反侵略陣線中之一份子，不能再事緘默，不得已乃來昌處，密報其一年來所親見親聞之秘密，請求轉為呈報鈞座。迅令麗江縣府立將該斯淑添等五人押送至適當集中營詢辦，以免為敵寇利用。再查麗江為迤西重鎮，康藏咽喉，南距離大理僅四百華里，北行經中甸、德欽（即阿墩子）可直達巴塘，為康省土產出口孔道，東北行經木里、九龍，可達康定，亦為商品馱運要道。東行經永勝華坪，抵西祥公路，可直達西昌。凡此三道，沿途一切情形，四五年來曾經該教士等傳教為名，調查清楚，並對各地儸儸及

倮粟土著予以小德小惠，亦有於當聯絡，可供敵寇利用。

　　昌鑒於最近日寇在新幾內亞島登陸後，該地德國教士竟身穿軍服，群起高唱國社黨歌，為敵人嚮導之前轍，安知他日敵寇日深入逎西時，今日各地以傳教為名之德籍教士或親德教士如斯淑添者，不演同樣之悲劇乎？用敢修述顛末，呈請鈞座迅令雲南南部、西部及西北部之德籍教士及平日與德籍教士同事之他國教士一律撤至適當地點，集中監視。是否有當，敬請卓裁。再駱博士亦將上述事實，用英文密保重慶美國軍事顧問向團轉呈鈞座鑒核，合併聲明。

　　敬頌

勳安

　　　　　　　　　　　盧山森林植物園主任　秦仁昌　謹呈

　　斯淑添當知引發其遭受監控之原由，而在向荷蘭駐華大使尋求援助時，有所說明。第二年 2 月荷蘭駐華大使館據斯淑添陳述而向中國政府外交部陳情云：「查斯女士之罪名，原係根據美國武官處轉據麗江美僑駱約瑟（J. F. Lock）之控報，但據事查明，該駱約瑟乃係出言不負責，且精神不甚正常之人，其指控斯女士何為者，無非發洩私怨，毫無事實根據。據和使館所知，斯女士乃素負令譽，尤為戰是和國之忠實國民。經此交涉，解除對斯淑添之監視。〔註 1555〕

是年，教育部向中正大學撥款 15 萬元。

　　1942 年，教育部原擬向該校撥款 15 萬元作為應變費。〔註 1556〕後因遷校「似可不辦」，撤回了 5 萬元撥款，該校實領 10 萬元。〔註 1557〕對於校方請求，教育部不但未予理睬，就連 1942 年經教育

〔註 1555〕胡宗剛著《秦仁昌誤助洛克指控斯淑添》，公眾號註冊名稱「近世植物學史」，2023 年 01 月 23 日。

〔註 1556〕《奉令以據本校齎送三十一年度校舍建築費預算准先核轉撥款並示遵照等各因謹將經費不敷借款彌補及因辦理疏散移用建設費情形連同借款合約呈覆鑒核由》（1942 年 7 月 24 日），《中正大學工程處建築合約及圖樣借款合約副本等文書》（194112～194211）中國第二歷史檔案館藏，全宗號五，案卷號 3763（2），第 44 頁。

〔註 1557〕《國立中正大學有關遷校及借用校舍的文書及農學院儀器標本目錄》（194206～194508），中國第二歷史檔案館藏，全宗號五，案卷號 5330，第 38 頁。

部剋扣後的 10 萬應變費直到 1943 年 2 月 14 日才簽發完畢。〔註1558〕

是年，王啟無率隊往保山、漕澗、鎮康、孟定、班洪及獨龍江區域；鄭萬鈞率隊往開遠、彌勒；汪發纘等在昆明附近採集植物標本。雲南省農林廳臨時補助 6000 元，建職員宿舍 5 間。〔註1559〕

1942 年，王啟無從黑龍潭後小哨移來 10 株雲南松幼樹，種植於植物園內，移來幼樹樹幹彎曲，其意在於在相對優越的土濕條件下，觀察雲南松樹幹彎曲與立地生態的關係。〔註1560〕

是年，雲南農林植物研究所重要研究工作為：雲南省重要樹木造林方法之試驗、雲南省經濟植物栽培之試驗。

在《雲南農林植物研究所民國三十一年度工作敘要》（豎排油印本）中，第三項工作是「雲南省重要樹木造林方法之試驗」，「樹木插條試驗，採取側柏、園柏、干柏、杉木、柳杉、檜柏、翠柏、羅漢松、木槿、小檗、桑樹、藍桉樹、滇楊樹等十三種樹木，舉行八次插條試驗，已有結果。育苗試驗，三十年度有雲南松、華山松、杉松、干柏、柏木、胡桃、栓皮櫟、青岡櫟、香樟、赤楊、滇朴和藍桉樹等十三種，分作四種土壤種之種子萌芽率和苗木成活率之比較」。「本年度採用梓樹、梧桐、棠梨、山楂、白櫟、衛矛、冬青、流蘇樹、無患子、紅果樹、酸木瓜、滇皂角等十五種闊葉樹，及側柏、柳杉、雲杉、冷杉、粗榧等五種針葉樹，續作比較試驗」。第四項工作雲南省經濟植物栽培之試驗，「可為金雞納代用品之白檳桿，黃綠色染料之小檗鬱金，纖維原料之黃麻棕櫚，油料之蓖麻紅果樹」。〔註1561〕

〔註1558〕 《復中正大學三十一年疏散應變費己簽發支付書飭庫撥交貴部歸墊》《中正大學現金出納表領款收據經費累計表等各類會計表文書》（194205～194504），中國第二歷史檔案館藏，全宗號五，案卷號 3763（1），第 207 頁。高志軍著《政治與教育的互動：國立中正大學研究》，2021 年 12 月華中師範大學博士學位論文，第 124 頁。
〔註1559〕 中國科學院昆明植物研究所編委會編《中國科學院昆明植物研究所簡史（1938～2008）》，2008 年 10 月版，第 3 頁。
〔註1560〕 中國科學院昆明植物研究所編委會編《中國科學院昆明植物研究所簡史（1938～2008）》，2008 年 10 月版，第 3 頁。
〔註1561〕 中國科學院昆明植物研究所編委會編《中國科學院昆明植物研究所簡史（1938～2008）》，2008 年 10 月版，第 33 頁。

1942 年～1943 年，中正大學校方認為校址必設廬山。

　　中正大學校仍堅稱將來校址必設廬山，以期達到「實現總裁此種理想」「紀念總裁復興民族之豐功偉績」「冀成為國內之模範學府」的目的。此處隱隱道出中正大學與蔣介石關係，即：因蔣的個人喜好才打算戰後校址遷廬山。這是中正大學在戰後選址上不同於任何大學的特殊之處。〔註1562〕

是年，中正大學「非文言文棄之不閱」是訛傳。

　　一位校友說：「胡博士任校長時入學考試國文試卷必須寫文言文，否則棄之不閱……」恐係訛傳。當時高中國文課作文均以語體文為主。而在校的教授王易、歐陽祖經、講師嚴學窘等先生在教學過程中既允許同學寫文言文，也不反對寫語體文。那時中正大學出的刊物均以語體文為主，甚至《文史季刊》也不例外。我過去也寫文言文，但自高二起到中正大學畢業從未寫過文言文。在校的同學中以專寫文言文而被大家取笑的季家驤同學，被冠以綽號曰「季夫子」。那時第三寢室三室除季夫子和我外尚有譚亦寰（常在報上寫短小雜文）、譚靜皆（臺北譚峙軍）、陳泰生（美國基督徒之家和長青會負責人）、陳兆奎（美國某州立大學教務長），其餘四位或故世或下落不明。這些同學當時並非專寫文言文，即使峙軍學長現在頗有名氣，工於詩詞文章，但當時也以寫語體文為主。〔註1563〕

　　編年詩：《山齋索居奉懷叔永》《泰和放歌自遣》《古意》《壽歐陽仙貽六十》《題吳天聲祖母朱太夫人圍爐課讀圖卷》。

〔註1562〕　《為遵令編送本校要覽呈請鑒核由》（1942 年 6 月 3 日），江西省檔案館藏，檔號：J037-1-00281-0078；《國立中正大學校長胡先驌關於申請發放本校需用品等事宜的呈》（無時間），江西省檔案館藏，檔號：J037-1-00316-0004。時間應是 1943 年。高志軍著《政治與教育的互動：國立中正大學研究》，2021 年 12 月華中師範大學博士學位論文，第 234 頁。

〔註1563〕　羅良佐著《「非文言文棄之不閱」是訛傳》。胡啟鵬主編《撫今追昔話春秋——胡先驌學術人生》，北京燕山出版社，2011 年 4 月版，第 308 頁。